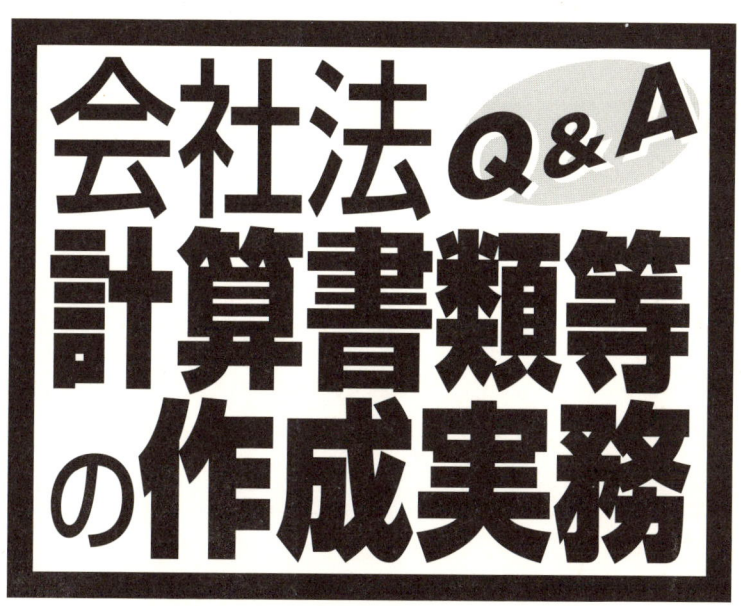

会社法 Q&A
計算書類等
の作成実務

新日本監査法人 編著

セルバ出版

まえがき

　従来、商法、有限会社法、株式会社の監査等に関する商法の特例に関する法律等に分散して規定されていた会社を規制する法律が「会社法」として再編成され、平成17年7月26日に公布されました。今回の改正では各法律にそれぞれ定められていたものを再編成し、わかりやすくしただけでなく、社会経済情勢の変化に対応するための改正も行われています。

　会社の計算に関する部分についても、計算書類の種類・内容、監査、剰余金の配当、決算公告に関する事項等について改正が行われました。同法の制定に合わせて会社法関係の法務省令が平成18年2月7日に定められました。また、施行日が平成18年5月1日となることが決定されました。これにより会社は、平成18年5月1日以降新「会社法令」に基づき計算書類等の作成を行う必要があります。

　本書は、今回改正された部分だけではなく、従来と変わっていない会計基準、決算手続等に関しても言及していますので、本書を一通り読んでいただければ、初めての人でも新「会社法令」に基づく計算書類等を作成できるように工夫したつもりです。

　専門的な事項にも踏み込んでいますので、新「会社法令」に基づく計算書類等を作成しなければならない会社の経理担当者の方、新「会社法令」に基づく計算書類等の概略をまずはつかみたいと考えられている公認会計士、税理士等の会計専門家の方にもぜひ読んでいただきたいと思います。

　本書の特徴としては、次の点です。
(1)　単なる改正点解説から実務に4歩も5歩も踏み込んで実務の指針・要点手続をまとめ、実務にすぐに役立つように心がけました。
(2)　図解・表・フローチャート等できるだけ多く使ってわかりやすくなるように心がけました。
(3)　Q&A方式の読切り形式でどこからでも読め、実務上の疑問点にすぐに対応できるように心がけました。
(4)　設例、記載例、書式等をできるだけ多く入れ、実務にそのまま参考にできるように心がけました。
(5)　この1冊で計算書類の実務や手続などのこつがわかるように心がけました。
(6)　計算書類の作成だけでなく、監査、株主総会の招集実務、決算公告等に

ついても言及し、一連の決算作業すべてに参考になるよう心掛けました。
多くの方に本書を手にとっていただき、計算書類等作成の参考にしていただければ幸いです。

平成18年7月

執筆者一同

注　「証券取引法」の法律名は、「金融商品取引法」に改題することが予定されています。金融商品取引法の施行後は、本文中の証券取引法とあるのは、金融商品取引法と読み替えてご使用ください。

会社法計算書類等の作成実務Q&A　目　次

はじめに

1　会社法決算の実務Q&A

Q1　決算書・計算書類ってなに・役割は ─── 12
Q2　個別・連結計算書類の種類は ─── 15
Q3　臨時計算書類ってなに ─── 19
Q4　会計帳簿ってどういう帳簿のこと ─── 21
Q5　計算書類の作成基準・一般原則は ─── 24
Q6　決算実務の流れは ─── 26
Q7　決算日程の立て方は ─── 31
Q8　計算書類等の開示は ─── 34
Q9　取締役会の決算承認手続・議事録は ─── 37
Q10　株主総会の決算承認手続・議事録は ─── 40
Q11　計算書類と有価証券報告書の関係は ─── 43
Q12　会計帳簿の閲覧・謄写は ─── 45

2　会計方針・会計基準の実務Q&A

Q13　公正妥当と認められる会計慣行は ─── 48
Q14　会計方針ってなに・会計方針の変更は ─── 49
Q15　これから導入される会計基準は ─── 51
Q16　税効果会計のポイントは ─── 53
Q17　退職給付会計のポイントは ─── 58
Q18　固定資産の減損会計のポイントは ─── 61
Q19　金融商品会計のポイントは ─── 63
Q20　ストック・オプション会計のポイントは ─── 66
Q21　中小企業の会計基準は ─── 70
Q22　外貨建取引等の会計基準のポイントは ─── 74
Q23　研究開発費・ソフトウェアの会計のポイントは ─── 76

| Q24 | 一株当たり情報のポイントは | 79 |

3　個別計算書類の作成実務Q&A

Q25	貸借対照表ってどういう計算書のこと	82
Q26	貸借対照表と損益計算書との関係は	84
Q27	貸借対照表作成の原則・資料・手順は	85
Q28	貸借対照表の表示方法・様式は	89
Q29	貸借対照表の表示にあたっての注意点は	92
Q30	貸借対照表のつくり方は	96
Q31	損益計算書ってどういう計算書類のこと	99
Q32	損益計算書の作成原則・記載項目は	100
Q33	損益計算書の作成資料・作成手順で注意することは	103
Q34	損益計算書の表示方法・様式は	104
Q35	損益計算書のつくり方は	105
Q36	株主資本等変動計算書ってどういう計算書類のこと	107
Q37	株主資本等変動計算書の記載項目は	108
Q38	株主資本等変動計算書の作成資料・作成手順は	110
Q39	株主資本等変動計算書の表示方法・様式は	111
Q40	株主資本等変動計算書のつくり方は	114

4　連結計算書類の作成実務Q&A

Q41	連結計算書類ってどういう計算書類のこと	116
Q42	連結計算書類提出会社ってどういう会社のこと	118
Q43	連結の範囲は	119
Q44	連結決算＝投資と資本の相殺消去は	121
Q45	連結決算＝取引・債権債務の相殺消去は	124
Q46	連結決算＝未実現利益の相殺消去は	126
Q47	連結決算＝持分法の範囲・会計処理は	128
Q48	連結決算＝会計処理の統一・事業年度の異なる子会社等は	130

Q49	在外子会社の計算書類の換算は	131
Q50	連結精算表のつくり方は	133
Q51	連結貸借対照表の作成資料・作成手順は	136
Q52	連結貸借対照表の表示にあたっての注意点は	138
Q53	連結貸借対照表の表示方法・様式は	142
Q54	連結貸借対照表のつくり方は	145
Q55	連結損益計算書ってどういう計算書類のこと	147
Q56	連結損益計算書の記載項目は	148
Q57	連結損益計算書の作成資料・作成手順で注意することは	150
Q58	連結損益計算書の表示方法・様式は	152
Q59	連結損益計算書のつくり方は	155
Q60	連結株主資本等変動計算書ってどういう計算書類のこと	157
Q61	連結株主資本等変動計算書の記載項目は	158
Q62	連結株主資本等変動計算書の作成資料・作成手順は	160
Q63	連結株主資本等変動計算書の表示方法・様式は	161
Q64	連結株主資本等変動計算書のつくり方は	164

5 注記表の作成実務Q&A

Q65	注記表ってどういう計算書類のこと	166
Q66	注記表・連結注記表の記載項目は	167
Q67	注記表の記載を省略できるのは	168
Q68	注記表の作成資料は	170
Q69	継続企業の前提に関する注記の作成・記載例は	172
Q70	重要な会計方針に関する注記の作成・記載例は	175
Q71	連結計算書類作成の基本となる重要事項の注記の作成・記載例は	180
Q72	貸借対照表等に関する注記の作成・記載例は	184
Q73	損益計算書に関する注記の作成・記載例は	188

Q74	株主資本等変動計算書に関する注記の作成・記載例は	189
Q75	税効果会計に関する注記の作成・記載例は	191
Q76	リースにより使用する固定資産に関する注記の作成・記載例は	192
Q77	関連当事者との取引に関する注記の作成・記載例は	193
Q78	一株当たり情報に関する注記の作成・記載例は	197
Q79	重要な後発事象に関する注記の作成・記載例は	198
Q80	連結配当規制適用会社に関する注記の作成・記載例は	200
Q81	その他の注記の作成・記載例は	201

6 事業報告の作成実務Q&A

Q82	事業報告ってどういう書類のこと	204
Q83	公開会社の事業報告の記載事項は	206
Q84	営業報告書との違いは	208
Q85	事業報告の作成資料は	210
Q86	事業報告の様式は	211
Q87	会社の現況に関する事項の作成・記載例は	213
Q88	役員に関する事項の作成・記載例は	216
Q89	公開会社の社外役員に関する事項の作成・記載例は	218
Q90	株式に関する事項の作成・記載例は	220
Q91	新株予約権に関する事項の作成・記載例は	221
Q92	会社の支配に関する基本方針の作成・記載例は	223
Q93	内部統制に関する事項の作成・記載例は	224
Q94	会計監査人設置会社の事業報告に関する特例は	227
Q95	連結計算書類作成会社の事業報告の作成・記載例は	229

7 附属明細書の作成実務Q&A

Q96	附属明細書ってどういう書類のこと	234
Q97	有形固定資産・無形固定資産の明細の記載例は	235
Q98	引当金の明細の記載例は	238

| Q99 | 販売費及び一般管理費の明細の記載例は | 240 |
| Q100 | 事業報告の附属明細書の記載例は | 242 |

8 株主総会の招集・決議Q&A

Q101	計算書類等の承認・報告は	246
Q102	株主総会の計算書類承認手続・日程は	250
Q103	株主総会開催のための手続は	254
Q104	株主総会の種類は	258
Q105	株主総会の招集通知・記載例は	260
Q106	定時株主総会招集通知の添付書類は	262
Q107	株主総会の参考書類・議決権行使書面・記載例は	265
Q108	株主総会の決議事項・要件は	270
Q109	株主総会に出席できないときの議決権行使は	274

9 計算書類の監査実務Q&A

Q110	監査ってどういう手続のこと・計算書類との関係は	278
Q111	内部監査ってどういう手続のこと・計算書類との関係は	280
Q112	会計監査ってどういう手続のこと・計算書類との関係は	282
Q113	監査の対象となる計算書類ってなに・その承認方法は	284
Q114	監査日程は	286
Q115	会計監査人の監査報告書の記載事項・作成例は	287
Q116	会計監査人の連結監査報告書の記載事項・作成例は	289
Q117	会計監査人非設置会社の監査役(会)の監査報告書の記載事項・作成例は	290
Q118	会計監査人設置会社の監査役(会)の監査報告書の記載事項・作成例は	292

Q119	監査役(会)の連結監査報告書の記載事項・作成例は	294

10 決算公告の実務Q&A

Q120	決算公告ってどういうこと	296
Q121	決算公告の方法は	298
Q122	決算公告の記載方法は	299
Q123	官報・日刊新聞紙による決算公告の方法・掲載例は	301
Q124	電子決算公告の方法は	305

巻末資料 計算・計算書類関係の主要改正点一覧 ……… 307

【凡例】本文中、次の略称を使っています。
　　施行前…会社法の施行日＝平成18年5月1日より前（平成18年4月30日まで）の取扱い
　　施行後…会社法の施行日＝平成18年5月1日以後の取扱い
　　旧商法＝会社法施行前の商法
　　旧有法＝有限会社法
　　旧商特法＝株式会社の監査等に関する商法の特例に関する法律（商法特例法）
　　会社法＝会社法
　　会社法附＝会社法附則
　　整備法＝会社法の施行に伴う関係法律の整備に関する法律
　　旧商規則＝商法施行規則
　　施行規則＝会社法施行規則
　　計算規則＝会社計算規則
　　公告規則＝電子公告規則
　　財規＝財務諸表等規則
　　財規ガ＝財務諸表等規則ガイドライン
　　連結財規＝連結財務諸表規則

　　＜条文の記載の仕方＞
　　例；第485条第2項第5号 → 「485②五」

 会社法決算の実務Q&A

　では、平成18年5月1日施行の会社法による決算の手続実務のポイントをまとめています。

Q1　決算書・計算書類ってなに・役割は　12
Q2　個別・連結計算書類の種類は　15
Q3　臨時計算書類ってなに　19
Q4　会計帳簿ってどういう帳簿のこと　21
Q5　計算書類の作成基準・一般原則は　24
Q6　決算実務の流れは　26
Q7　決算日程の立て方は　31
Q8　計算書類等の開示は　34
Q9　取締役会の決算承認手続・議事録は　37
Q10　株主総会の決算承認手続・議事録は　40
Q11　計算書類と有価証券報告書の関係は　43
Q12　会計帳簿の閲覧・謄写は　45

Q1 決算書・計算書類ってなに・役割は

A 　一般的にいう決算書とは、計算書類に事業報告（書）・附属明細書を含んだ書類の総称です。

　計算書類とは、貸借対照表、損益計算書、株主資本等変動計算書、注記表をいいます。会社法の施行前と比べ、対象書類の範囲が変わっています。

　計算書類は、会社の年度末の財政状態および年度期間中の経営成績等の企業状況を外部利害関係者に対して情報開示するための重要な書類です。

………………………………………………………………

★一般的に決算書というと

　一般的に「決算書」とは、決算時に作成される財務諸表等一式を指すことが多いと思われます。

　会社法では、決算書としてではなく、「計算書類」として規定されています。計算書類のほかには、「附属明細書」（会社法435②、計算規則145）、「事業報告」（会社法435②、施行規則118）、「注記表」（計算規則128～144）が規定されています。

　決算書という場合、上場企業等が証券取引法に基づき作成する有価証券報告書に含まれる（連結）財務諸表も指します。これは、会社法の計算書類とは、表示方法が若干異なる点はあるものの、基本的に同じものです。

　ただし、有価証券報告書に含まれる（連結）財務諸表で開示される情報には、資金の増減に関しての情報として（連結）キャッシュ・フロー計算書が含まれますが、会社法の計算書類（連結計算書類）には含まれていません。

　なお、決算書に含めるかどうか議論はあると思いますが、会社機関設計上、監査を受ける必要がある場合には「監査報告書」「会計監査報告書」が添付されます。

★計算書類の株主への提供は

　定時株主総会で株主へ提供する計算書類は、会計監査人設置会社で取締役会設置会社の場合は、取締役会で承認を受けた計算書類、事業報告、監査報告及び会計監査報告です（会社法436、437、438、計算規則161）。

　そのほかの会社では、機関設計によって計算書類の承認手続等が少し変わるようになっています（機関設計と株主総会への提出書類の関係についてはQ106参照）。

★計算書類・計算書類等というのは

　計算書類とは、前述のとおり、貸借対照表、損益計算書、株主資本等変動計算書及び個別注記表をいいます（会社法435②、施行規則3③十、計算規則2③二、同91①）。

　連結計算書類とは、連結貸借対照表、連結損益計算書、連結株主資本等変動計算書、連結注記表を指します（会社法444①、施行規則2②五十五、計算規則2②二十、同93）。

　そして、計算書類等とは、この計算書類に事業報告（会社法第436条1項または2項の規定の適用がある場合には監査報告及び会計監査報告）を加えたものをいいます（施行規則2③十二）。

　なお、会社法では、計算書類に、事業報告と附属明細書を加えて計算書類等といっている条文があります（会社法442①）が、一般的に計算書類等という場合には、上記の計算書類に事業報告を加えたものをいいます。

　計算書類と計算書類等をまとめると、図表1のとおりです。

【図表1　計算書類と計算書類等】

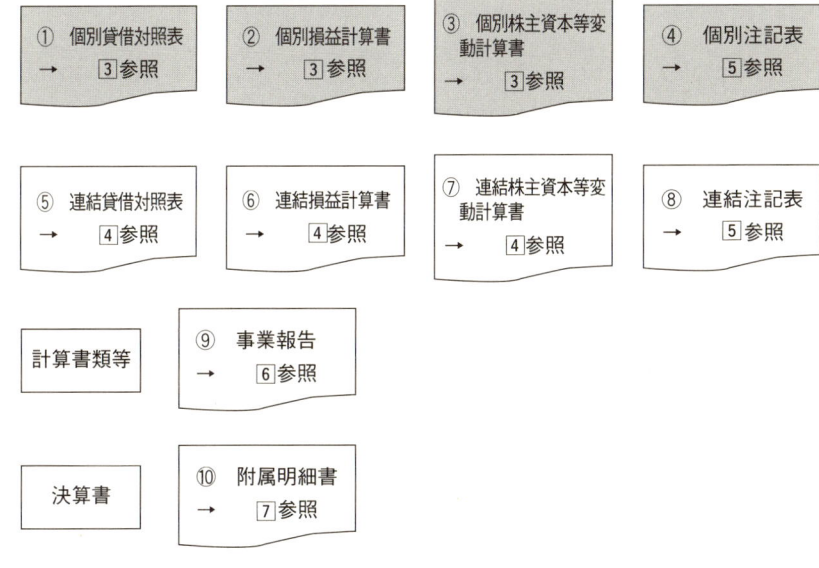

※あみかけの部分が計算書類です。

★計算関係書類というのは

　計算関係書類とは、図表2に掲げるものをいうと規定されています（計算規則2③三）。

【図表2　計算関係書類とは】

計算関係書類とは
- ① 成立の日における貸借対照表
- ② 各事業年度に係る計算書類及びその附属明細書
- ③ 臨時計算書類
- ④ 連結計算書類

★決算書・計算書類等の役割は

　決算書・計算書類等は、旧商法においてもそうでしたが、会社法においても、企業の利害関係者に対して企業の事業年度における「経営活動」、「財政状態」（財務安定性はあるのか？　借金はどれくらいか？　過小資本ではないのか？　企業活動において必要な資産・負債だけか？）「経営成績」（どういう活動を行った結果か？　今期は増収増益か？　収益（利益）の源泉はなにか？　費用（損失）の発生原因はなにか？）を報告する重要なツールです。

　前にも増して、ディスクロージャー（情報開示）の必要性が求められており、これら書類で、企業の様々な利害関係者は当該企業の状況を把握し、さまざまな意思決定を行うことができます。

　この役割を決算書・計算書類が果たせるように、監査役、会計監査人による監査も規定されています（**9**参照）。

★持分会社の計算書類・計算書類等というのは

　株式会社以外の会社形態として法定されている"持分会社"とは、合名会社、合資会社又は合同会社をいいます（会社法575①）。

　これらの持分会社でも、計算書類を作成しなければなりませんが（会社法617②）、持分会社における計算書類は、図表3のとおりです。

　なお、持分会社においては、株式会社のように事業報告は求められないため、「計算書類」＝「計算書類等」となっています。

【図表3　持分会社の計算書類の扱い】

計算書類	同じ持分会社の中でも、計算書類の取扱いに若干差異があります。 　合名会社と合資会社の計算書類のうち、損益計算書、社員持分変動計算書、個別注記表に関しては、会社が作成すると定めた場合だけ計算書類に含まれますが、定めがない場合には含まれません。 　これに対して、合同会社の計算書類の取扱いは、損益計算書、社員持分変動計算書、個別注記表は会社の意思とは関係なく計算書類に含まれており、作成義務があります。

Q2 個別・連結計算書類の種類は

A 個別計算書類・連結計算書類が会社法の施行前と比較して大きく変わった点は、①個別と連結の株主資本等変動計算書、注記表が加わった点と、②利益処分案(損失処理案)が計算書類からはずれたこと、③営業報告書が事業報告へ名称変更されるとともに、計算書類からはずれたことです。

また、臨時計算書類が新設されたことも、施行前と変わった点です。

★個別計算書類の種類は

会社法の施行前は、個別計算書類とは、貸借対照表、損益計算書、営業報告書、利益処分案(損失処理案)をいい(旧商法281①各号)、これらに附属明細書を加えて、個別計算書類等といっていました(旧商特法12)。

施行後は、個別計算書類とは、個別貸借対照表、個別損益計算書、個別株主資本等変動計算書、個別注記表をいいます(会社法435②、施行規則2③十、計算規則2③二、同91①)。

また、この個別計算書類に、事業報告(会社法436条1項・2項の規定の適用がある場合は、監査報告又は会計監査報告を含みます)を加えたものを計算書類等といいます(施行規則2③十二)。

【図表4 個別計算書類と計算書類等の種類】

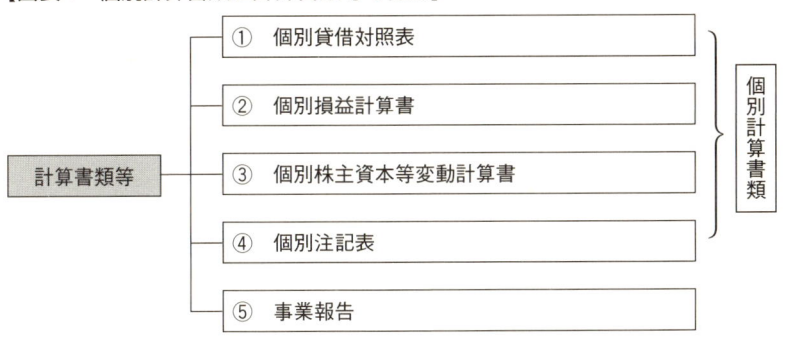

★個別計算書類で変わった点は

個別計算書類で大きく変わった点は、①「株主資本等変動計算書」と、②「注記表」が新設されたこと、③「利益処分案(損失処理案)」が計算書類か

らはずれたこと、④営業報告書が事業報告へ名称変更されるとともに計算書類からはずれたこと、があげられます。

とくに①、③については、利益処分案（損失処理案）に関しての事項が、会社法において他の手続（具体的には、図表5のとおり、剰余金の分配の手続、資本の部の計数変動手続、役員賞与の手続）で規定されることとなり、利益処分案（損失処理案）に関する規定がなくなったことを起因として発生した事象です。

【図表5　利益処分に関する変更イメージ図】

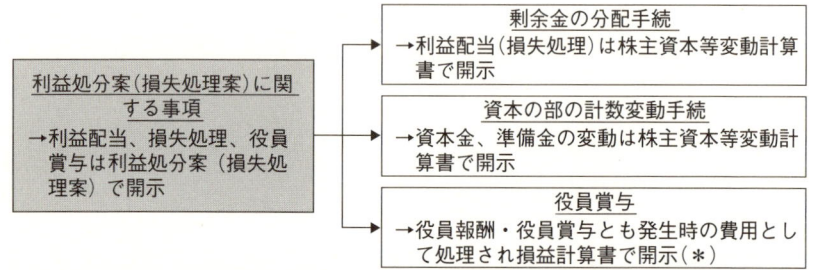

（＊）役員賞与に関する会計基準（企業会計基準委員会・企業会計基準第4号）

ただし、開示される情報の対象時期について若干注意が必要です。

従前の利益処分案（損失処理案）で開示される情報は、開示対象期間中での当期未処分利益を確定した後、配当（損失処理）を株主にはかるべく作成されるものであり、開示対象期間中の次の年度で剰余金の変動をもたらす情報であったことに対して、株主資本等変動計算書に表される剰余金の変動は、開示対象期間中の剰余金の変動に関しての情報である点です。

★剰余金配当の意思決定手続は

臨時決算日や期末時に剰余金の配当をしようとする場合は、株主総会の決議によることが原則です（会社法454①）。

ただし、図表6の要件を満たす場合には、定款に剰余金の配当の意思決定を取締役会が行う旨を定款に定めることで、剰余金の配当を取締役会で決定できます（会社法459①四）。

【図表6　剰余金分配の株主総会承認除外の要件】

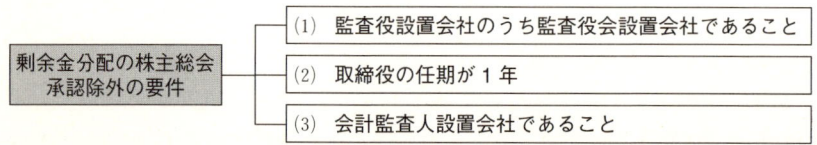

★連結計算書類の種類は

　施行前の連結計算書類は、連結貸借対照表と連結損益計算書とされていました（旧商規則143①）。

　施行後の連結計算書類は、前述のとおり、連結貸借対照表、連結損益計算書、連結株主資本等変動計算書、連結注記表とされています（会社法444①、計算規則2②二十、同93）。

　個別のものと同様、連結株主資本等変動計算書と連結注記表が新たに連結計算書類として明記されています。

★連結計算書類作成で変わった点は

　平成14年商法改正において、大会社及び委員会設置会社は、原則として連結計算書類（連結貸借対照表・連結損益計算書（旧商規則143①））の作成が義務づけられていました（旧商特法19の2①、21の32①）。

　ただし、経過措置として有価証券報告書を提出しない大会社や委員会設置会社については、連結計算書類の作成義務を要しないこととされていました（旧商特法平成14年法44号附則9①、②）。

　施行後は、連結計算書類作成について、2つのパターンで規定されています。

　1つは、事業年度末日に大会社であって有価証券報告書を提出しなければならない会社は、連結計算書類の作成義務があることです（会社法444③）。これは、施行前と同じ扱いです。

　もう1つは、会計監査人設置会社は、連結計算書類を作成することができる、としたことです（会社法444①）。施行前は、上場企業であっても旧商法上の大会社でない場合は、連結計算書類の作成等が不適用とされていたのが、施行後は適用できるとされています。

　図表7は、連結計算書類の作成義務の施行前と施行後の比較をしたものです。

★臨時計算書類というのは

　前述のとおり、個別計算書類・連結計算書類とは別に、「臨時計算書類」が新設されています（Q3参照）。

★施行前と施行後の個別・連結の計算書類等の比較をすると

　施行前の個別・連結の計算書類等と施行後の個別・連結の計算書類等を比較してみますと、図表8のようになります。

【図表7　連結計算書の作成義務の施行前・施行後の比較】

施行前	上場企業等（*）	非上場企業
大会社	作成義務あり	原則作成義務あり ただし免除規定あり
委員会設置会社 （大会社を除く）	作成義務あり	原則作成義務あり ただし免除規定あり
中会社・小会社	特に規定なし （作成義務なし）	特に規定なし （作成義務なし）

施行後	上場企業等（*）	非上場企業
大会社	作成義務あり	特に規定なし （作成義務なし）
委員会設置会社 （大会社を除く）	特に規定なし （作成義務なし）	特に規定なし （作成義務なし）
会計監査人設置会社	作成可能	作成可能
その他の会社	特に規定なし （作成義務なし）	特に規定なし （作成義務なし）

（*）証券取引法第24条第1項により有価証券報告書を提出する会社のことです。

【図表8　施行前の計算書類等と施行後の計算書類等の対比】

施行前	施行後	区分	
個別貸借対照表	個別貸借対照表	個別計算書類 ※2	計算書類等
個別損益計算書	個別損益計算書		
営業報告書　※1	―		
―	株主資本等変動計算書【新設】		
―	個別注記表【新設】		
利益処分案（損失処理案）	＜廃止＞		
―	事業報告　※1	事業報告	
連結貸借対照表	連結貸借対照表	連結計算書類 ※2	
連結損益計算書	連結損益計算書		
―	連結株主資本等変動計算書 【新設】		
―	連結注記表【新設】		
附属明細書	附属明細書	附属明細書　※2	

※1　営業報告書は「事業報告」に名称変更し、計算書類から除かれています。
※2　計算関係書類。

Q3 臨時計算書類ってなに

A 臨時計算書類とは、臨時決算日における株式会社の財産の状況を把握するため作成される書類です。臨時計算書類は、会社決算日以外の日において剰余金の配当が可能となったことを受けて新設された計算書類です。

なお、各事業年度の計算書類と一部相違点がありますが、株式会社の状況を把握するためという目的は同一です。

★臨時計算書類というのは

臨時計算書類とは、臨時決算日（最終事業年度の直後の事業年度に属する一定の日）における当該株式会社の財産の状況を把握するために作成する書類をいいます（会社法441①、施行規則2②五十四、計算規則2②十八）。

具体的には、図表9の書類です。

【図表9　臨時計算書類とは】

臨時計算書類とは	① 臨時決算日における貸借対照表
	② 臨時決算日の属する事業年度の初日から臨時決算日までの期間に係る損益計算書

★臨時決算日が設けられた理由は

上記のように、臨時計算書類は、臨時決算日の株式会社の財産の状況を把握するために作成されますが、臨時決算日を設けた理由はどこにあるのでしょうか？

一番大きな理由は、会社法において、剰余金の配当に関して、決算時のみならず、決算日とは別の分配時（期中の一定の日＝臨時決算日）において分配可能額（会社法461）を算定することが必要となったことがあげられます。

★臨時計算書類の作成が必要なときは

会社法施行前は、株主に配当ができる回数は、決算期末と中間の年2回に限られていましたが、施行後は、配当回数の規制はなくなり、分配可能額内であれば（会社法461②）、何回でも配当が可能となっています（会社法453、454①）。

ただし、純資産額が300万円を下回る場合は配当できません（会社法458）。したがって、期中における一定の日を臨時決算日とし、その日の剰余金の分

配可能額を算出するときに作成されるのが臨時計算書類です。

　なお、中間配当については、取締役会設置会社ではその旨を定款で定めれば、取締役会の決定により中間配当ができます（会社法454⑤）。

★臨時計算書類の承認手続は

　臨時計算書類は、監査役設置会社又は会計監査人設置会社の場合には、監査役又は会計監査人（委員会設置会社にあっては、監査委員会及び会計監査人）の監査を受けなければならず（会社法441②）、取締役会設置会社の場合には取締役会の承認を受けなければなりません（会社法441③）。

　そして、臨時計算書類は、原則として株主総会の承認を受けなければなりません。ただし、図表9の要件のいずれにも該当する場合には、株主総会の承認は要しません（会社法441④、計算規則163）。

【図表10　株主総会承認手続除外の要件】

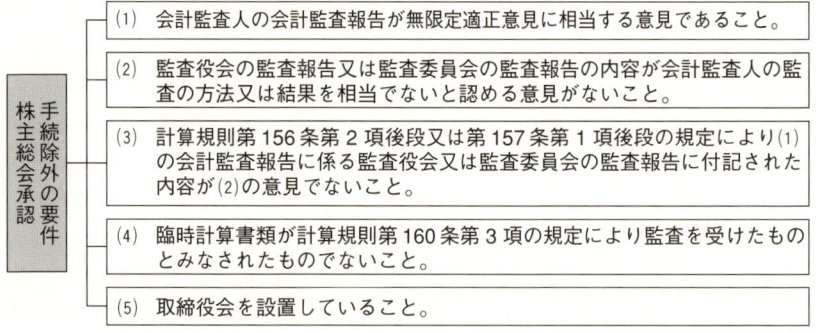

　なお、要件の(1)については、臨時計算書類に関する監査における監査基準が中間監査又は東京証券取引所マザーズ市場での上場企業の四半期財務諸表に対する意見表明と同程度と想定され、計算書類が一部改訂されています（計算規則163Ⅰ）。

　監査報告書において表明される意見が、「無限定適正意見」ではなく「わが国において一般に公正妥当と認められる中間連結財務諸表の作成基準に準拠して、○○株式会社及び連結子会社の平成×年×月×日現在の財政状態並びに同日をもって終了する中間連結会計期間（平成×年×月×日から平成×年×月×日まで）の経営成績及びキャッシュ・フローの状況に関する有用な情報を表示しているものと認める」旨の意見であることが想定されるため、臨時計算書類の場合は、「無限定適正意見」ではなく、これに相当する意見であることをも含める必要があるためと思われます。

Q4 会計帳簿ってどういう帳簿のこと

A 会計帳簿については、会社法では適時に正確な会計帳簿を作成しなければならないこと以外は規定されていませんので、具体的には、一般に公正妥当と認められる企業会計の慣行より導き出すこととなります。

会計帳簿は、計算書類作成の基礎となる帳簿であり、これ以外から計算書類が作成されることを禁止しています（二重帳簿の禁止）。

....

★会社法上会計帳簿の具体的な記載はない

会社は、法務省令で定めるところにより、適時に正確な会計帳簿を作成しなければならない（会社法432①、615①）とし、その閉鎖の時から10年間保存しなければならない旨を求めています（会社法432②、615②）。

会計帳簿について法務省令をみてみると、施行規則116条一号により、計算規則において定める旨が規定されており、計算規則第二編において会計帳簿に関する規定が置かれています。

しかし、計算規則第二編をみても、質問にありますところの「会計帳簿ってどういう帳簿のこと」という答えはどこにも記載されていません。

つまり、会計帳簿について具体的には、法令上どこにも記載されていません。

では、どのように考えるべきなのでしょうか？

★一般に公正妥当と認められる会計慣行に従って考えるのが通例

会社法に次のような条文があります。

「株式会社の会計は、一般に公正妥当と認められる企業会計の慣行に従うものとする」（会社法431）。

また、「この省令の用語の解釈及び規定の適用に関しては、一般に公正妥当と認められる企業会計の基準その他の企業会計の慣行をしん酌しなければならない」（計算規則3）と定められています。

なぜ、このような条文があるのでしょうか。計算規則第2編において会計帳簿の規定があり、そこで資産及び負債（同法第2編第2章）、純資産（同法第2編第3章）、更生計画に基づく行為に係る計算に関する特則（同法第2編第4章）において、評価等に関する基準が示されています。

しかし、すべての経済事象・会計事実について、これだけで会計帳簿に反

映することは、困難です。

　つまり、複雑・詳細な会計慣行の規定をすべて定めることは現実的に困難であることから、会社法では必要最低限の規定のみ行い、それ以外については一般に公正妥当と認められる企業会計の慣行に従って考えることがもっとも効率的だからです。

　では、一般に公正妥当と認められる企業会計の慣行とは、具体的に何を指すのかといいますと、"企業会計原則を基とする一連の基準、原則、規則、指針、注解等を指す"とされています（詳しくは、Q5参照）。

★実務上は会社の内規で会計帳簿を指定

　企業会計の慣行において、会計帳簿は、図表11のような帳簿を指します。

【図表11　会計帳簿とは】

項　目	説　　明
主要簿	仕訳帳と総勘定元帳のことをいい、貸借対照表、損益計算書を作成するのに必要不可欠な帳簿になります。どのような業種の企業にも欠かすことのできない帳簿です。
補助簿	主要簿では不十分な記録を補うための帳簿で、企業が必要に応じて使用します。補助簿には、現金や預金の出入りを記録する現金出納帳や預金出納帳、仕入を管理する仕入帳や売上を記入する売上帳などがあります。どの補助簿を使用するかは、個々の会社によって変わります。

　会社では、図表11のほかに、残高試算表（Trial Balance（T/B））、補助元帳（総勘定元帳をGeneral Ledger（G/L）というのに対して、Sub Ledger（S/L）といいます）などもあります。

　実務では、社内規程で個別に指定したものが会計帳簿として取り扱われ、あわせて各々の会計帳簿について保管義務期間を定める方法がとられるケースが多いようです。

★会計帳簿は計算書類の基礎

　計算書類、臨時計算書類とも、会計帳簿により作成しなければならないと規定されています（計算規則90、同91③、同92②）。

　この点、持分会社の計算書類も、株式会社と同様に会計帳簿に基づき作成しなければなりません（計算規則103③）。

　一般に公正妥当と認められる企業会計の慣行により、計算書類ができるまでの流れは、図表12のようになります。

なお、会計帳簿から計算書類を作成する旨をわざわざ法文で明示したのは図表12の流れとは別に計算書類が作成されることを禁止すること、いわゆる二重帳簿の存在を明確に禁止する趣旨と思われます。

会計上の不正がある場合には、図表12の流れのどこかにおいて不連続なところがあるはずです。図表12の流れのどこかで不連続が発生することを、会社法上明確に否定することで、会計に関する不正を禁止しています。

【図表12 計算書類作成の流れ】

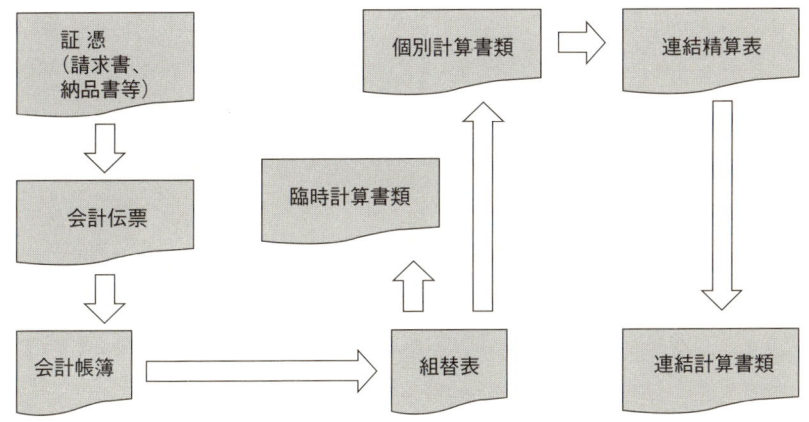

★適時・正確な会計帳簿の作成が求められている

会社法施行前では、会計帳簿の作成（旧商法32①）以外はとくに規定されていなかったのですが、会社法施行後は「適時に、正確な会計帳簿を作成しなければならない」と規定されています（会社法432①、615①）。

これは、実務上1年間まとめて会計帳簿の作成を行う例もあり、このような適時性を欠いた会計帳簿の多くは正確性も欠けるため、そのような会計帳簿に基づき計算書類が作成されることを避けるべく、明確に禁止の規定が策定されたものと思われます。

実務上起こりうるケースとしては、月次決算制度を採用していない会社において、証憑を机の引出しにため込んで、相当遅れた後日にまとめて会計伝票起票を行うケースがあります。上記法令上の要請により、少なくとも翌月くらいまで（＝証憑をみてその内容を思い起こすことのできる期限まで）には会計伝票が証憑に基づき起票される必要があると思われます。

また、会計上当然のことである正確性の確保も、会社法上で規定することで絶対要件となっています。

Q5 計算書類の作成基準・一般原則は

A 計算書類の作成基準・一般原則は、第一義的には計算規則が該当します。しかし、それだけでは実務上対応は困難であるため、参考となる資料としてひな形が社団法人日本経済団体連合会や日本公認会計士協会から提示されると思われます。

計算書類の基礎である会計帳簿に関しても、作成基準・一般原則は上記と同様第一義的には計算規則が該当しますが、それだけでは会計実務を行うためには不十分であるため、一般に公正妥当と認められる企業会計の慣行に従うこととなります。

··

★計算書類の作成基準・一般原則は

計算書類の作成基準・一般原則に相当するものとしては、まず計算規則が該当することとなります。その条文上の規定箇所を示しますと、図表13のようになります。

【図表13 計算書類と条文上の規定箇所】

項　　目	会社法	計算規則
会計帳簿	432〜434、615	
総　則	―	4
資産及び負債	―	5〜35
純資産	―	36〜87
計算書類	435、441、444、617	―
総　則	―	―
表示の原則	―	89
株式会社の個別計算書類	―	90〜92
株式会社の連結計算書類	―	93〜101
持分会社の個別計算書類	―	102〜103
貸借対照表等	―	104〜117
損益計算書等	―	118〜126
株主資本等変動計算書	―	127
注記表	―	128〜144
附属明細書	―	145
雑　則	―	146〜148

(注；各数値は条文番号を指します)

注意が必要なのは、計算規則で規定されているのは各計算書類の作成原則だけであり、その様式については明示されていないことです。

様式については、施行前も商法施行規則で特に規定はされていませんでした。このため、様式について実務で混乱することを防ぐために、参考資料として社団法人日本経済団体連合会や日本公認会計士協会からひな形が提示されると思われます（各計算書類の様式については、**3 4 5** 参照）。

★会計帳簿の作成基準・一般原則は

会計帳簿には、事業年度の様々な取引を記帳することとなりますが、この記帳処理は、一般に公正妥当と認められる企業会計の慣行に従うこととなり（会社法431、計算規則3）、『企業会計原則』を基とする一連の基準、原則、規則、指針、注解等に従い会計処理・記録を行うこととなります。

なお、一口に企業会計原則等といっても、様々なものがあります。その主なものをまとめると、図表14のとおりです。

【図表14　一般に公正妥当と認められる企業会計の慣行の例示】

- 企業会計原則・同注解
- 原価計算基準
- 連結財務諸表原則・同注解
- 外貨建取引等会計処理基準・同注解
- リース取引に係る会計基準
- 退職給付に係る会計基準
- 研究開発費等に係る会計基準
- 税効果会計に係る会計基準
- 金融商品に係る会計基準
- 固定資産の減損に係る会計基準　　等々

このほか、
　企業会計基準委員会及び日本公認会計士協会の各委員会よりテーマごとに基準、適用指針、実務指針等が公表されています。

なお、会計帳簿の作成は、①計算規則の第二編に規定されている事項はその内容に従い、②①以外の事項（つまり規定されていない事項）については、一般に公正妥当と認められる企業会計の慣行に依拠することとなります。

Q6 決算実務の流れは

A 決算事務の流れは、会社の機関設計により少しずつ違いがあります。一般的な決算実務の流れを示したうえで、各項目について説明をします。その項目の中で、会社の機関設計により発生する相違点を明らかにします。

なお、持分会社の決算手続は、株式会社ほど詳細には会社法に定められていません。これは、株式会社と持分会社では調整すべき利害関係者が大きく違うことに起因すると考えられます。

★一般的な決算実務の流れは

大会社（最終事業年度の貸借対照表に資本金として計上した額が5億円以上又は最終事業年度の貸借対照表の負債の部に計上した合計額が200億円以上の株式会社。会社法2六）の決算実務の流れは、大きく図表15のようになります。

なお、会社法では、株式会社の他に持分会社もあり、また株式会社と一口にいっても様々な機関設計ができることとなっているため、若干下記と相違するケースも出てきます。

【図表15 大会社の一般的な決算実務の流れ】

❶ 決算整理前試算表（精算表）の作成（月次決算の締め）
　　　　⇩
❷ 期末決算整理の実行
　　　　⇩
❸ 計算書類等原案の作成
　　　　⇩
❹ 監査（監査役・監査委員の監査及び会計監査人による監査）
　　　　⇩
❺ 取締役会の承認
　　　　⇩
❻ 株主総会への提出・承認（報告）
　　　　⇩
❼ 公告

★決算整理前試算表（精算表）の作成（月次決算の締め）

これは、期中取引処理にて会計処理するべき取引をすべて入力するまでの

段階を意味します。

会社で月次決算制度が採用されている場合には、月次決算を締めるまでの作業を指します。

前述のとおり、会計帳簿に関しては適時・正確に作成することが求められている（会社法432①、615①）ことを受け、毎月会計帳簿の調整を完了することが求められていますので、決算整理前試算表（精算表）の作成も、決算日経過後、適時（できるだけ速やかに）かつ正確に作成する必要があります。

★期末決算整理の実行

これは、期末決算を締めるべく決算整理仕訳を入力する段階を意味します。

ここで、決算整理仕訳とは、試算表（精算表）を決算整理するための仕訳を意味します。

会計仕訳が決算整理仕訳に該当するか否かは、仕訳が決算時においてのみ行われる仕訳かどうかで区別することとなります。

決算整理仕訳の具体的な項目は、図表16のとおりです。

【図表16　決算整理仕訳の具体的な項目】

決算整理仕訳の具体的な項目
- ① 売上原価の算定
- ② 貸倒引当金の確定（繰入・戻入）
- ③ 賞与引当金の確定（繰入・戻入）
- ④ 退職給付引当金の確定（繰入）
- ⑤ 経過勘定（未払費用・前払費用・未収収益・前受収益）の計上
- ⑥ 有形固定資産の減価償却処理
- ⑦ 無形固定資産の償却処理
- ⑧ 繰延資産の償却処理
- ⑨ 金融商品等時価を反映するための処理
- ⑩ 外貨建資産・負債について期末日レートへ換算替え
- ⑪ 何らかの事由により日時処理で処理できなかった仕訳
- ⑫ 税金（法人税・住民税・事業税・消費税）の処理
- ⑬ 税効果会計の処理
- ⑭ 債務保証・偶発債務に関して引当金を設定
- ⑮ 本支店勘定の消去
- ⑯ その他必要な仕訳

これらについて、どのように会計処理を行うのかについては、各社とも計算書類に示した重要な会計方針に従って行うこととなります（詳しくは、**2**参照）。

★計算書類等原案の作成

　決算表示に向けて組替仕訳を入力し、計算書類等を作成していきます。

　組替仕訳とは、決算書の表示を適正にするため日時処理で表示している勘定を変更するための仕訳であり、損益に影響を及ぼさない仕訳です。

　決算整理後試算表（精算表）では、一部について、会社の管理会計にとってわかりやすくなるように工夫されているため、そのまま外部公表してしまうと煩雑にすぎます。外部利害関係者向けの計算書類については、一般的な様式に基づいて公表されることが望まれます。

　そこで、決算整理後試算表（精算表）を計算書類の様式に合わせて"適正に表示する"ため、行われる仕訳が組替仕訳です。

　組替仕訳の具体例としては、図表17のようなものがありますが、このほかにも会社の日時会計処理によっては、該当項目が増えることとなります。

【図表17　組替仕訳の具体例】

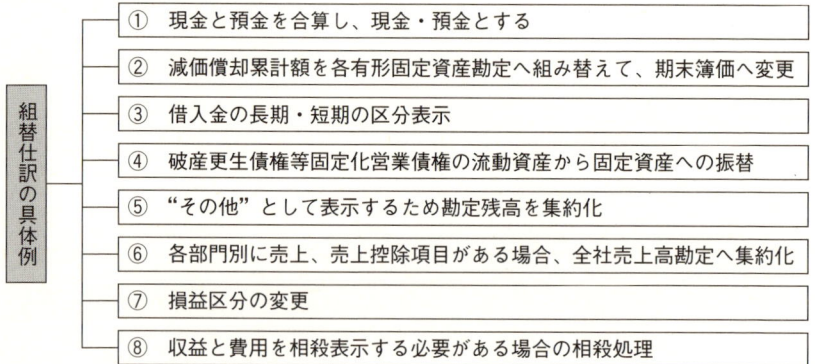

★監査役や監査委員による監査は

　上記で作成された計算書類等の原案は、監査役（会）又は監査委員、会計監査人により監査を受けなければなりません。

　監査には、2つの種類があります。

　1つは監査役(会)・監査委員による監査であり、もう1つは会計監査人による監査です。

　監査役(会)・監査委員による監査は、会社機関設計において担うべき主体が変わります。監査役設置会社（監査役を置く会社や監査役を置かなければならない会社。会社法２十）の場合には監査役が担い（会社法436①、②）、委員会等設置会社（指名委員会、監査委員会及び報酬委員会を置く会社。会社法２十二）の場合には監査委員会が担います（会社法436②）。

この監査の範囲は、原則的には業務監査（業務に関する監査）と会計監査（会計に関する監査）です（会社法381①②、404②一、405①②）。
　なお、非公開会社（発行株式の全部について譲渡制限のある会社）のうち、監査役会及び会計監査人を設置しない会社の場合は、その監査役の監査の範囲を会計監査に限定する旨を定款で定めることができます（会社法389①）。
　監査役・監査委員による監査の対象については、監査役設置会社・委員会設置会社のみならず、監査役・監査委員の職務を執行するため必要があるときは、監査役設置会社・委員会設置会社の子会社も対象とすることができることとなっています（会社法381③、405②）。ただし、子会社に、正当な理由がある場合に限り、これを拒むことができることも規定されています（会社法381④、405③）。
　なお、実務上の通常のケースでは、拒むといっても時期的にずらしてもらう要請をするという程度と思われます。完全に監査を拒否することは企業統治の観点からも望ましくなく、会社法においてもそこまで容認するものではないと思われます。

★会計監査人による監査は

　もう1つの会計監査人監査は、会計監査人の要件（公認会計士や監査法人でなければならない。会社法337①）を満たす者による会計監査です。
　会計監査人設置会社（会計監査人を置く株式会社や会計監査人を置かなければならない株式会社。会社法2十一）の場合に該当します。
　会計監査人による会計監査の範囲は、計算書類及びその附属明細書とされており（会社法436②一）、事業報告及びその附属明細書は対象とはなっていません（会社法436②二）。
　つまり、旧商法下での取扱い（＝営業報告書のうち、会計に関する部分も監査対象に含みます）から、会社法施行後においては事業報告及びこれに関する附属明細書は監査対象外に変更されています。
　なお、上記に該当する会社機関以外の場合（例えば、非公開会社の場合で監査役、会計監査人を設置しない場合など）には、監査が不要なケースも出てきます。

★取締役会での承認は

　取締役会設置会社（取締役会を置く会社や取締役会を置かなければならない会社。会社法2七）では、（上記監査を受ける必要がある場合には監査終了済みの）計算書類、事業報告とその附属明細書は、取締役会の承認を受け

なければなりません（会社法436③）。

なお、取締役1名だけの会社の場合は、承認は絶対的要件ではないことになっています（会社法438①四）。

★**株主総会への提出・承認（報告）は**

上記、取締役会での計算書類の承認後、株主へ提出されます。計算書類は、原則として株主総会で承認を得なければなりません（会社法438①②）。

ただし、会計監査人設置会社で特則規定（会社法439、441④ただし書、計算規則163）の要件（Q3図表10参照）を満たした場合には、株主総会で報告することで足り、承認は不要となります（詳しくはQ10参照）。

★**公　告**

株式会社は、定時株主総会の終結後遅滞なく、貸借対照表（大会社にあっては、貸借対照表及び損益計算書）を公告しなければなりません（会社法440①、計算規則164～176。詳しくはQ8参照）。

★**持分会社の決算手続は**

持分会社（合名会社、合資会社、合同会社）の決算については、株式会社ほど詳細に定められていません。監査等も法定されていませんし、計算書類の承認手続も法定されていません。

持分会社は、株式会社と違い所有と経営が一致していることが想定されているため、出資者でもあり会社構成員でもある社員以外に利害関係者がほとんどいないため、社員間で調整すれば足りるため法定する必要がないことがその理由と考えられます。

持分会社においての実務上の決算手続としては、法定されていなくとも、一般的には次のような流れになると思われます。

①　決算整理前試算表（精算表）の作成（月次決算の締め）
②　期末決算整理の実行
③　計算書類等原案の作成
④　社員総会での承認
⑤　閲覧

特に閲覧に関しては、会社の利害関係者である債権者について、①裁判所の訴訟当事者に対する計算書類提出命令権（会社法619）、②合同会社の債権者の計算書類閲覧請求権（会社法625）等、債権者保護が図られています。

Q7 決算日程の立て方は

A 定時株主総会はなぜ期末日から3か月以内で開催されるのかという点に関しては、「基準日」というキーワードで説明されます。

期末日から株主総会までの日程については、会社法で規定されている条件をクリアする必要があります。施行前と比べるともっとも変わった点は、決算日程上考慮すべき条文が変更され、特に計算書類の作成期限・提出期限に関する制約がなくなったことです。

★定時株主総会は期末日から3か月以内で開催

会社は、一定の日（以下、基準日といいます）を定めて、基準日において株主名簿に記載・記録されている株主（以下、基準日株主といいます）をその権利を行使することができる者として定めることができます（会社法124①）。

定時株主総会で、株主権の行使を認める株主を定めるために基準日を設定しますが、基準日を定める場合には、株式会社は基準日株主が行使することができる権利（基準日から3か月以内に行使するものに限ります）の内容を定めなければなりません（会社法124②）。

通常、基準日＝期末日とするため、定時株主総会開催日は期末日から3か月以内の日となります。

なお、基準日を定めた場合は、定款に基準日及び会社法124条2項で定めた事項について定めがあるときを除き、当該基準日の2週間前までに公告しなければなりません（会社法124③）。

★施行前の決算日程の決め方の流れは

施行前は、株主総会開催日を基準として逆算で計算書類等を提出する日が決められる構図であったため、計算書類等を監査役他へ受け渡しした日が逆に基準となってしまい、株主総会を早めて開催することができませんでした。

具体的には、①大会社では監査役会・会計監査人に総会開催の株主総会開催日の8週間前に、②中会社では監査役に同7週間前に、③小会社では監査役に同5週間前に、計算書類等を提出しなければなりませんので、逆に考えると大会社では計算書類を提出してから8週間後、中会社では同7週間後、

小会社では同5週間後にしか株主総会は開催されない状況でした。

★施行後の決算日程の決め方の流れは

　大会社の決算日程についてもっとも変わった点は、決算日程上考慮すべきことを日程的に指示する条文が変更され、特に計算書類の作成期限に関する制約がなくなったことです（詳しくはQ102参照）。

　図表18は、施行後の条文と関連させた決算日程のイメージ図です。

【図表18　大会社の決算日程のイメージ】

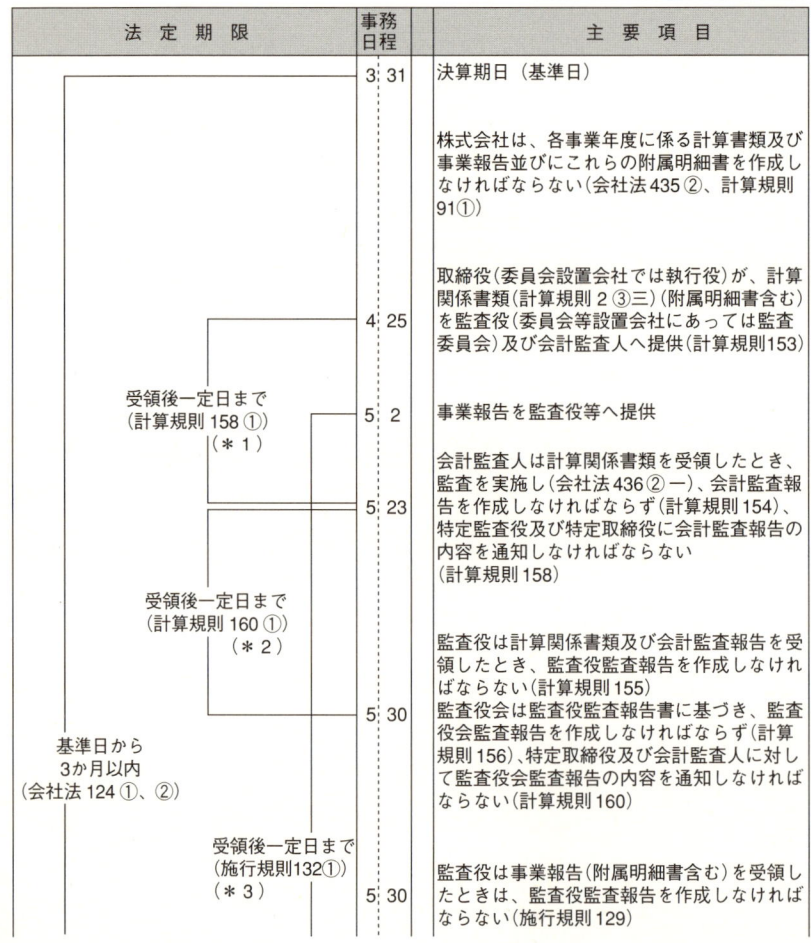

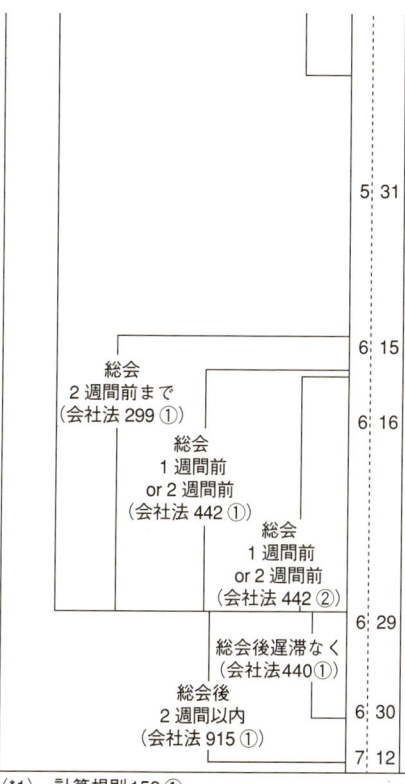

		監査役会は監査役監査報告書に基づき、監査役会監査報告を作成しなければならず(施行規則130)、特定取締役に対して監査役会監査報告の内容を通知しなければならない(施行規則132)
	5/31	取締役会で計算書類、事業報告及び附属明細書の承認(会社法436③)
		提供計算書類；定時株主総会の招集通知に際して、計算書類等を株主へ提供(会社法437、計算規則161)
総会2週間前まで(会社法299①)	6/15	定時株主総会招集通知発送(会社法299①)
総会1週間前 or 2週間前(会社法442①)	6/16	計算書類及び事業報告並びに附属明細書(監査報告または会計監査報告を含む)本店に備置(会社法442①一)(取締役会設置会社にあっては、2週間前の日)
総会1週間前 or 2週間前(会社法442②)		計算書類及び事業報告並びに附属明細書(監査報告または会計監査報告を含む)支店に備置(会社法442②一)(取締役会設置会社にあっては、2週間前の日)
	6/29	定時株主総会
総会後遅滞なく(会社法440①)		株主総会議事録を備置
総会後2週間以内(会社法915①)	6/30	貸借対照表、損益計算書の要旨を官報に掲載(会社法440①)
	7/12	本店の所在地で変更の登記(会社法915①)

(*1) 計算規則158①
  会計監査人は、次の各号に掲げる会計監査報告の区分に応じ、当該各号に定める日までに、特定取締役及び特定監査人に対して、当該会計監査報告の内容を通知しなければならない。
  一 各事業年度に係る計算書類及びその附属明細書についての会計監査報告…次のいずれか遅い日
    イ 当該計算書類の全部を受領した日から4週間を経過した日
    ロ 当該計算書類の附属明細書を受領した日から1週間を経過した日
    ハ 特定取締役、特定監査役及び会計監査人の間で合意により定めた日
  二 連結計算書類についての会計監査報告
    当該連結計算書類の全部を受領した日から4週間を経過した日
    (特定取締役、特定監査役及び会計監査人の間で合意により定めた日がある場合はその日)

(*2) 計算規則160①
  会計監査人設置会社の特定取締役は、次の各号に掲げる監査報告の区分に応じ、当該各号に掲げる日までに、特定取締役及び会計監査人に対し、監査報告の内容を通知しなければならない。
  一 連結計算書類以外の計算関係書類についての監査報告…次のいずれか遅い日
    イ 会計監査を受領した日から1週間を経過した日
    ロ 特定取締役及び特定監査役の間で合意により定めた日
  二 連結計算書類についての会計監査報告
    会計監査報告を受領した日から1週間を経過した日
    (特定取締役及び特定監査役の間で合意により定めた日がある場合はその日)

(*3) 施行規則132①
  特定監査役は、次に掲げるいずれかの遅い日までに、特定取締役に対して、監査報告の内容を通知しなければならない。
  イ 事業報告を受領した日から4週間を経過した日
  ロ 事業報告の附属明細書を受領した日から1週間を経過した日
  ハ 特定取締役及び特定監査役の間で合意により定めた日

Q8 計算書類等の開示は

A 開示とは、一般に外部に対して情報を知らしめることを指しますが、ディスクロージャー（情報開示）の観点より、以前にも増して重要視されています。

計算書類等の開示は、①計算書類承認の段階の開示と、②計算書類確定後の開示に分けられます。

①は、株主が計算書類について承認等ができるよう計算書類等の提供が法定されています。

②は、株主や株主以外の利害関係者（債権者）も計算書類等の情報を得られるよう法定されています。

★開示の方法は

計算書類等を会社の外部利害関係者に開示するには、①計算書類等を法的に有効とするために、承認・報告の手続を経て株主へ提供されるときにまず開示され、②この諸手続を経たうえで確定された計算書類等の内容をいつでも閲覧又は謄写することができるように開示される仕組みが法定されています。

なお、法定ではありませんが、自発的に自社ホームページ等で財務情報を開示することも実務上はよく行われています。

★計算書類承認までの段階での開示は

まず、決算の承認を得る段階での開示について、取締役会設置会社と取締役会非設置会社に分けてみてみましょう。

取締役会設置会社では、取締役は定時株主総会の招集の通知に際して、株主に対し、取締役会の決算承認を受けた計算書類・事業報告（監査役設置会社にあってはこれに加え監査報告、会計監査人設置会社にあっては会計監査報告と監査報告）を提供しなければなりません（会社法437、計算規則161①。詳しくはQ106参照）。

取締役会非設置会社（例えば、株主総会＋取締役＋監査役＋会計監査人の会社機関の会社）の場合、総会招集通知に計算書類等の添付は、絶対要件ではありません（会社法437）。

ただし、取締役会設置会社か否かを問わず、株主総会で株主に書面による議決権行使を認める場合（会社法298①三）には、株主総会の招集通知（会社法299①一）に際して、施行規則63～94条により、株主に対し、議決権の行使について参考となるべき事項を記載した書類（株主総会参考書類）及び議決権行使書面を交付しなければなりません（会社法301①）。

株主総会参考書類は、具体的には会社法施行規則73条以降に規定されており、計算関係書類の承認に関する議案を提出する際、①会社法398条1項に規定による会計監査人の意見の内容、②取締役会設置会社で取締役会の意見があるときは、その内容が議案として記載されることとなります（施行規則73、85）。

★計算書類承認後の開示/その①決算書の備置・閲覧

計算書類等については、会社機関の形態に応じてしかるべき承認手続・報告手続を経ると、法的に確定することとなります（詳しくはQ6参照）。

確定した計算書類等は、図表19のように一定期間の間、備え置かれ、閲覧に供されることとなります（会社法442①、②）。

【図表19　計算書類承認後の備置・閲覧】

対象となる計算書類等	備置すべき期間	備置すべき場所
① 各事業年度の計算書類・事業報告・これらの附属明細書（監査役設置会社・会計監査人設定会社にあっては、監査役（委員会設置会社にあっては、監査委員会）及び会計監査人による監査報告又は会計監査報告）	定時株主総会の日の1週間（取締役会設置会社にあっては2週間）前の日から5年間（支店では3年間）	本店及び支店（＊）
② 臨時計算書類（監査役設置会社・会計監査人設定会社にあっては、監査役（委員会設置会社にあっては、監査委員会）及び会計監査人による監査報告又は会計監査報告）	臨時計算書類を作成した日から5年間（支店では3年間）	本店及び支店（＊）

（＊）なお、一定の条件下（計算書類等が電磁的記録で作成＋支店で計算書類の閲覧が可能な措置を講じている）では、支店で備置きの必要はありません（会社法442②ただし書、施行規則262①二十一）。

株主及び債権者は、株式会社の営業時間内であれば、いつでも計算書類等の閲覧（会社が定める費用の支払いを条件として）、書面の謄本・抄本の交付を請求できることとなっています（会社法442③）。

★計算書類承認後の開示/その②公告

株式会社は、定時株主総会の終結後遅滞なく、貸借対照表（大会社にあっ

ては、貸借対照表及び損益計算書）を公告しなければなりません（会社法440①、計算規則164～176）。

ただし、証券取引法24条1項の規定により有価証券報告書を提出しなければならない会社（上場会社等）については、公告は不要となっています（会社法440④）。

これは、上場会社等においては、すでにEDINET等で開示を行っているため、わざわざ公告を求めなくてもよいからです。

なお、公告をする場合には、図表20のいずれかの方法を定款で定めることができます（会社法939①）。

【図表20　公告の方法】

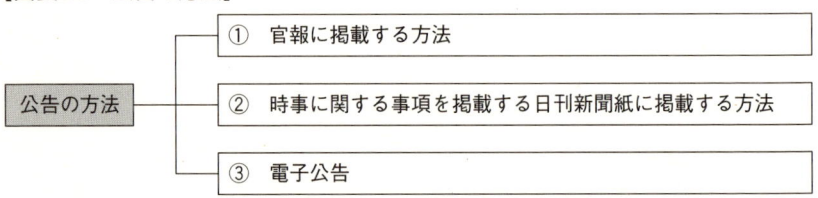

公告の方法
- ①　官報に掲載する方法
- ②　時事に関する事項を掲載する日刊新聞紙に掲載する方法
- ③　電子公告

定款で特に定めない会社では、官報に記載する方法をとることとなります（会社法939④）。

★持分会社の取扱いは

持分会社の計算書類については、図表21のような取扱いとなっています。概ね、株式会社と同じ内容となっています。

【図表21　持分会社の取扱い】

①作成	持分会社は、各事業年度に係る計算書類を作成しなければならない（会社法617②、計算規則103）。
②保存	持分会社は、計算書類を作成した時から10年間、これを保存しなければならない（会社法617④）。
③閲覧等	持分会社の社員は、営業時間内であれば、いつでも、計算書類の閲覧または謄写を請求することができる（会社法618①）。 なお、定款で別段の定めを設けることは可能（会社法618②）。 また、裁判所の訴訟当事者に対する計算書類提出命令権（会社法619）、合同会社の債権者については（計算書類作成から5年以内のものに限り）、計算書類閲覧請求権（会社法625）が規定。

図表21の③は、計算書類に関して、持分会社と株式会社で区別するべき積極的理由がないことから、また債権者への情報開示の必要性から、このような対応となっていると考えられます。

Q9 取締役会の決算承認手続・議事録は

A 取締役会設置会社では、計算書類、事業報告やこれらの附属明細書は、取締役会の承認を受けなければならないとされています。

施行前でも、計算書類等を取締役会で承認する手続は規定されていましたが、施行後は、監査終了後に取締役会で承認を行うことが定められています。

★取締役会の決算承認は

取締役会設置会社では、計算書類、事業報告とこれらの附属明細書は、取締役会の承認を受けなければならないとされています（会社法436③）。

承認をとるべき書類は、会社機関設計により図表22のように分かれます。

【図表22　取締役会で承認を受けるべき計算書類】

❶監査役設置会社（＊）
・監査役の監査を受けた、「各事業年度に係る計算書類、事業報告並びにこれらの附属明細書」
　（＊）監査役の監査の範囲を会計に関するものに限定する旨の定めがある株式会社を含み、会計監査人設置会社を除く。

❷会計監査人設置会社
・会計監査人及び監査役（委員会設置会社にあっては監査委員会）の監査を受けた「各事業年度に係る計算書類並びにこれらの附属明細書」
・監査役（委員会設置会社にあっては監査委員会）の監査を受けた「各事業年度に係る事業報告並びにこれらの附属明細書」

取締役会で承認される計算書類等は、監査を受けたものであることが明示的に規定されています。

この点、施行前は、取締役会で計算書類等を決算承認する旨が規定はされていましたが（旧商法281①）、監査を受けた後に行うことについて明文規定はありませんでした。

ただ、実務上は、監査終了後に、会社としての最終的な承認を与えるという意味で取締役会が開催されるケースが多かったのではないかと思われますので、会社法上この点を明文化することで、監査の位置づけを時系列上決算書の承認と関連づけている点に特徴があります。

★取締役会の決算承認までの流れは

　議案として決算承認を上程する場合、前記のように監査終了後に取締役会が開催されることとなります。

　実務上は、監査報告書入手日に関して、監査役（監査委員会）、会計監査人等と会社内部で相談の結果、ある程度日程が決まると思われますので、それを受けて具体的な取締役会開催日を決めることとなります。

　決算承認取締役会も、通常の取締役会と同様、事前の招集通知発送は取締役会の日の1週間（これを下回る期間を定款で定めた場合には、その期間）前までに、各取締役（監査役設置会社にあっては、各取締役及び各監査役）に対してその通知を発しなければならないこととなっています（会社法368①）。

　なお、簡便的に、取締役会は、取締役（監査役設置会社にあっては、取締役及び監査役）の全員の同意があるときは、招集手続を経ることなく開催することを認めています（会社法368②）。

　取締役会当日、開催される取締役会が法令上適法である要件として、①議決に加わることができる取締役の過半数（これを上回る割合を定款で定めた場合には、その割合以上）が出席し、②その過半数（これを上回る割合を定款で定めた場合には、その割合以上）の議決が必要です（会社法369①）。

★議事録の作成・備置・閲覧等は

　取締役会の議事については議事録を作成し、議事録が書面で作成されたときは、出席した取締役・監査役は、これに署名又は記名押印しなければなりません（会社法369③、施行規則101）。

　株主総会の議事録は、書面又は電磁的記録をもって作成しなければなりません（施行規則101②）。また、記載するべき内容も法定されています（施行規則101③、④）。

　また、取締役会設置会社では、作成した議事録は取締役会の日から10年間本店に備え置かなければなりません（会社法371①）。

　閲覧等する権利は、図表23のように定められています。

　では、取締役会設置会社において、決算承認をどのように議事録に残すべきでしょうか。

　決算承認取締役会は、これだけを議題として開催するものではありませんので、他の議題とともに議案として列挙され、その承認の過程を文面にて記載すればいいこととなります。

　取締役会の議事録の例を示すと、図表24のようになります。

【図表23　取締役会議事録の閲覧権利者】

該当者	閲覧等の条件及び閲覧等の権利の内容
株　主	自己の権利を行使するため必要があるときは、株式会社の営業時間内はいつでも（監査役設置会社又は委員会設置会社の場合には、"裁判所の許可を得て"（会社法371③））閲覧又は謄本の請求ができる（会社法371②一、二）。 なお、裁判所の判断で許可されない場合がある（会社法371⑥）。
債権者	取締役会設置会社の債権者は、役員又は執行役の責任を追及するため必要があるときは、裁判所の許可を得て、閲覧又は謄本の請求ができる（会社法371④）。 なお、裁判所の判断で許可されない場合がある（会社法371⑥）。
親会社社員	債権者と同じ（会社法371⑤、⑥）。

【図表24　議事録の例】

```
                          取締役会議事録

　平成○年○月○日午後○時、当社本社○○会議室において、取締役会を開催した。
取締役総数
出席取締役数
監査役総数
出席監査役数
　上記のとおりの出席であったので、本取締役会は法令に照らして適法に成立した。
　議事進行については、代表取締役○○○○を議長とすることで満場一致した。
　議長は、議長席へ着き開会を宣言し、直ちに下記議案について審議した。
　・・・（中略）・・・
決議事項
議案1　・・・・
　　　　・・・・・・・・
議案2　第○期計算書類等関係の承認の件
　○○取締役より、第○期計算書類等関係について説明がされ、全員異議なく承認・可決した。

議案3　・・・

　以上をもって、本日の議事を終了したので、議長は閉会を宣言し、午後○時○分に散会した。

　　　平成○年○月○日
                                          代表取締役社長　○○○○　㊞
                                          　　専務取締役　○○○○　㊞
                                          　　常務取締役　○○○○　㊞
                                          　　　　取締役　○○○○　㊞
                                                        　・・・・・
                                          　　常勤監査役　○○○○　㊞
                                          　　　　監査役　○○○○　㊞
```

Q10 株主総会の決算承認手続・議事録は

A 株主総会の決算承認については、会社の機関設計によって株主へ提出する書類に違いがあります。原則として、計算書類は、株主総会承認事項なのですが、一定の条件の下、株主総会で報告すれば足りることとなっています。

株主総会が開催されますと、議事録の作成をしなければなりません。議事録として記録するべき事項は法定されています。

★株主総会の決算承認までの手続は

取締役会設置会社では、取締役は、定時株主総会の招集の通知に際して、株主に対し、取締役会の承認を受けた計算書類及び事業報告（監査役設置会社や会計監査人設置会社の場合には、監査報告又は会計監査報告）を提供しなければなりません（会社法437）。

具体的な日程、手続についての詳細は、**8**を参照してください。

★議事録の残し方は

株主総会の議事については、議事録を作成しなければなりません（会社法318①）。株主総会の議事録は、書面又は電磁的記録をもって作成しなければなりません（施行規則72②）。

具体的な記載内容としては、図表25の事項を記載する必要があります（施行規則72③）。

【図表25 株主総会議事録の記載事項】

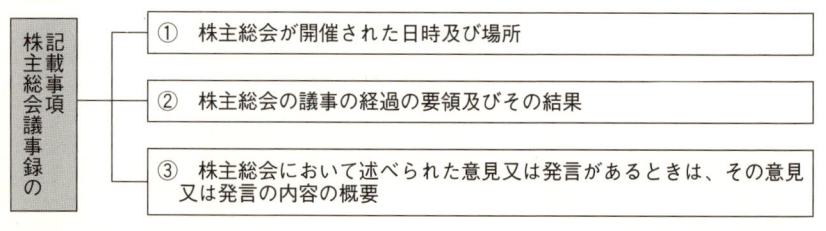

株主総会議事録の記載事項	
①	株主総会が開催された日時及び場所
②	株主総会の議事の経過の要領及びその結果
③	株主総会において述べられた意見又は発言があるときは、その意見又は発言の内容の概要

また、会社が作成した議事録は、株主総会の日から10年間本店に備え置かなければなりません（会社法318②）。支店では、原則として株主総会の日から5年間備え置く必要があります（一定条件下では不要）（会社法318③）。

閲覧等する権利は、図表26のように定められています。

【図表26　株主総会議事録の閲覧権利者】

該当者	閲覧等の条件及び閲覧等の権利の内容
株　主	株式会社の営業時間内は、いつでも議事録の閲覧又は謄写の請求ができる（会社法318④）。
債権者	同上
親会社社員	その権利を行使するため必要があるときは、裁判所の許可を得て閲覧又は謄本の請求ができる（会社法318⑤）。

株主総会の議事録の例を示すと、図表27のようになります。

【図表27　議事録の例（計算書類に関して報告事項とする場合）】

第○回定時株主総会議事録

　平成○年○月○日午後○時○分、（・・・住所記載・・・）当社本社○○会議室において、当社第○回定時株主総会を開催した。
　代表取締役社長○○○○は定款第○条の規定によって議長となり、開会を宣言し、次のとおり本日の出席株主数、その所有株式数及び議決権数を報告した。

当社の株主総数　　　　　　　　　　　　　　　　○○名
発行済株式総数　　　　　　　　　　　　　　　　○○株
総株主の議決権の数　　　　　　　　　　　　　　○○個
本日の出席株主総数　　　　　　　　　　　　　　○○名
（書面による議決権行使株主　○○名を含む）
本日出席株主の持株総数　　　　　　　　　　　　○○株
（書面による議決権行使株主の持株数　○○株を含む）
出席株主の有する議決権の総数　　　　　　　　　○○個

　上記のとおりの出席であったので、本総会を決議するための定足数を満たしており、法令に照らして適法に成立した。
　議長は、監査役会の監査報告を求めたところ、監査役会を代表して常勤監査役○○○○から、本総会に提出された議案及び各書類は、法令及び定款に違反する事項は認められない旨、第○期事業年度における監査結果については、招集通知に添付された会計監査報告および監査報告のとおりである旨の報告があった。

報告事項
1　第○期事業年度の計算書類の報告の件
　　議長は、第○期事業年度の計算書類の内容について、別紙書類に基づいてその概要を報告した。

2　第○期事業年度の事業報告の件
　　議長は、第○期事業年度の事業報告について、別紙書類に基づいてその概要を報告した。

```
決議事項
議案1 ・・・・・

議案2 ・・・・・
    ・・・・・
  以上をもって、本日の議事を終了したので、議長は閉会を宣言し、午後○時○分に閉
会した。
  上記決議を明確にするため、この議事録を作成し、議長及び出席取締役は次に記名・
押印する。
  平成○年○月○日
                              ○○株式会社第○期定時株主総会
                                議長・代表取締役社長  ○○○○  ㊞
                                          出席取締役  ○○○○  ㊞
                                          出席取締役  ○○○○  ㊞
                                          出席取締役  ○○○○  ㊞
                                              (当議事録作成担当)
                                                     ・・・・・
                                          出席監査役  ○○○○  ㊞
                                          出席監査役  ○○○○  ㊞
```

なお、計算書類について決議承認事項とする場合には、決議事項は図表28のように記載します。

【図表28 決議事項の例】

```
議案1  第○期事業年度の計算書類の承認の件
    議長は、第○期事業年度の計算書類の内容について、別紙書類に基づいてその概要
  を説明した上で、計算書類の承認を求めたところ、賛成多数で可決承認された。
        賛成株主の議決権数  ○○
        反対株主の議決権数  ○○
```

★持分会社の取扱いは

　持分会社では、会社の所有と経営が一体である前提となっていますので、株式会社の取締役会と株主総会が同じこととなっています。

　ただ、会社法では、持株会社における取締役会、株主総会に相当するものが法定されておらず、社員が2名以上いる場合には持分会社の業務は、定款に別段の定めのあるものを除き、社員の過半数をもって決定する旨の規定がされているにすぎません（会社法590②）。

　実務的には、多数の社員がいる場合などには"社員総会"が開かれる例が多いのですが、開催されたとしても、議事録の作成は法定されておらず、作成は任意扱いとなっています。

Q11 計算書類と有価証券報告書の関係は

A 有価証券報告書は、主に上場企業のように証券取引法の規定により作成・開示が要請される報告書です。

有価証券報告書のうちで、"経理の状況"は、計算書類と内容はほぼ同じものであり、若干表現方法が相違する程度の差があるだけです。

両者に共通の目的は、ディスクロージャー（情報開示）の重要なツールであることです。

両者の相違点としては、開示情報量の差があげられます。

··

★有価証券報告書というのは

有価証券報告書は、主に上場企業のように証券取引法の規定により作成・開示が要請される報告書です。

証券取引法第1条（目的）には、「この法律は、国民経済の適切な運営及び投資者の保護に資するため、有価証券の発行及び売買その他の取引を公正ならしめ、且つ、有価証券の流通を円滑ならしめることを目的とする。」とあり、「投資者の保護に資するため」の情報として会社に開示を義務づけています。

有価証券報告書で開示される情報は、図表29のようなものです。

【図表29　有価証券報告書で開示される情報】

```
第一部　企業情報
  第1　企業の概況
  第2　事業の状況
  第3　設備の状況
  第4　提出会社の状況
  第5　経理の状況
  第6　提出会社の株式事務の概要
  第7　提出会社の参考情報
第二部　提出会社の保証会社等の情報
  第1　保証会社情報
  第2　保証会社以外の会社の情報
  第3　指数等の情報
```

★計算書類と有価証券報告書の関係は

　有価証券報告書のうち、「経理の状況」で記載される項目をみますと、連結財務諸表等（連結貸借対照表、連結損益計算書、連結株主資本等変動計算書、連結キャッシュ・フロー計算書、連結附属明細表、その他）、個別財務諸表等（貸借対照表、損益計算書、キャッシュ・フロー計算書（連結財務諸表を作成していない場合に作成）、株主資本等変動計算書、附属明細表、主な資産及び負債の内容、その他）となっています。

　つまり、有価証券報告書の「経理の状況」は、施行後の計算書類と内容はほぼ一致しています。若干の表示方法に相違点はあるものの、両者の内容は同じであるということがいえます。

　さらに両者の関係をみますと、計算書類作成の際、規定されていない項目については、有価証券報告書の財務諸表等の用語、様式及び作成方法に関する規則である「財務諸表等規則・同ガイドライン」「連結財務諸表規則・同ガイドライン」を参照する場合も多く、この点からも両者の差は、若干の表示方法の違いのほか、ほとんどなくなっています。

★計算書類と有価証券報告書の共通目的は

　両者に共通する目的は、会社を取り巻く利害関係者（ステークホルダー）に対して情報開示を適切に行い、会社についての適切な意思決定を行えるようにすることです。

　情報開示（ディスクロージャー）という観点からは、計算書類も有価証券報告書も目指す目的は同じであるといえます。

★計算書類と有価証券報告書の開示情報量の差は

　両者の開示情報量については、差があります。

　同じ会社についてみた場合、通常圧倒的に有価証券報告書のほうが情報量が多く、報告書自体も分厚いものとなります。

　先に列挙したとおり、有価証券報告書の企業情報の項目には、非常に多くの詳細な情報が記載されます。

　これは、計算書類等と違い、有価証券報告書の読者が主に投資者であることから、投資の判断に資するよう詳細な情報開示を求めていることに起因した差と考えられます。

Q12 会計帳簿の閲覧・謄写は

A 会計帳簿の閲覧・謄写の請求権を保有する株主について、施行前は、議決権による基準のみで制限されていました。

施行後は、議決権による基準と株式数による基準のどちらかで制限することとし、請求権を行使することのできる株主の対象者を増やしています。

★会計帳簿の閲覧・謄写の施行前・施行後の扱いは

施行前は、総株主の議決権の100分の3以上を有する株主に、会計帳簿及び資料の謄本・閲覧を請求する権利を与えていました（旧商法293ノ6①）。

この請求を行うにあたっては、理由を附した書面で請求することが求められました（旧商法293ノ6②）。

また、取締役が株主からの帳簿閲覧請求を拒絶できる一定の要件が規定されていました（旧商法293ノ7）。さらに、親会社株主が、帳簿閲覧・謄写を求めるときは、裁判所の許可を得た上で請求権を行使することができました（旧商法293ノ8）。

施行後は、基本的に同じ内容が規定されています。

★施行後の会計帳簿の閲覧・謄写の扱いは

①総株主（株主総会で決議をすることができる事項の全部につき議決権を行使することができない株主を除きます）の議決権の100分の3（これより下回る割合を定款で定めた場合にあっては、その割合）以上の議決権を有する株主、又は、②発行済株式（自己株式を除きます）の100分の3（これより下回る割合を定款で定めた場合にあっては、その割合）以上の数の株式を有する株主は、株式会社の営業時間内は、いつでも会計帳簿又はこれに関する資料を閲覧又は謄写を請求することができます（会社法433①）。

この場合には、当該請求の理由を明らかにしてしなければならないとされています（会社法433①）。

また、株主から帳簿閲覧・謄写請求がされた場合に拒否できる一定の要件については、実質的に会社法施行前と同じです（会社法433②）。

さらに、親会社社員（＝親会社株主のこと（会社法31③））が帳簿閲覧・謄写を求めるときは、裁判所の許可を得たうえで請求権を行使することがで

きることも会社法施行前と同じです（会社法433③）。

★施行前と施行後の違いは

　基本的には同じ内容ですが、若干相違点があります。

　相違点としては、請求者である株主の要件です。施行前は、上述のとおり、「総株主の議決権の100分の3以上を有する株主」が該当していましたが、施行後は「総株主の議決権の100分の3以上を有する株主又は発行済株式（自己株式を除く。）の100分の3以上の数の株式を有する株主」が該当するとされています。

　また、持分割合である100分の3も、定款でこれ以下の割合を規定することも可能です。

　これは、（施行前もそうであったのですが）議決権のみの基準で規定した場合、優先株式（議決権の付与されるものは除きます）や相互保有株式など議決権が制限された株式を保有している株主は、会計帳簿閲覧・謄写請求権がないこととなります。

　そこで、施行後は、たとえ議決権を制限された株式しか保有していない株主であっても、一定割合以上を保有している株主であれば、議決権以外の権利の行使を行うときは当然ながら会計帳簿閲覧・謄写請求権をもつことが望ましいことから、議決権による基準と株式数による基準のどちらかで制限することとし、会計帳簿閲覧・謄写請求権を行使することのできる株主の対象者を増やしています（図表30参照）。

【図表30　会計帳簿の閲覧等に関する権利保有株主の範囲】

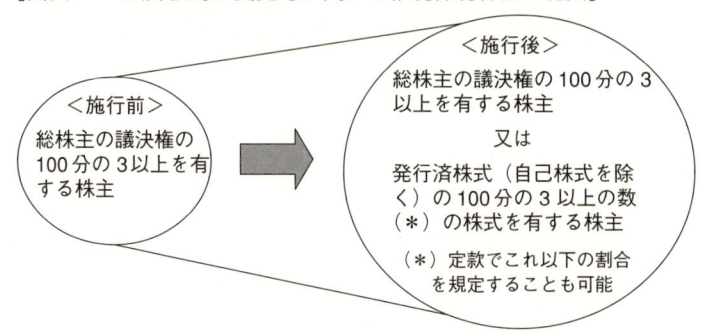

＜施行前＞
総株主の議決権の100分の3以上を有する株主

→

＜施行後＞
総株主の議決権の100分の3以上を有する株主
又は
発行済株式（自己株式を除く）の100分の3以上の数（＊）の株式を有する株主
（＊）定款でこれ以下の割合を規定することも可能

　一定以上の株主であれば、会社に出資という形で深く関与しているのですから、議決権の有無で情報の開示請求の権利に差が出るのは望ましくない、という趣旨による改正と思われます。

2 会計方針・会計基準の実務Q&A

2では、会社法計算書類の作成に不可欠の会計方針・会計基準の実務ポイントをまとめています。

- Q13　公正妥当と認められる会計慣行は　48
- Q14　会計方針ってなに・会計方針の変更は　49
- Q15　これから導入される会計基準は　51
- Q16　税効果会計のポイントは　53
- Q17　退職給付会計のポイントは　58
- Q18　固定資産の減損会計のポイントは　61
- Q19　金融商品会計のポイントは　63
- Q20　ストック・オプション会計のポイントは　66
- Q21　中小企業の会計基準は　70
- Q22　外貨建取引等の会計基準のポイントは　74
- Q23　研究開発費・ソフトウェアの会計のポイントは　76
- Q24　一株当たり情報のポイントは　79

Q13 公正妥当と認められる会計慣行は

A 公正妥当と認められる会計慣行とは、企業会計原則のほか、会社の財産及び損益の状況を正しく表示するために公正妥当と認められるものを広く含みます。

★一般に公正妥当と認められる企業会計の慣行というのは

会社法431条では、会計の原則として「株式会社の会計は、一般に公正妥当と認められる企業会計の慣行に従うものとする」と定めています。

旧商法下で「商業帳簿ノ作成ニ関スル規定ノ解釈ニ付テハ公正ナル会計慣行ヲ斟酌スベシ」と同様の趣旨の規定が設けられていました（旧商法32②）が、旧商法では斟酌規定であったのに対し、会社法では「従うものとする」と遵守規定とされ、厳格な適用が求められています。

ただし、会社法の規定だけでは様々な会計事実の処理を網羅することはできないため、規定にない部分を補う必要が生じます。

そこで設けられたのが「一般に公正妥当と認められる会計慣行」という包括規定です。

★一般に公正妥当と認められる会計慣行の内容は

「一般に公正妥当と認められる会計慣行」の代表的なものとしては、図表31のとおり、企業会計原則や一連の基準や意見書などがあげられます。

しかし、それがすべてではなく、会社の財産及び損益の状況を正しく表示するために公正妥当と認められるものが広く「一般に公正妥当と認められる会計慣行」とされています。

【図表31　一般に公正妥当と認められる会計慣行の内容】

一般に公正妥当と認められる会計慣行の内容	
①	企業会計審議会が公表する税効果会計、退職給付会計、固定資産減損会計、金融商品会計、外貨建取引等会計、研究開発費の会計などの会計基準
②	(財)財務会計基準機構や企業会計基準、委員会が公表する会計基準、適用指針、実務対応報告
③	日本公認会計士協会が公表する実務指針、委員会報告
④	その他会社の財産及び損益の状況を正しく表示するために公正妥当と認められるもの

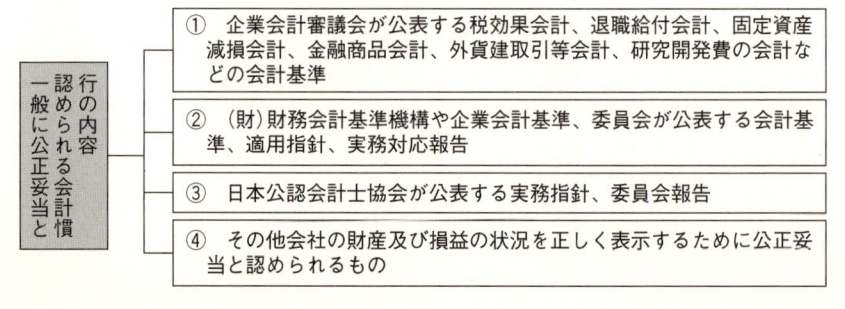

Q14 会計方針ってなに・会計方針の変更は

A 会計方針とは、企業が損益計算書及び貸借対照表の作成にあたって、その財産及び損益の状態を正しく示すために採用した会計処理の原則及び手続をいいます。

会計方針は、正当な理由により変更を行う場合を除き、毎期継続して適用しなければならないものとされています。

★会計方針というのは

会計方針とは、「企業が損益計算書及び貸借対照表の作成にあたって、その財産及び損益の状態を正しく示すために採用した会計処理の原則及び手続並びに表示の方法」のことをいいます。

会計方針には、例えば棚卸資産の評価基準には原価法や低価法がありますが、いずれも企業会計上適用が認められた会計方針です。

このように1つの会計事実について2つ以上の会計処理の原則及び手続が存在している場合がありますが、一方で、そのいずれを採用するかによって計算の結果も異なったものとなります。

すなわち、会社は貸借対照表や損益計算書を作成するにあたり、その財産及び損益の状態を正しく示すために最も適した会計方針を会社の判断により採用しますが、この会計方針は、会社が置かれた環境、会社が営む業種、業態等の相違、その他会社固有の事情に基づきそれぞれの会社について必ずしも同一ではありません。

このため、株主、債権者等の利害関係者は、貸借対照表及び損益計算書の作成にあたってどのような会計方針が採用されたかを知らなければ、会社の財産及び損益の状態を的確に判断することはできません。

そこで、貸借対照表や損益計算書の作成の基礎となっている会計方針のうち重要なものの開示が必要となるのです（Q70参照）。

★会計方針の変更を行ったときの取扱いは

既に述べましたように、企業会計上は1つの会計事実について2つ以上の会計処理の原則又は手続の選択適用が認められている場合があり、どちらを採用した場合でも適正な処理であるとされます。

このような場合に、もし企業が選択した会計処理の原則・手続を毎期継続して適用しないときは、同一の会計事実について異なる利益額が算出され、財務諸表の期間比較が困難となってしまい、企業の財務内容に関する利害関係者の判断を誤らせることになります。また、利益操作の目的で会計方針の変更が行われる可能性もあります。

このため、いったん採用した会計処理の原則や手続は、無条件に変更が認められるのではなく、正当な理由により変更を行う場合を除き、財務諸表を作成する各時期を通じて継続して適用しなければならないものとされています。

この正当な理由による会計方針の変更とは、会計基準等の改正により会計方針を変更する場合のほか、例えば、

「コンサルタント部門の売上計上基準について完成基準を採用していましたが、同種事業部門の買収を契機として今後は大型案件の受注が増加すると見込まれることから、より適正な期間損益計算を行うため、当期において、進行基準に変更いたしました」。

というように、社会的経済的要因の変化や企業内部の要因の変更などによる変更であって財務諸表をより適切に反映するために行われるものであること、利益操作等を目的としていないことなどの条件を満たす理由による会計方針の変更です。

また、会計処理の原則や手続に重要な変更を加えたときは、変更した旨、変更の理由、変更による財務諸表への影響額を当該財務諸表に注記し、株主や債権者等の利害関係者に対し明らかにする必要があります（Ｑ70参照）。

★会計方針の変更が行われたときの取扱いは

会計方針の変更が行われたときの取扱いは、図表32のとおりです。

【図表32　会計方針の変更が行われたときの取扱い】

会計方針の変更が行われたときの取扱い
- ① 会計方針の変更が正当な理由によらない場合
　監査役あるいは会計監査人の監査報告書において、限定意見が付されます。
- ② 会計方針の変更が正当な理由による場合
　監査役あるいは会計監査人の監査報告書において、追記情報※１として記載されます。

※１　追記情報とは、監査意見ではありませんが、会計監査人の判断に関して説明を付す必要がある事項や計算関係書類の内容のうち強調する必要がある事項です。

Q15 これから導入される会計基準は

A わが国の会計基準は、国際会計基準IASとの「同等性問題」等を契機として、今後一層の国際的調和が図られていくと思われます。
　近い将来にリリース予定の会計基準等には、次の2つがあります。
① ソフトウェア取引の収益の会計処理に関する実務上の取扱い
② リース会計基準

★会計基準の動向は
　わが国の会計基準の開発に関して中核をなす機関に企業会計基準委員会（ASBJ）があります。
　企業会計基準委員会は、財団法人財務会計基準機構（FASF）の中核機関として会計基準の開発のみでなく、審議や国際的な会計基準との調整を図る機能も果たしてきました。
　特に、後述する税効果会計を皮切りに、退職給付会計・金融商品会計・固定資産の減損会計等のいわゆる会計ビッグバンといわれる新会計基準が続々と導入されその結果、わが国の会計基準は国際的にみても遜色のない水準に達しつつあるものといえます。

★国際的な会計基準とのいわゆる「同等性問題」という課題
　その一方で、近年国際的な会計基準とのいわゆる「同等性問題」という課題があります。
　EUは、域内の金融市場統合の一環として2005年からEU上場企業の連結財務諸表作成にIAS（国際会計基準）の使用を義務づけ、また域内の開示規制を統一するための諸指令を定めています。
　このうち目論見書指令と透明性指令は、EU域内で証券の公募を行い、またEUの規制市場に上場しているEU域外国（外国企業等）の証券発行者に対して、IAS又はIAS同等の会計基準の使用を義務づけるものです。
　もしわが国の基準がIASと同等であると認められない場合、わが国の証券発行者が上場廃止を迫られる可能性がある等、EU域内での資金調達活動等の事業活動に支障をきたす可能性がありました。
　EUの下部組織CESR（欧州証券規制当局委員会）の技術的助言によれば、

わが国の会計基準は全体としてIASと同等と評価しており、これまでの会計ビッグバンを通じて国際的にも質が高く信頼できるものとなってきつつあることを公式に認知し、その上で一定の補完措置（会計基準の重要相違に係る補完的情報開示）を要求しています。

この補完措置の内容は大別して、図表33のようなものです。

【図表33　補完措置の内容】

①	補完措置の内容	開示A：第三国基準によって既に提供されている定性的・定量的開示の拡充 開示B：取引・事象をIASに従って会計処理した場合における定量的影響の表示（関連する取引・事象の再測定が必要）
②	補完計算書の作成	測定、認識の差異が複雑多岐にわたる場合に、仮定計算ベースの要約財務諸表の作成

重要なことは、このような同等性問題等を契機としてわが国の会計基準がより高水準の国際的調和を求められる段階に至っており、この大きな潮流に沿ってわが国の会計基準はより進化・改善が図られていくであろうということです。

★これから導入が見込まれている会計基準等は

図表34のような会計基準等が現在企業会計基準委員会（ASBJ）において審議中であり、これから導入が見込まれているものです。

【図表34　今後導入が見込まれている会計基準】

会計基準		説　明
①	棚卸資産評価基準	企業会計基準委員会（ＡＳＢＪ）において進められてきた検討の結果を受けて、2006年4月14日に企業会計基準公開草案第12号「棚卸資産の評価原則に関する会計基準（案）」が公表されています。 これは、棚卸資産の評価基準を低価法のみとする論点を中心としたものです。 なお、同会計基準は、2007年4月1日以後開始する事業年度から適用され、早期適用も可能であるとされています。公表及び確定は、2006年の夏以降と見込まれています。
②	リース会計	リース会計については所有権移転外ファイナンス・リース取引に関する例外処理の廃止について、平成16年3月24日に公表された「所有権移転外ファイナンス・リース取引の会計処理に関する検討の中間報告」（企業会計基準委員会）において検討中の過程が報告されています。 その後も企業会計基準委員会の専門委員会であるリース会計専門委員会を中心に具体的に検討が進められ、現在も平成17年10月14日開催の企業会計基準委員会において了承された現行基準の原則法である「売買取引に準じた会計処理」で一本化する方向で審議中です。

Q16 税効果会計のポイントは

A 税効果会計とは、費用認識のタイミングを課税所得計算と会計との間で一致させる会計をいいます。

税効果会計を適用すると、税引前利益と税引後利益の関係が財務諸表の読者にとって理解しやすいものとなります。

繰延税金資産は、無条件に計上が認められているものではなく、会社の状態により計上額が制限される場合があります。

……………………………………………………………………………

★税効果会計というのは

税効果会計とは、貸借対照表に計上されている資産及び負債の金額と課税所得の計算の結果算定された資産及び負債の金額との間に差異がある場合において、当該差異に係る法人税等の金額を適切に期間配分することにより、法人税等を控除する前の当期純利益の金額と法人税等の金額を合理的に対応させるための会計処理をいいます。

この定義はかなり難しいため、理解を容易にするため一言でいうとすれば「費用認識のタイミングを課税所得計算と会計との間で一致させる会計」です。

★税効果会計の適用を簡単な計算例でみると

これを簡単な計算例で説明します。

課税所得計算上の費用を「いつ認識するか」についてですが、税効果会計を適用しない場合は、「法人税法上課税所得から減額される時期」となります。

第1期の税引前当期純利益を800千円、法人税等の要納付額（中間納付を含みます）を400千円とし、第2期の税引前当期純利益を1,000千円、要納付額を700千円としますと、損益計算書は図表35の第1期のようになります。

【図表35　第1期と第2期の損益計算書】　　（単位：千円）

第1期損益計算書	
：	
：	
税引前当期純利益	800
法人税等	400
当期純利益	400

第2期損益計算書	
：	
役員退職引当金繰入	400
税引前当期純利益	1,000
法人税等	700
当期純利益	300

また、第2期には役員退職引当金の繰入を400千円計上したものとします。

★**税効果会計の適用がないときは**　（法定実効税率（※1）は50％とします）

ここでおかしな点があります。図表36をみてください。

第2期では、税引前利益が増加したにもかかわらず、当期純利益は減少しています。なぜ、このような結果となったのでしょうか。

それは「課税所得計算上の費用と認められない会計上の費用」があったためです。

法人税法上、役員退職金が課税所得から減額されるのは退職時とされているため、第2期において役員退職引当金繰入を会計上費用計上したとしても課税所得からは減額されません。

すなわち、課税所得計算上の費用は会計上費用計上した期の費用として扱われないため、法人税等の金額がその金額400千円に実効税率50％を乗じた分200千円だけ膨らみ税引後利益が減少してしまっています（図表36）。

【図表36　税効果会計非適用の第2期損益計算書】（単位：千円）

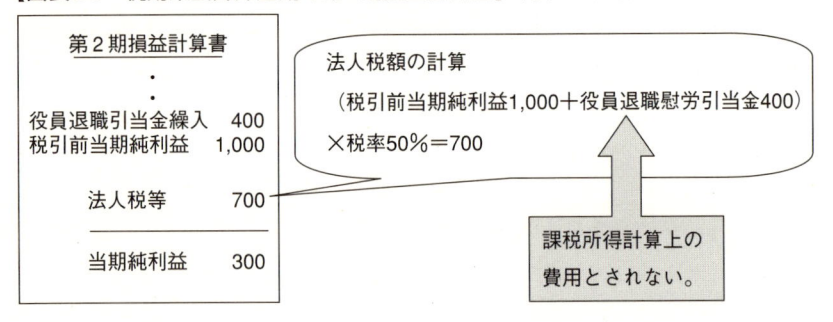

```
第2期損益計算書
　　：
役員退職引当金繰入　400
税引前当期純利益　1,000
　　　　　　　　─────
法人税等　　　　　 700
　　　　　　　　─────
当期純利益　　　　 300
```

法人税額の計算
（税引前当期純利益1,000＋役員退職慰労引当金400）
×税率50％＝700

課税所得計算上の費用とされない。

このような現象が生じないように「課税所得計算上の費用の認識タイミングを会計のそれと一致させる会計」が税効果会計です。この例で役員退職引当金繰入の課税所得計算上の費用の認識時期は退職時でしたから、第2期においては会計上費用計上された役員退職引当金繰入400千円は課税所得計算上は費用とされませんでした。

しかし、第2期ではなくても、結局この役員退職引当金繰入400千円は将来におけるいずれかの時点で役員が退職した場合、その期においてたとえ会計上は（引当金を充当するため）費用計上されなくても、課税所得計算上は費用とされます。

つまり、役員退職引当金繰入400千円は会計上と課税所得計算上とで費用の認識時期に差異が生じているものの、将来一定の事実が発生した場合、課

税所得計算上でも費用処理（すなわち課税所得から減算される）されるため両者の差異は一時的で解消される性質のものであるといえ、これを将来減算一時差異といいます。

　この将来減算一時差異に対応する税金200千円（400千円×50％）は、第2期において課税所得計算上は費用とされなかったため、法人税等として第2期に計上されましたが、将来において支払う税金を減額させる効果があるといえ、将来回収可能性のある資産として税効果会計のもとでは資産計上されます。この資産が繰延税金資産です。

　これを会計仕訳で表現すると、次のとおりです。

(借)繰延税金資産　200千円（B／S）　　(貸)法人税等調整額　200千円（P／L）

★税効果会計を適用した効果は

　税効果会計を適用した結果、第2期の役員退職引当金繰入に係る税金が（会計上費用処理した期において課税所得計算上の費用として扱われたことにより）資産計上されたため、認識時期の相違が解消されています。

　また、結果として税引前利益の50％が正味の法人税額となり、その差額が税引後利益という関係が成立し不合理は解消されています。

　つまり「各期の税引前利益と税引後利益のバランスが整合する」のが税効果会計を適用する効果といえます。

【図表37　税効果会計適用の第2期の損益計算書】（単位：千円）

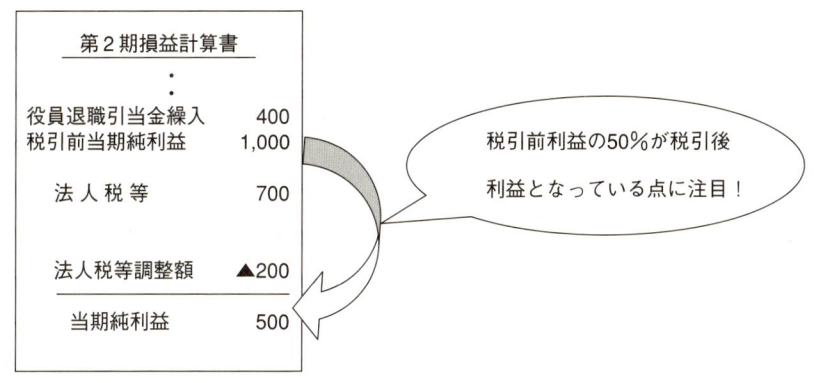

```
第2期損益計算書
      :
役員退職引当金繰入    400
税引前当期純利益    1,000

法人税等            700

法人税等調整額     ▲200

当期純利益          500
```

（税引前利益の50％が税引後利益となっている点に注目！）

　実務的には、会計上の費用と課税所得計算上の費用の認識時期の違いは法人税申告書の別表五(一)に集約されています。

　このため、実務上の税効果会計の計算は、図表38のように別表五(一)を基礎資料として次節で説明する繰延税金資産の回収可能性を考慮しながら計算

【図表38　税効果会計作業集計表の例示】

税効果会計集計作業表（個別財務諸表の税効果）

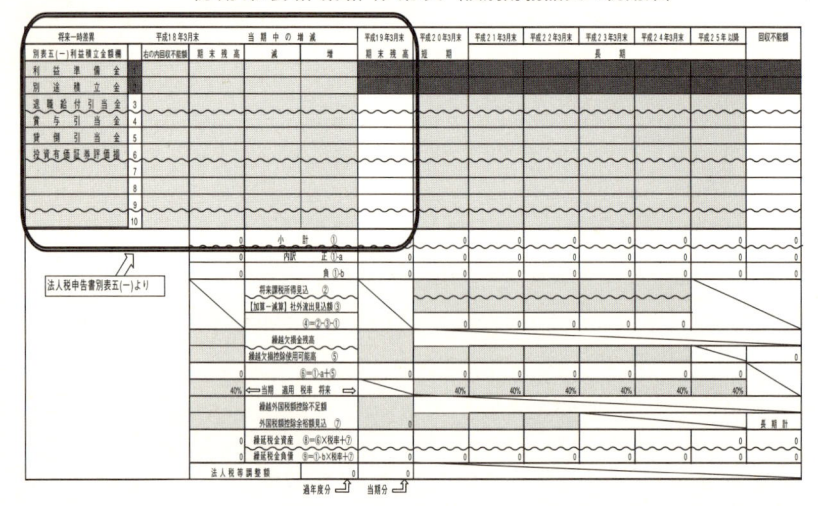

(表省略)

※1　繰越外国税額控除に係る繰延税金資産を除き、繰延税金資産及び繰延税金負債の計算に使われる税率は、以下のように事業税の損金算入の影響を考慮した税率＝法定実効税率を用います。

$$\text{法定実効税率} = \frac{\text{法人税率} \times (1 + \text{住民税率}) + \text{事業税率}}{1 + \text{事業税率}}$$

集計されます。

★繰延税金資産の計上は回収できるかという視点で厳しいルールがある

　税効果会計は、前述したように将来減算一時差異・将来加算一時差異に法定実効税率（上記※1）を乗じて算定するというものでした。

　ただし、重要なことは、繰延税金資産として計上できる上限額を示しているに過ぎず、全額を無条件に計上できるものではないということです。

　やや難しい表現ですが、繰延税金資産がその本来の性格として「将来において、その調整項目が損金算入されることで、損金算入された期の納付額を減額するのであろう金額を、税額負担を各決算期に平準化する方法で先取り

【図表39　繰延税金資産計上の要件】

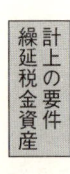

繰延税金資産計上の要件
- ①　将来、その将来減算一時差異が解消されて（税務上損金算入されて）、その期の課税所得金額を減額するだけの十分な課税所得金額が発生していること。
- ②　その将来減算一時差異自体が解消される（税務上損金算入される）事由が発生し得ること。

したもの」であるためには、図表39の2要件を満たす必要があるのです。

平易にいえば、その会社の財政状態ごとにランク付され、そのランクに応じて繰延税金資産の計上できる額が決められています。

会社法に基づき剰余金の配当等を行う場合、配当等の制限額（会社法461条②、計算規則186条）に繰延税金資産は含まれていないため、繰延税金資産を過大に計上し配当することは、会社財産の流出を招き、違法配当の問題が生じることになります。

★会社のランク付と計上限度額の概要は

会社のランク付と計上限度額の概要は、図表40のとおりです。

【図表40　会社のランク付と計上限度額の概要】

	優良	まずまず順調	不安定	最近赤字転落	連続して大赤字
会社の状態	期末における将来減算一時差異を十分に上回る課税所得を毎期計上している会社等	業績は安定しているが、期末における将来減算一時差異を十分に上回るほどの課税所得がない会社等	業績が不安定であり期末における将来減算一時差異を十分に上回るほどの課税所得がない会社等	重要な税務上の繰越欠損金が存在する会社等（ただし特別な原因による繰越欠損金でそれを除けば毎期課税所得計上の場合は左記による）	過去連続して重要な税務上の欠損金を計上している会社等
通常の将来減算一時差異	原則として、繰延税金資産の全額について回収可能性があるものとする（スケジューリング不能な一時差異も回収可能性ありと判断する）。	スケジューリングに基づき計上された繰延税金資産は回収可能性があるものとする。	合理的な見積可能期間（おおむね5年）内の課税所得の見積額を限度として、スケジューリングに基づき計上された繰延税金資産は回収可能性があるものとする。	翌期の課税所得見積額を限度とし、スケジューリングに基づき計上された繰延税金資産は回収可能性があるものとする。	原則として繰延税金資産の回収可能性はないものとする。
解消見込が長期にわたる将来減算一時差異（注）	回収可能性があるものとする。	回収可能性があるものとする。	合理的な見積可能期間（おおむね5年）を超えた年度の解消予定額も回収可能性があるものとする。	同上	同上

（注）　通常、減価償却費及び退職給付引当金等が該当します。

Q17 退職給付会計のポイントは

A 退職給付会計は、年金資産の運用利回りの低下、含み損の発生などを背景として企業年金に係る情報は、投資情報としても重要となったことから導入されたものです。

実務上、会社が計算する部分と年金数理人による計算結果を利用する部分が混在するところに特色があります。

★退職給付会計の導入の背景は

退職給付会計の導入前は、退職一時金及び年金についての会計基準は実質的になかったということができます。実務上は、自己都合退職による期末要支給額の一定割合を計上する法人税法に準拠した方法などが採用されてきました。

こうした状況の下で、平成10年6月に、厚生年金基金制度や適格退職年金制度に代表される企業年金制度について年金資産の運用利回りの低下、年金資産の含み損等により必要な年金資産の不足が生じており、企業年金に係る情報は投資情報としても企業経営の観点からも重要であること、さらに会計基準の国際的調和が必要であることなどを背景として、「退職給付に係る会計基準」が導入されました。

★退職給付会計の意味・その具体的な計算は

一定の期間にわたり労働を提供したこと等の理由により退職以後に従業員に支給される給付のうち、ある時点までに発生していると認められるものを退職給付債務といいます。

簡単にいえば、退職一時金や年金等の退職給付は、退職時以降に支給されるものですが、労務報酬対価の支払いの一形態と考えることができるため、支出時の費用とするのではなく、従業員の勤務期間に適切に配分するため債務として既に発生したと考えられる金額を負債計上したものといえます。

それでは、退職給付会計の実際の計算はどのようにするのか。図表41の設例により説明します。

★当期の退職給付費用の計算は

図表41の期首退職給付債務（8,000千円）と当年度に発生したと考えられ

る労務対価（S 500千円）（これを勤務費用といいます）は、年金数理人が計算したものです。

会社自身で計算ができないものではありませんが、計算に高度な専門性が必要であること及び計算結果の信頼性を確保する必要性から、外部専門家に計算を委託することが一般的です。

【図表41　退職給付会計の計算例】　　　　　　　　　　　　　　（単位：千円）

	Ⅰ 期首 X2.4.1	Ⅱ 退職給付費用	Ⅲ 年金・掛金支払額	Ⅳ 期末（予定）Ⅰ〜Ⅲ計	Ⅴ 数理計算上差異	Ⅵ 期末（実績）X3.3.31
退職給付債務（PBO）	(8,000)	(500) S (240) I	300　Y1	(8,440)	(60)	(8,500) P
年金資産	4,000	200 R	(300) Y1 400　Y2	4,300	(300)	4,000 A
未積立退職給付債務 会計基準変更時差異 未認識数理計算上の差異	(4,000) 2,700 (100)	(300) X1 10　X2		(4,140) 2,400 (90)	360	(4,500) 2,400 270
年金前払費用/（退職給付引当）	(1,400)	(830)	400	(1,830)	0	(1,830)

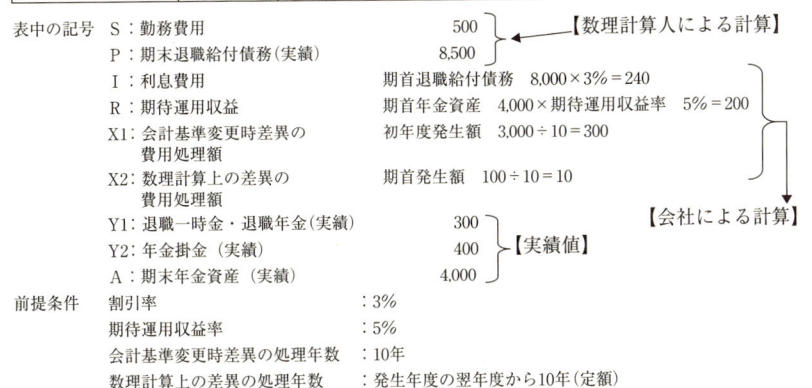

表中の記号　S：勤務費用　　　　　　　　　　500　　┐【数理計算人による計算】
　　　　　　P：期末退職給付債務（実績）　　8,500　┘
　　　　　　I：利息費用　　　　　　　　　　期首退職給付債務　8,000×3％＝240
　　　　　　R：期待運用収益　　　　　　　　期首年金資産　4,000×期待運用収益率　5％＝200
　　　　　　X1：会計基準変更時差異の
　　　　　　　　費用処理額　　　　　　　　　初年度発生額　3,000÷10＝300
　　　　　　X2：数理計算上の差異の
　　　　　　　　費用処理額　　　　　　　　　期首発生額　100÷10＝10
　　　　　　Y1：退職一時金・退職年金（実績）　300　┐【会社による計算】
　　　　　　Y2：年金掛金（実績）　　　　　　　　400　├【実績値】
　　　　　　A：期末年金資産（実績）　　　　　　4,000┘

前提条件　割引率　　　　　　　　　　　　：3％
　　　　　期待運用収益率　　　　　　　　：5％
　　　　　会計基準変更時差異の処理年数　：10年
　　　　　数理計算上の差異の処理年数　　：発生年度の翌年度から10年（定額）

当期に帰属すべき費用額（退職給付費用）は、この勤務費用に期首退職給付債務に対する利息相当額（利息費用）及び年金資産の利息見込額（期待運用収益）等を加減して算定します。

> 退職給付費用（Ⅱ）＝500千円（勤務費用：S）＋240千円（利息費用：I）－200千円（期待運用収益相当：R）＋300千円（会計基準変更時差異の当期費用処理額：X1）－10千円（前期繰越の数理計算上の差異の当期費用処理額：X2）＝830千円

なお、会計基準変更時差異の当期費用処理額とは、退職給付会計導入初年度の期首時点ではその時点における退職給付債務が計上されていませんが、これを一時に計上した場合損失額が多額にのぼることに配慮し一定期間での分割費用処理が認められていますが、その当期費用処理分です。
　これを会計仕訳で示すと、
(借)退職給付費用　830千円(P／L)　(貸)退職給付引当金　830千円(B／S)
となります。

★年金掛金・給付金の支払いは
　年金掛金・給付金の支払いは、図表41のとおりです。
　受給者に対して年金給付金の支払いをした場合（Y1：300千円）は、退職給付債務の支払いですから、退職給付債務は減少する一方、同時に年金資産も減少しますので仕訳は行いません。
　一方、年金制度への掛金支払い（Y2：400千円）は、年金資産を増加させると同時に退職給付引当金を減少させますので、次の仕訳をします。
(借)退職給付引当金　400千円(B／S)　(貸)現金預金　400千円(B／S)

★期末の退職給付引当金の計算
　図表41の期末の退職給付債務は、図表41の加減算より（8,440千円）と算定されます。ただし、この金額は期首時点で従業員データの予測に基づいて算定されたものですから、実際の従業員の増減や昇給実績を反映したものではありません。
　また、年金資産についても当期中の資産運用の成果や時価の変動を反映したものではないため、期末時点の人事データ及び年金資産の時価額との差額（これを数理計算上の差異といいます）を把握しておく必要があります。
　ただし、この数理計算上の差異は当期の一時費用とせず、次期以降の一定期間で償却することが認められています。これは、数理計算上の差異は毎期発生するものの期間を通じて平準化される性質のものであるためです。
　年金数理人により期末の退職給付債務は（P：8,500千円）と計算されたとしますと、数理計算上の差異は、次のとおり△60千円となります。
　　数理計算上の差異＝退職給付債務の横計(Ⅳ)8,440千円－実績(Ⅵ)
　　　　　　　　　　　8,500千円＝△60千円
　また、年金資産の横計(Ⅳ)4,300千円と実績(Ⅵ)4,000千円との差額　△300千円も数理計算上の差異です。
　この合計360千円は、翌期以降費用化されることになります。

Q18 固定資産の減損会計のポイントは

A 減損会計とは、使用中の固定資産について、当初の期待に反して資産の利用価値の低下を示す兆候が発生した場合に、当該資産の帳簿価額からその資産の回収不能額を差し引いた金額まで減額する会計です。

★減損会計というのは

　固定資産の減損会計とは、資産の収益性の低下により投資額の回収が見込めなくなった場合に、回収可能性を反映するように帳簿価額を減額する会計処理をいいます。

　使用中の固定資産について、当初の期待どおりの成果がでていれば、問題はないのですが、当初の期待に反して資産の利用価値の低下を示す図表42のようなマイナスの事象が発生した場合に（これを兆候といいます）、当該資産について減額処理が必要かどうかを検討することになります。

　ただし、減損の兆候があるからといって、無条件に減損損失の計上が要請されるというものではありません。減損の兆候の有無によって対象となる資産がふるいにかけられたうえで、減損の兆候がある場合は、割引前キャッシュ・フローを用いてより詳細なテストが実施されます。

【図表42　減損の兆候の例】

```
― 減損の兆候の例 ―
① 営業活動から生じる損益又はキャッシュ・フローが継続してマイナスとなっているか、あるいは継続してマイナスとなる見込みであること
② 使用されている範囲又は方法について、その資産又は資産グループの回収可能価額を著しく低下させる変化が生じたか、あるいは生じる見込みであること
③ 使用されている事業に関連して、経営環境が著しく悪化したかあるいは悪化する見込みであること
④ 市場価格が著しく下落したこと
```

　この将来キャッシュ・フローは、合理的で説明可能な仮定及び予測に基づいて見積もることが要請されます。

　また、見積に際しては、資産または資産グループの現在の使用状況や合理的な使用計画などを考慮する必要があります。

★減損の認識は

　減損の兆候がある場合は、割引前キャッシュフローを用いた評価テストを実施しますが、これを適用指針では、減損を認識するかどうかの判定と呼んでいます。

　資産又は資産グループから得られる割引前のキャッシュ・フローの総額が固定資産の帳簿価額を下回る場合「減損の存在が相当程度確実な場合」として減損損失を認識することになります。

　なお、賃貸借処理を採用しているリース資産については、未経過リース料の現在価値を帳簿価額とみなして判定します。

【図表43　減損を認識する場合】

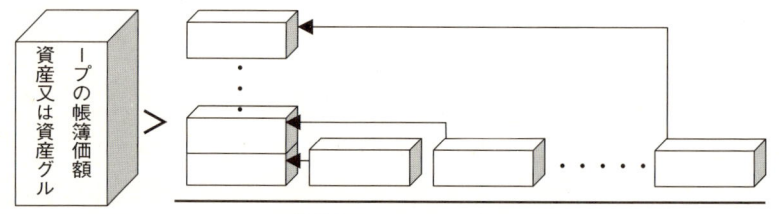

資産又は資産グループの帳簿価額 ＞ 割引前キャッシュ・フローの総額

（注）減損を認識するかどうかの判定の段階ではキャッシュ・フローの見積期間は経済的残存使用年数と20年の短いほうという制限があります。

★減損の測定は

　さて、減損損失の額をいくら計上すべきか（これを減損の測定といいます）についてですが、これは、回収不能額を図表44のように算定し両者の差額を計上することになります。

【図表44　減損損失の測定】

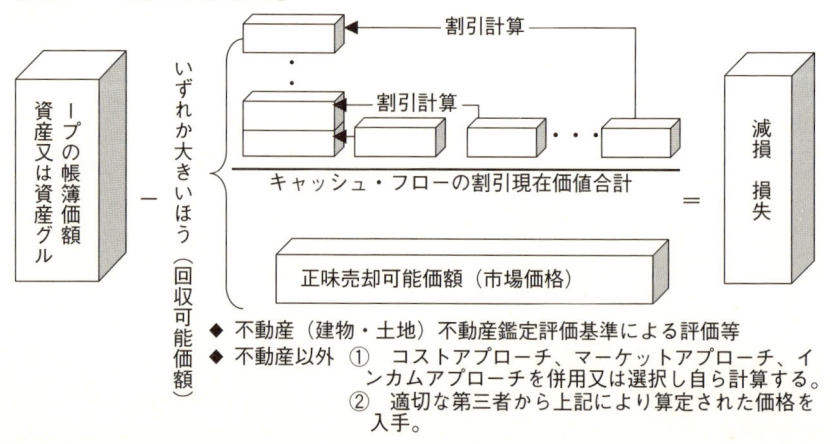

資産又は資産グループの帳簿価額 － いずれか大きいほう（回収可能価額）｛キャッシュ・フローの割引現在価値合計（割引計算）／正味売却可能価額（市場価格）｝ ＝ 減損損失

◆ 不動産（建物・土地）不動産鑑定評価基準による評価等
◆ 不動産以外　① コストアプローチ、マーケットアプローチ、インカムアプローチを併用又は選択し自ら計算する。
　　　　　　　② 適切な第三者から上記により算定された価格を入手。

Q19 金融商品会計のポイントは

A 金融商品会計とは、金融資産・負債等について期末日において時価評価し貸借対照表に計上することを中心とした会計です。

★ 金融商品会計というのは

金融商品会計は、新会計基準の中でも範囲が広範なものとなっています。

金融商品会計で規定されている内容は、主に図表45の点です。

【図表45　金融商品会計で規定されている内容】

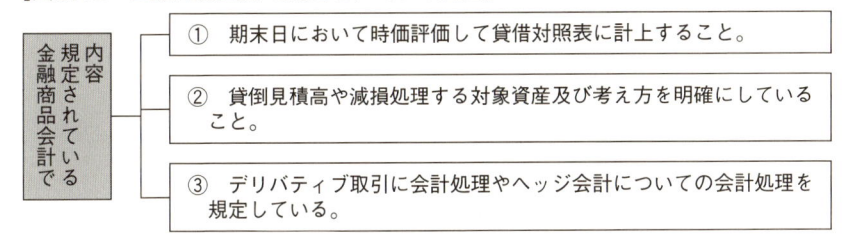

金融商品会計で規定されている内容
- ① 期末日において時価評価して貸借対照表に計上すること。
- ② 貸倒見積高や減損処理する対象資産及び考え方を明確にしていること。
- ③ デリバティブ取引に会計処理やヘッジ会計についての会計処理を規定している。

金融商品の範囲を例示しますと、図表46のようになります。

【図表46　金融商品の範囲】

金融商品	金融資産	・現金預金、受取手形、売掛金及び貸付金等の金銭債権 ・株式その他の出資証券及び公社債等の有価証券 ・建設協力金等の差入預託保証金 ・ゴルフ会員権等 ・デリバティブ取引により生じる正味の債権
	金融負債	・支払手形、売掛金、借入金及び社債等の金融債務 ・デリバティブ取引により生じる正味の負債 ・当座貸越契約、極度貸付契約及び貸出コミットメント ・債務保証契約

★金融商品会計の処理は

次に、金融商品会計の具体的内容について有価証券を例にとって説明します。金融商品会計によれば、有価証券をその保有目的により、図表47の4つに区分し、区分ごとに会計処理を定めています。

★売買目的有価証券の会計処理は

売買目的有価証券は、いわゆるトレーディング目的（反復的な売買により短期間の価格変動により利益を得ることを目的として保有することをいいま

【図表47　有価証券の保有区分】

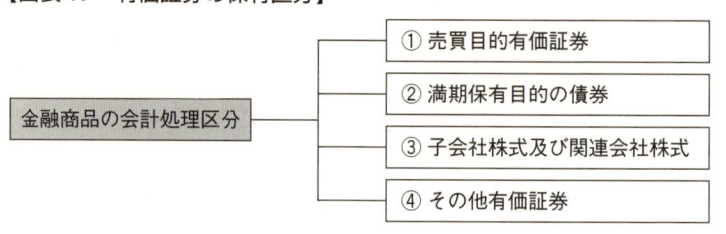

```
                              ┌─ ① 売買目的有価証券
                              ├─ ② 満期保有目的の債券
金融商品の会計処理区分 ─┤
                              ├─ ③ 子会社株式及び関連会社株式
                              └─ ④ その他有価証券
```

す）で保有する有価証券に限定されています。

　売買目的有価証券は、期末時価をもって貸借対照表価額とし、評価差額は当期の損益に計上します。
(期末仕訳)
(借)売買目的有価証券　××（B/S）（貸)有価証券運用損益　××（P/L）

★満期保有目的の債券の会計処理は

　満期保有目的の債券とは、満期まで所有する意図をもって保有する社債その他の債券をいいます。満期保有目的の債券は、取得原価をもって貸借対照表価額とします。

　ただし、債券を券面額より低い価額又は高い価額で取得した場合において、取得価額と券面額との差額の性格が金利調整と認められるときは、償却原価法（上記金利調整差額をその利息期間〔受渡日から償還日まで〕にわたって期間配分する方法）によって処理します。
(期末仕訳－金利調整と認められる場合)
(借)満期保有目的債券　××（B/S）（貸）有価証券利息　××（P/L）

★子会社株式及び関連会社株式の会計処理は

　子会社及び関連会社株式は、取得原価をもって貸借対照表価額とします。

★その他有価証券の会計処理は

　図表47の①から③以外の有価証券をいいます。
　時価をもって貸借対照表価額とし、評価差額は毎期洗替え方式に次のいずれかの方法により処理します。
(1)　評価差額の合計額を純資産の部に有価証券評価差額金として計上する（全部資本直入法）。
(2)　時価＞取得原価である銘柄の評価差額は純資産の部に計上し、時価＜取

得原価である銘柄の評価差額は当期の損失として処理する（部分資本直入法）。

なお、純資産の部に計上されるその他有価証券の評価差額については、税効果会計を適用します。

(1) 全部資本直入法

(借)その他有価証券　××（B/S）(貸)有価証券評価差額　××（B/S）
　　　　　　　　　　　　　　　　繰延税金負債　　　　××（B/S）

(2) 部分資本直入法

① 時価＞取得原価である銘柄

(借)その他有価証券　××（B/S）(貸)有価証券評価差額　××（B/S）
　　　　　　　　　　　　　　　　繰延税金負債　　　　××（B/S）

② 時価＜取得原価である銘柄

(借)有価証券評価損益××（P/L）(貸)その他有価証券　　××（B/S）

★有価証券の保有区分の変更は

　有価証券の保有区分は、正当な理由がある場合を除き、変更することはできません。この正当な理由とは、図表48の場合が該当します。

　容易に保有区分の変更を認めると、区分ごとに会計処理が異なるため、保有目的区分を変更することにより恣意性が介入する余地があるためです。

【図表48　有価証券の保有区分の変更事由】

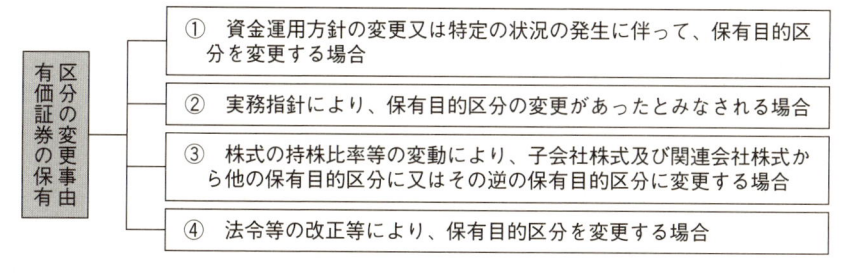

有価証券の保有区分の変更事由
- ① 資金運用方針の変更又は特定の状況の発生に伴って、保有目的区分を変更する場合
- ② 実務指針により、保有目的区分の変更があったとみなされる場合
- ③ 株式の持株比率等の変動により、子会社株式及び関連会社株式から他の保有目的区分に又はその逆の保有目的区分に変更する場合
- ④ 法令等の改正等により、保有目的区分を変更する場合

★有価証券の時価が著しく下落したときは

　図表48の②満期保有目的の債券、③子会社株式及び関連会社株式、④その他有価証券のうち市場価格のあるものについて時価が著しく下落したときは、回復する見込があると認められる場合を除いて、時価をもって貸借対照表価額とし、評価差額は当期の損失として処理しなければなりません。

　また、市場価格のない株式についても、発行会社の財政状態の悪化により実質価額が著しく低下したときは、評価差額は当期の損失として処理します。

Q20 ストック・オプション会計のポイントは

A ストック・オプションとは、自社株式オプションのうち、特に企業がその従業員等に報酬として付与するものをいいます。

ストック・オプションは、付与日において時価評価し、対象勤務期間内の各期で費用計上します。

非公開会社については、付与日におけるストック・オプションの本源的価値のみを配分することが認められています。

★最近公表された会計基準の取扱いは

平成17年12月に「ストック・オプション等に関する会計基準」（以下、会計基準といいます）及び適用指針が公表され、ストック・オプションの会計処理の取扱いが変更されました。

この会計基準は、会社法の施行日（平成18年5月1日）以降に付与されるストック・オプション、自社株式オプション及び交付される自社の株式について適用されます（会計基準17項）。

なお、一定の注記項目やストック・オプションの条件変更の場合を除き早期適用は適切でないとされています（会計基準第17項、18項、70項）。

★ストック・オプションというのは

このストック・オプションとは、そもそもどういうものを指すのでしょうか。

会計基準の定義によれば、ストック・オプションとは、「自社株式オプションのうち、特に企業がその従業員等（※1）に、報酬として付与するもの」をいいます（会計基準2項(2)）。

※1 従業員等とは、企業と雇用関係にある使用人のほか、企業の取締役、会計参与、監査役及び執行役をいいます（会計基準第2項(3)）。

また、この自社株式オプションとは、一定の者（従業員等）が一定の期間（権利行使期間）において自社株式を取得する権利を指します。

それでは、改正後のストック・オプション会計処理のポイントは何でしょうか。

一言でいうとすれば、「ストック・オプションの付与日（※2）において

ストック・オプションを時価評価（※3）し、当該金額を対象勤務期間（※4）における各期で費用計上する」というところでしょう。

※2　付与日とは、ストック・オプションが従業員等に付与された日をいいます（会計基準第2項(6)）。会社法上、募集新株予約権の割当日を指します（会社法238条①四）。
※3　新株予約権の時価評価の方法には、ブラック・ショールズ・モデル（表計算ソフトなどで簡単に計算できます）や二項モデルなどがあります。
　　また付与日で時価評価した公正な評価額は条件変更の場合を除き、その後見直しはしません（会計基準6項(1)）。
※4　対象勤務期間とは、ストック・オプションと報酬関係にあるサービスの提供期間であり、付与日から権利確定日までの期間をいいます（会計基準第2項(9)）。

では、なぜストック・オプションを時価評価して対象勤務期間に応じ費用計上する必要があるのでしょうか。

その最大の理由は、従業員等は経済的に価値のあるストック・オプションと引換えに労働役務を会社に提供し、会社はそれを費消しているという実態に着目しているからです。

このように経済的価値のある労働役務を費消していると考えるからこそ、ストック・オプションを実際に発生した経済取引として費用計上するのです。

このイメージを図示すると、図表49のようになります。

【図表49　ストック・オプションのイメージ図】

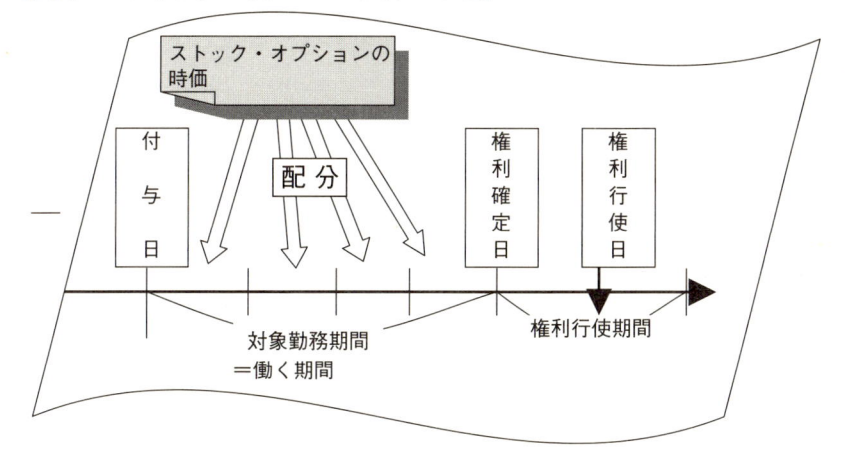

以上を会計仕訳で示すと、
(借)株式報酬費用　××（P/L）　　(貸)新株予約権　××（B/S：純資産）
ということになります。

また、ストック・オプションが権利行使された場合は、新株予約権として

計上した額のうち、当該権利行使に対応する部分を払込資本に振り替えます（会計基準第8項）。
(借)新株予約権××（B/S：純資産）　　(貸)資本金　××（B/S：純資産）

★非公開会社における取扱いは
　会計基準によれば、非公開会社に限り、付与日におけるストック・オプションの本源的価値のみを配分することが認められています（会計基準13項）。
　ただし、本源的価値による算定を行う場合には、当該ストック・オプションの各期末における本源的価値の合計額及び各会計期間中に権利行使されたストック・オプションの権利行使日における本源的価値の合計額の注記が必要です（会計基準第16項(5)）。

【図表50　ストック・オプションの価値】

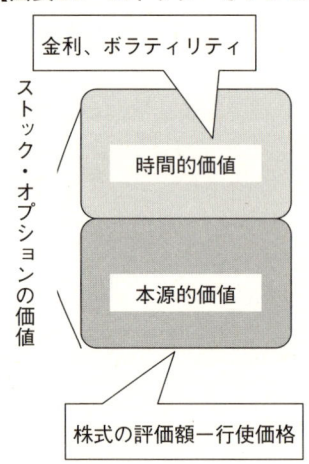

ストック・オプションの価値
- 時間的価値 ← 金利、ボラティリティ
- 本源的価値 ← 株式の評価額－行使価格

★株価変動性に関する規定は
　その他の重要な改正点についてみると、ストック・オプションの時価評価の際、株式オプション評価モデルに使用する一定期間の株価情報の中に、異常情報が含まれている場合には、当該異常情報が含まれている期間を除外した期間の株価情報を入手することなど株価変動性の見積りに関する規定が整備されました（適用指針第10項）。

★新株予約権の取扱いで変った点は
　会社法施行による改正点をまとめますと、図表51のとおりです。

【図表51　新株予約権の取扱いで変った点】

①新株予約権の発行手続

改正点	内容
非公開会社による新株予約権等の発行の許容	資金調達の円滑化を図る観点から許容
現物出資の許容	新株予約権の発行価額の対価として現物出資が可能（会社法246②）。なお、新株予約権の行使時も現物出資が可能（会社法284）
新株予約権無償割当	株主の引受行為を経ずして自動的に新株予約権を割り当てることを可能とする（会社法277～279）
合併等における新株予約権の発行	吸収合併消滅株式会社の株主や新株予約権者に対してその株式に代わるものとして、吸収合併存続株式会社の新株予約権等を交付できる（会社法749①二・三）

② 新株予約権の募集事項の決定

改正点	内容
募集事項の決定機関	① 非公開会社：株主総会の特別決議（会社法238②） ② 公開会社：取締役会決議（会社法240）、有利発行の場合は株主総会の特別決議（会社法240①、238③、240②、238②、309②六）
株主に新株予約権の割当を受ける権利を与える場合	① 取締役会設置会社でない会社であって、取締役の決定によって定めることができる旨の定款の定めがある会社：取締役の決議（会社法241③一） ② 取締役会の決定によって定めることができる旨の定款の定めがある場合や公開会社である場合：取締役会の決議（会社法241③二・三） ③ それ以外：株主総会の特別決議（会社法241③四、309②六）

③ 新株予約権の行使について

改正点	内容
現物出資の容認	会社法236①三
端数処理の明確化	端数等に相当する価額を金銭で償還するか償還しないかを予め決めることができる（会社法283、236①九）
自己新株予約権	自己新株予約権は行使できない（会社法280⑥）
株主となる時期	新株予約権を行使した日（会社法282）

④ 合併・会社分割における新株予約権の承継手続が明確に

改正点	内容
改正内容	合併又は会社分割に際して、消滅会社又は分割会社が発行している新株予約権及び新株予約権付社債を存続会社等が承継する手続を明確化する（会社法236①八、749①四・五、750⑤、753①十・十一、754⑤、758五・六、763十・十一）
買取請求権	新株予約権者の保護を図るために、組織再編行為に際して、新株予約権者からの買取請求権を認める（会社法777、778、787、788、808、809）

Q21 中小企業の会計基準は

A 中小企業の会計基準は、中小企業金融の円滑化を達成するために、一定の簡便的な処理を認めながら財務諸表の質の向上を意図したものです。

コストベネフィットの観点から、一定の場合は会計処理の簡便化や法人税法で規定する処理の適用が認められたものとなっています。

★中小企業の会計基準が必要なわけは

会計ビッグバンによって、証券取引法適用会社等は退職給付会計基準・減損会計基準・税効果会計基準等の会計基準を適用することにより国際間格差が解消され、財務諸表の信頼性は飛躍的に高められました。

一方で、わが国で多数を占める証券取引法適用外の中小企業については、実際にはどこまでこの会計ビッグバンを受け入れるべきなのか戸惑いがあり、また相当の負担感もあったようです。

旧商法に基づく会計慣行を斟酌（Q13参照）する規定の中で税務会計があたかも会計慣行であるかのように扱われてきたのが実態です。

しかし、財務諸表の質の向上は証券取引法適用会社にのみ必要とされるものではありません。バブル崩壊により不動産担保を拠り所とした金融機関との硬直的な融資関係は行き詰まり、中小企業経営者は、経営意欲や事業計画、キャッシュ・フローの見通しといった情報を発信し、またその裏づけとして毎期質的に問題のない決算報告を行うことを基礎とした、融資関係を築くことが必要となってきました。

中小企業会計基準は、実務負担に配慮しながら中小企業金融の円滑化を図る国家施策として、中小企業の財務情報の質の向上を志向したものです。

★平成17年8月に中小企業の会計に関する指針を公表

中小企業の会計基準等として公表されたものには、平成14年6月に中小企業庁の「中小企業の会計に関する研究会報告書」があり、それに呼応して日本税理士会連合会と日本公認会計士協会からそれぞれ研究報告が出されましたが、これら3つの報告を統合したものとして「中小企業の会計に関する指針（平成17年8月1日　日本税理士会連合会、日本公認会計士協会、日本商

工会議所、企業会計基準委員会)」が公表されています。

★海外における中小企業会計の動向は
　国際的にも、中小企業の会計基準については議論が活発になってきています。
　国際会計基準審議会（IASB）で中小企業の会計基準の審議が進められています。同組織が策定する国際会計基準書は、現在約2,000頁ほどの量がありますが、これを50頁ほどに簡素化した中小企業向けの会計基準を策定する方向で現在議論されています。

★中小企業会計基準の適用企業・適用対象は
　「中小企業の会計に関する指針」（以下、中会指針といいます）によれば、適用対象となるのは、株式会社のうち図表52に該当するものを除く会社とされ、当該会社を中小企業と定義しています。

【図表52　中会指針の適用対象から除かれる会社】

中会指針の適用対象から除かれる会社	① 証券取引法の適用を受ける会社並びにその子会社及び関連会社
	② 旧商特法上の大会社（みなし大会社を含む）及びその子会社

　また、合同会社、合名会社及び合資会社についても、同指針に拠ることを推奨しています。
　しかしながら、同指針は適用が強制される性質のものではなく、あくまでも中小企業が拠ることが望ましい会計基準を示したものです。
　会社法431条では、会計の原則として「株式会社の会計は、一般に公正妥当と認められる企業会計の慣行に従うものとする」と定めています（Q13参照）。
　中会指針に基づき計算書類を作成することは、一般に公正妥当と認められる企業会計の慣行に従っているものと考えられます。

★中小企業会計基準の簡素化は
　中小企業会計基準は、証券取引法適用会社等に適用される会計基準と比較して具体的にどこが簡素化されているでしょうか。
　中小企業会計基準は、すべての項目について網羅的に記述したものではなく、特に中小企業において必要と考えられるものについて重点的に言及して

います。

このため、中会指針に定めのない項目については、図表53のような考え方を示しています。

【図表53　中会指針に定めのない項目についての考え方】

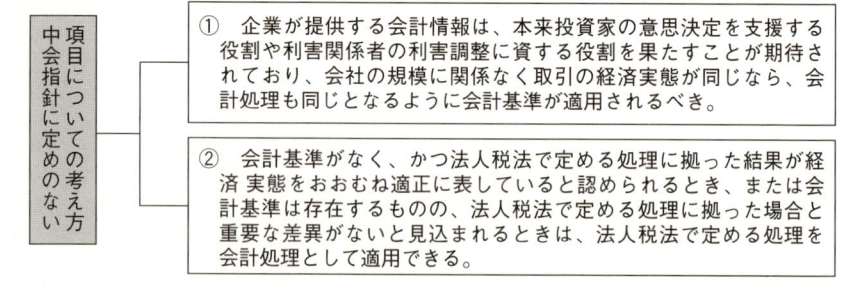

中会指針に定めのない項目についての考え方
① 企業が提供する会計情報は、本来投資家の意思決定を支援する役割や利害関係者の利害調整に資する役割を果たすことが期待されており、会社の規模に関係なく取引の経済実態が同じなら、会計処理も同じとなるように会計基準が適用されるべき。

② 会計基準がなく、かつ法人税法で定める処理に拠った結果が経済実態をおおむね適正に表していると認められるとき、または会計基準は存在するものの、法人税法で定める処理に拠った場合と重要な差異がないと見込まれるときは、法人税法で定める処理を会計処理として適用できる。

したがって、同指針に定めのない事項で図表53の②に該当しない場合については、証券取引法適用会社等に適用される会計基準やその他の会計慣行に従うものと考えられます。

図表54は、中小企業会計基準と証券取引法適用会社に適用される会計処理基準の主な相違点をまとめものです。

【図表54　中小企業会計基準と証券取引法適用会社に適用される会計処理基準の主な相違点】

	中小企業会計基準	証券取引法適用会社等に適用される会計基準
①貸倒引当金（一括評価）の繰入限度額算定方法	法人税法における貸倒引当金の繰入限度相当額が取立不能見込額を明らかに下回っている場合を除き、その繰入限度相当額を貸倒引当金に計上することができる。	法定繰入率が実績繰入率を超える場合には、特に弊害がない限り、法定繰入率によることも認められている（監査委員会報告第57号）。ただし、法人税法における貸倒引当金の繰入限度相当額が取立不能見込額を大幅に上回っている場合は弊害があるものと扱われる可能性がある。
②その他有価証券（有価証券のうち売買目的有価証券、満期保有目的の債券、子会社株式及び関連会社株式以外の有価証券をいう）の評価方法	取得原価をもって貸借対照表価額とすることができる。ただし、その他有価証券に該当する市場価格のある株式を多数保有している場合には、当該有価証券を時価をもって貸借対照表価額とし、評価差額（税効果考慮後の額）は資本の部に計上する。	時価をもって貸借対照表価額とし、評価差額は洗替方式に基づき、全部資本直入法又は部分資本直入法で処理する。
③有価証券の減損処理の特例	法人税法に定める処理に拠った場合と比べて重要な差異がないと見込まれるときは、法人税法の取扱いに従うことが認められる。	左記のような規定は設けられていない。

④固定資産の減損	固定資産について将来使用の見込みが客観的にないこと又は固定資産の用途を転用したが採算が見込めないことのいずれかに該当し、かつ、時価が著しく下落している場合には減損損失を認識する。 また、固定資産について予測することができない物理的・機能的原価が生じたときは、相当の減額をしなければならない。	固定資産の減損に係る会計基準・同注解等により詳細に規定している。
⑤旧商法上の繰延資産の会計処理方法	創立費、開業費、研究費及び開発費、新株発行費等、社債発行費、社債発行差金は、原則として費用処理する。 ただし、繰延資産として計上することも認められる。	適正な償却期間を定め、その期間にわたって時間の経過その他の適当な基準によって正しく償却を行う必要がある（連続意見書第五 繰延資産について）。 支出の効果が期待されなくなった場合には、一時償却する（財務諸表等規則ガイドライン95の22）。
⑥賞与引当金の計上額	原則として支給見込額基準であるが、平成10年度改正前法人税法に規定した支給対象期間基準の算式により算定した金額が合理的である場合、当該金額を引当金の額とすることができる。	財務諸表の作成時において従業員への賞与支給額が確定していない場合には、支給見込額のうち当期に帰属する額を賞与引当金として計上する（リサーチ・センター審理情報No.15）。
⑦確定給付型退職給付債務の簡便的計算方法	簡便的方法である退職給付に係る期末自己都合要支給額を退職給付債務とする方法が、認められる。	簡便的方法を適用できる小規模企業等とは、原則として従業員数300人未満の企業に限定されている（退職給付会計に関する実務指針（中間報告））。
⑧繰延税金資産の回収可能性についての判断基準	回収可能性の判断は下記のように簡素化されている。	税効果会計に係る会計基準・同注解等により詳細に規定している。

期末における将来減算一時差異を上回る課税所得を当期及び過去3年以上計上しているか。 → Yes → 回収可能性がある

↓ No

業績は安定しており、将来も安定が見込まれるか → Yes → 将来減算一時差異の合計額が過去3年間の課税所得の合計額の範囲内か → Yes → 回収可能性がある

↓ No ↓ No

過去連続して重要な税務上の欠損金を計上しているか → No → スケジューリングは行っているか → Yes → 合理的なスケジューリングによる課税所得の範囲内か → Yes → 回収可能性がある

↓ Yes ↓ No ↓ No

回収可能性はない

Q21 中小企業の会計基準は

Q22 外貨建取引等の会計基準のポイントは

A 外貨建取引とは、売買価額その他取引価額が外国通貨で表示されている取引をいいます。

外貨建取引を行った場合は、為替予約を付した場合などを除き、取引発生時の為替相場による円換算額をもって記録することとされています。

決算期末時は、貨幣項目について、為替相場の変動の不確実性を考慮し、為替相場の変動をなるべく財務諸表に反映させるため決算時の為替相場で換算替します。

★外貨建取引等会計というのは

外貨建取引とは、売買価額その他取引価額が外国通貨で表示されている取引をいいます。

取引価額が外国通貨で表示されていても、会計処理は円貨で記録する必要がありますので、次の(1)(2)のような通貨換算の問題が生じます。

(1) 取引時にいつ時点の為替レートを用いて円換算するのか。
(2) 決算期末を迎えた際の外貨建資産・負債の評価をどうするのか。

(1)については、為替予約を付した場合等を除き、取引発生時の為替相場による円換算額（以下、HR（historical rate）換算といいます）をもって記録することとしています。

(2)については、取得原価での評価を原則としつつ、貨幣項目については決済時までの為替相場の変動の不確実性を考慮して、為替相場の変動をなるべく財務諸表に反映させる、すなわち決算時の為替相場（以下、CR（current rate）換算といいます）により円換算することとしています。

★外貨建取引等の会計基準のポイントは

外貨建取引等の会計基準のポイントをまとめると、図表55のとおりです。

【図表55　外貨建取引等の会計基準のポイント】

項　　目	説　　明
①決算期末における外国通貨及び外貨建金銭債権債務	短期・長期の区分をせず、CR換算し、換算差額は原則として当期の損益として処理します。

②外貨建金銭債権債務に為替予約を付した場合	取得時の円貨額と為替予約等による円貨額との差額については、予約時までの為替相場の変動（直々差額）部分については予約日の属する期の損益として処理し、残額（直先差額）については決済日までに期間配分します。
③外貨建有価証券の換算	満期保有目的の債券はCR換算することとし、換算差額は当期の損益として処理します。 　また、金融商品会計により時価評価される有価証券については、外国通貨による時価をCR換算することとし、差額については評価差額の合計額を純資産の部に計上します。 （外貨建有価証券の評価） HR｜有価証券評価差額金　　　評価前簿価 CR｜　評価後 　　　　時価　　　　原価 　なお、子会社株式及び関連会社株式については、HR換算します。
④デリバティブ取引により生じる正味の債権及び債務など、金融商品会計により時価評価される金融商品の時価	外国通貨による時価をCR換算します。
⑤外貨建金銭債権債務の決済（外国通貨の円転換を含む）に伴い生じた損益	原則として、当期の為替差損益として処理します。
⑥在外支店における外貨建取引	原則として、本店と同様に処理します。 　ただし、収益及び費用の換算については、期中平均相場によることもできます。
⑦在外子会社等の財務諸表項目の換算	ⅰ　資産及び負債については、CR換算します。 ⅱ　親会社による株式の取得時において増減した資本項目については、株式取得時の為替相場により円換算します。 　　親会社による株式の取得後において増減した資本項目については、HR換算します。 ⅲ　収益及び費用については、原則として期中平均相場により円換算額を付します。ただし、CR換算も認められています。また、親会社との取引による収益及び費用の換算ついては、合算後相殺消去するため、親会社が換算に用いた為替相場により換算します。 　なお、財務諸表項目の換算は、このように項目によって換算方法が異なるため、換算後貸借差額が生じますが、この差額は為替換算調整勘定として純資産の部に記載します。

Q23 研究開発費・ソフトウェアの会計のポイントは

A 研究開発費は資産計上せず、すべて発生時の費用としなければなりません。

ソフトウェアは、その制作目的により、将来の収益との対応関係が異なることから製作目的ごとに会計処理が定められています。

★研究開発費等の会計処理基準というのは

企業にとって研究開発活動は、将来の収益性を左右する重要な活動です。製品ライフサイクルが短期化し、研究開発も高度化、広範化したことにより、研究開発費支出も相当な規模となっており、企業活動において研究開発の重要性が増し、同時に投資家にとっても収益予測に関する重要な情報と位置づけられるようになっています。

また、高度情報化社会の進展の中で、ソフトウェアの果たす役割も急速に重要性を増しています。

ソフトウェア制作過程における研究開発の範囲を明らかにするとともに、ソフトウェア制作費に係る会計処理全体の整合性の観点から、研究開発費に該当しないソフトウェア制作費に係る会計処理についても、この基準により明らかにされています。

★研究開発費の処理は

研究開発費の会計処理について最も重要な点は、資産計上せず、すべて発生時の費用としなければならないということです。この理由は、図表56のとおりです。

【図表56　研究開発費をすべて発生時の費用とする理由】

すべて発生時の費用とする理由	
①	発生時には将来収益を獲得できるかどうか不明であり、短期間で収益獲得が確実であるという状況に至るケースは一般に稀であること。
②	仮に一定の要件を満たすものについて、資産計上を認めたとしても要件を満たしているかを実務的に判断することは困難であり企業間の比較可能性が損なわれる恐れがあると考えられること。
③	会計基準の国際的調和の観点。

★研究開発費の範囲は

　研究開発には、人件費、原材料費、固定資産の減価償却費及び間接費の配賦額等、研究開発のために費消されたすべての原価が含まれます。

　一般管理費及び当期製造費用に含まれる研究開発費の総額は、財務諸表に注記することとされています。

★ソフトウェアの会計処理は

　ソフトウェアの会計処理は、図表57の分類ごとに会計処理が規定されています。

　これはソフトウェアの制作費は、取得形態別（自社制作か、あるいは外部購入かというような）よりその制作目的ごとに将来の収益との対応関係が異なると考えられるためです。

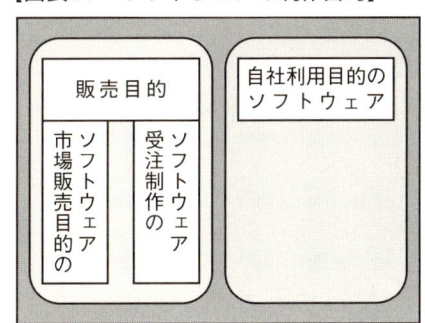

【図表57　ソフトウェアの制作目的】

販売目的		自社利用目的のソフトウェア
市場販売目的のソフトウェア	ソフトウェア受注制作の	

★受注制作のソフトウェアの会計処理は

　受注制作のソフトウェアの制作費は、請負工事の会計処理に準じて処理します。

★市場販売目的のソフトウェアの会計処理は

　市場販売目的のソフトウェアである製品マスターの制作費は、研究開発費に該当する部分を除いて資産計上することとされています。ただし、製品マスターの機能維持に要した費用は費用処理します。

　ソフトウェアを市場で販売する場合、複写可能な製品マスターを制作し、この複写を販売することになりますが、製品マスターの制作過程には、一般に研究開発に該当する部分と製品の製造に相当する部分があるため、次の点が問題となります。

(1) 研究開発の終了時点をいつと考えるのか。
(2) 終了時点以降のソフトウェア制作費の扱いはどうすべきか。

　(1)については、量産品の設計完了時、すなわち「最初に製品化された製品マスター」が完成したときが研究開発の終了時点とされます。

　(2)については、製品マスターや購入したソフトウェアの機能改良・強化を行う制作活動のための費用は、著しい改良と認められない限り、資産に計上しなければなりません。

　一方、バグ取りなど機能維持コストは、機能の改良・強化を行う制作活動には該当せず、発生時に費用処理されます。

★自社利用目的のソフトウェアの会計処理は

　社内利用のソフトウェアについては、完成品を購入した場合のように、利用により将来の収益獲得又は費用削減が確実であると認められる場合には、当該ソフトウェアの取得に要した費用を資産計上します。

　したがって、ソフトウェアを用いて外部に業務処理等のサービスを提供する契約が締結されている場合や完成品を購入した場合には、将来の収益獲得又は費用削減が確実と考えられるため、当該ソフトウェアの取得に要した費用を資産計上します。

　なお、市場販売目的のソフトウェア及び自社利用のソフトウェアを資産として計上する場合には、無形固定資産の区分に計上します。

★ソフトウェアの会計処理の最近の改正は

　ソフトウェア取引の会計処理について、平成18年3月に「ソフトウェア取引の収益の会計処理に関する実務上の取扱い」が公表されています。

　この改正の背景には、近年情報サービス企業の一部において、会計処理が不適切ではないかと指摘されたことがあります。

　このため取扱いでは、ソフトウェアは無形の資産であること、また技術革新などにより、取引が高度化・多様化しているため、収益をどのタイミングで計上すべきであるのか、また収益金額の測定をどうするのかという点などが明らかにされています。

　収益が計上できるかは、①取引が実在しているか、②一定の機能を有する成果物の提供が完了しているか、③見返りとしての対価が成立しているか、という要件を満たさなければならず、事実の存在に疑義があるため、存在を確認し客観的に説明ができるようにしなければならないケースも例示されています。

Q24 一株当たり情報のポイントは

A 一株当たり情報は、財産や損益の状況の時系列比較や企業間比較を行うための基礎となる重要な指標です。
　潜在株式に係る権利の行使を仮定して算定した一株当たり当期純利益のことを潜在株式調整後一株当たり当期純利益といいます。

★一株当たり情報というのは
　一株当たり情報を算定する目的は、同一企業の他の会計期間との財産や損益の状況の比較（時系列比較）及び他企業との財産や損益の状況の比較（企業間比較）のための情報を開示することにより投資家に判断に資することです。

★一株当たり純利益情報の算定は
　一株当たり純利益情報は、図表58のように算定します。

【図表58　一株当たり純利益情報の算定】

$$\text{一株当たり当期純利益} = \frac{\text{普通株式に係る当期純利益}}{\text{普通株式の期中平均株式数}}$$

$$= \frac{\text{損益計算書上の当期純利益} - \text{普通株主に帰属しない金額（A）}}{\text{普通株式の期中平均発行済株式数(B)} - \text{普通株式の期中平均自己株式数}}$$

$$\text{潜在株式調整後一株当たり当期純利益} = \frac{\text{普通株式に係る当期純利益} + \text{当期純利益調整額（C）}}{\text{普通株式の期中平均株式数} + \text{普通株式増加額}}$$

（A）「普通株主に帰属しない金額」には、優先配当額などが含まれます。
（B）「普通株式の期中平均株式数」は、普通株式の期中平均発行済株式数から期中平均自己株式数を控除して算定します。
（C）「当期純利益調整額」とは①転換負債に係る当期の支払利息等から税額相当額を控除したもの、及び②転換株式について、一株当たり当期純利益を算定する際に当期純利益から控除された当該株式に関連する普通株式に帰属しない金額をいいます。

★潜在株式というのは
　潜在株式に係る権利の行使を仮定して算定した一株当たり当期純利益のことを潜在株式調整後一株当たり当期純利益といいます。
　この潜在株式調整後一株当たり当期純利益が一株当たり当期純利益を下回

る場合、当該潜在株式は希薄化効果があるといいます。

　この潜在株式とは、その保有者が普通株式を取得することができる権利や普通株式への転換請求権、これらに準じる権利が付された証券又は契約をいい、新株予約権や転換証券が含まれます。

　また、潜在株式に配慮した一株当たり情報を開示するのは、希薄化効果がある場合、すなわち潜在株式が行使されたと仮定した場合に算定した潜在株式調整後一株当たり当期純利益が、一株当たり当期純利益を下回る場合に限ります。

　このため次の(1)～(3)に該当する場合、潜在株式調整後一株当たり当期純利益は開示しません。
(1)　潜在株式が存在しない場合
(2)　潜在株式が存在しても希薄化効果を有しない場合
(3)　一株当たり当期純損失の場合

★一株当たり純資産情報の算定は

　一株当たり純資産額は、図表59のように算定します。

【図表59　一株当たり純資産情報の算定】

$$\text{一株当たり純資産額} = \frac{\text{純資産の部の合計額} － \text{控除する金額（A）}}{\text{期末の普通株式の発行済株式数} － \text{期末の普通株式の自己株式数}}$$

（A）「控除する金額」
　ⅰ　新株式申込証拠金
　ⅱ　自己株式申込証拠金
　ⅲ　普通株式よりも配当請求権又は残余財産分配請求権が優先的な株式の払込金額
　ⅳ　当期に係る剰余金の配当であって普通株主に関連しない金額
　ⅴ　新株予約権
　ⅵ　少数株主持分（連結財務諸表の場合）

　貸借対照表上、資産性または負債性をもつものを、それぞれ資産の部または負債の部に記載し、これらに該当しないものを資産と負債の差額として純資産の部に記載します（貸借対照表の純資産の部の表示に関する会計基準）。

　このため、新株予約権や少数株主持分は、純資産の部に区分して記載しますが、一株当たり純資産額の算定及び開示の目的は、普通株主に関する企業の財政状態を示すことからその算定にあたり、新株予約権及び少数株主持分については、普通株主に関連しない金額として純資産の部の合計額から控除します。

3 個別計算書類の作成実務Q&A

3では、個別計算書類（貸借対照表・損益計算書・株主資本等変動計算書）作成の実務ポイントをまとめています。

- Q25　貸借対照表ってどういう計算書のこと　82
- Q26　貸借対照表と損益計算書との関係は　84
- Q27　貸借対照表作成の原則・資料・手順は　85
- Q28　貸借対照表の表示方法・様式は　89
- Q29　貸借対照表の表示にあたっての注意点は　92
- Q30　貸借対照表のつくり方は　96
- Q31　損益計算書ってどういう計算書類のこと　99
- Q32　損益計算書の作成原則・記載項目は　100
- Q33　損益計算書の作成資料・作成手順で注意することは　103
- Q34　損益計算書の表示方法・様式は　104
- Q35　損益計算書のつくり方は　105
- Q36　株主資本等変動計算書ってどういう計算書類のこと　107
- Q37　株主資本等変動計算書の記載項目は　108
- Q38　株主資本等変動計算書の作成資料・作成手順　110
- Q39　株主資本等変動計算書の表示方法・様式は　111
- Q40　株主資本等変動計算書のつくり方は　114

Q25 貸借対照表ってどういう計算書のこと

A 貸借対照表は、企業の財政状態を明らかにするため、貸借対照表日におけるすべての資産、負債及び純資産を記載し、株主、債権者その他の利害関係者にこれを正しく表示するための計算書です。

別名をBS（Balance Sheet）ともいいます。

会社法上、貸借対照表には、個別貸借対照表と連結貸借対照表があります。

★貸借対照表というのは

貸借対照表は、一定時点（貸借対照表日）の財政状態を「資金の調達源泉」と「資金の運用形態」の観点から表示します。

すなわち、貸方の負債及び純資産は「資金の調達源泉」を、借方の資産は「資金の運用形態」をそれぞれ示しており、株主や債権者から調達した資金を、会社がどのように運用、投下したかを表示しているわけです（図表60参照）。

【図表60　貸借対照表の役割】

資産の部 資産の運用形態を表示	負債の部 資金の調達源泉を表示
	純資産の部 資金の調達源泉を表示

★貸借対照表等というのは

会社法上、貸借対照表には、図表61のとおり、個別貸借対照表と連結貸借対照表があります（計算規則104）。

個別貸借対照表は、単一企業の財政状態を明らかにするために作成する計算書です。

連結貸借対照表は、支配従属関係にある2以上の会社や事業体からなる企業集団を単一の組織体とみなして、親会社がその企業集団の財政状態を総合的に報告する目的で作成する計算書です。

【図表61　貸借対照表の種類】

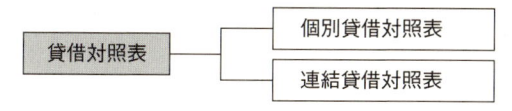

```
                    ┌── 個別貸借対照表
貸借対照表 ──┤
                    └── 連結貸借対照表
```

★個別貸借対照表の種類は

　個別貸借対照表には、①会社成立時における貸借対照表（会社法435①、計算規則90）、②各事業年度に係る貸借対照表（会社法435②、計算規則91）、③臨時決算日における貸借対照表（会社法441①、計算規則92）、④清算日における貸借対照表（会社法492）があります。
　個別貸借対照表の作成基礎・作成期間をまとめると、図表62のとおりです。

【図表62　個別貸借対照表の種類】

	①成立時のBS	②各事業年度に係るBS	③臨時決算日のBS	④清算日のBS
作成基礎	成立日の会計帳簿	当該事業年度に係る会計帳簿	臨時会計年度に係る会計帳簿	清算日の会計帳簿
作成期間	成立の日（計算規則90）	・前事業年度の末日の翌日から当該事業年度の末日までの期間。 ・前事業年度がない場合は、成立の日から当該事業年度の末日までの期間。 ・1年を超えることはできない。 ・事業年度の末日を変更する場合、変更後の最初の事業年度は1年6か月以内でよい（以上、計算規則91②）。	・前事業年度の末日の翌日から臨時決算日までの期間。 ・前事業年度がない場合は、成立の日から臨時決算日までの期間（計算規則92①）。 ・最終事業年度がない場合は、成立の日から最初の事業年度に属する一定の日（臨時決算日とみなす）までの期間（計算規則92③）。	清算の日（会社法492）

★連結貸借対照表の作成は

　会計監査人設置会社は、「連結計算書類」の一部としての連結貸借対照表を作成することができます（会社法444①、計算規則93、97）。
　ただし、事業年度末日に、大会社で有価証券報告書を提出しなければならない会社は、事業年度の連結貸借対照表を作成しなければなりません（会社法444③、計算規則93、97）。

Q26 貸借対照表と損益計算書との関係は

A 貸借対照表と損益計算書は、お互いに検証機能を有するという関係にあります。
　損益計算書で計算された当期純利益は、貸借対照表のその他利益剰余金へ転記され、純資産を構成します。

★損益計算書というのは
　損益計算書とは、企業の経営成績を明らかにするため、一会計期間に属するすべての収益とこれに対応するすべての費用とを記載して当期純利益を表示する計算書類です（詳しくは、Q31参照）。

★貸借対照表と損益計算書の関係は
　複式簿記を前提とする今日では、貸借対照表も損益計算書も同一の帳簿から誘導的に作成され（誘導法）、当期純利益が計算されますので、両方の当期純利益は一致します。仮に不一致が生ずれば、どちらかに、あるいは両方に間違いがあると考えられ、お互いに検証機能を有するという関係があります。

★財産法による利益計算と損益法による利益計算
　資本取引等の複雑な取引がない場合、貸借対照表上の期末純資産と期首純資産の差額は、当期に獲得した利益を示しますが、このようにして利益を算出する方法を財産法と呼びます。ただし、財産法で算出した利益は、資産の裏付はありますが、利益の発生原因まではわかりません。
　一方、損益計算書は、一定期間のすべての収益及びすべての費用を記載して当期純利益を表示する計算書です。このように一定期間のすべての収益からすべての費用を差引して利益を求める方法を、損益法と呼びます。損益法で算出した利益は、利益の発生原因は判明しますが、必ずしも財産の裏づけはありません。
　誘導法によって作成された貸借対照表の期末純資産と期首純資産の比較によって、財産法による利益計算も行われます。損益法による利益計算とお互いに検証しあう関係にあるのです。ただし、期中取引として認識されない取引（例えば、棚卸減耗、現金過不足等）の修正は決算整理で必要です。

Q27 貸借対照表作成の原則・資料・手順は

A 貸借対照表は、企業の財政状態を明らかにするため、貸借対照表日におけるすべての資産、負債及び純資産を記載し、株主、債権者その他の利害関係者に正しく表示するための計算書類です。

株主、債権者その他の利害関係者が理解しやすいように、法令の定めるところにより、貸借対照表を作成しなければなりません（会社法435②）。

貸借対照表は、電磁的記録をもって作成することができます（会社法435③）。

★理解しやすい貸借対照表の作成が必要

誰が見ても理解しやすい貸借対照表を作成するためには、ある程度の決まりが必要です。これに関して、会社は法令の定めるところにより貸借対照表を作成しなければなりません（会社法435②）。つまり、計算規則の定めに従って作成することになります。

計算規則によれば、各事業年度の貸借対照表は、各事業年度に係る会計帳簿に基づき作成することになります（計算規則91③）。

★貸借対照表作成にあたっての一般原則は

貸借対照表作成にあたっての一般原則をまとめると、図表63のようになります。

貸借対照表の作成に関する基本的考え方は、計算規則と財規では、ほぼ同じです。

【図表63　貸借対照表作成にあたっての一般原則】

項　目	内　　容	関連記載
① 表題	「貸借対照表」という表題を掲げます。	Q30
② 日付	貸借対照表日を記載します（事業年度末日）。	Q30
③ 単位	金額単位は1円、千円、又は百万円で表示します。	Q28、30
④ 記載区分	貸借対照表は、資産の部、負債の部及び純資産の部に区分します。 さらに、資産の部を流動資産、固定資産及び繰延資産に、負債の部を流動負債及び固定負債に区分します。	Q28、30

Q26　貸借対照表と損益計算書との関係は
Q27　貸借対照表作成の原則・資料・手順は

項　　目	内　　容	関連記載
⑤ 流動、固定区分	資産の部及び負債の部で流動、固定の区分をする基準としては、一般的に下記の2つがあります。まず、正常営業循環基準で区分し、区分できない資産及び負債については、1年基準に基づく区分をします。 ① 正常営業循環基準 　　現金⇒仕入（仕入債務の発生）⇒在庫⇒販売⇒売上債権の発生⇒現金回収というような企業の通常の営業循環の中で生ずる資産及び負債を、流動資産又は流動負債とし、機械設備等の営業循環を支えるために使用される資産を固定資産とする基準です。 ② 1年基準 　　貸借対照表日の翌日から1年以内に入金する債権は流動資産、1年を超えて入金するものは固定資産に計上します。同様に1年以内に支払いをする債務は流動負債に、1年を超えて支払いをする債務は固定負債に計上する基準です。 ③ 具体例（企業会計原則注解16より） ・受取手形、売掛金、前払金、支払手形、買掛金、前受金等の企業の主目的たる営業取引から発生した債権及び債務は、正常営業循環基準により、流動資産又は流動負債の部に計上します。ただし、これらの債権のうち、破産債権、更生債権及びこれらに準ずる債権で1年以内に回収されないことが明らかなものは、固定資産に区分します。 ・貸付金、借入金、差入保証金、受入保証金、企業の主目的以外の取引によって発生した未収金、未払金等の債権及び債務のうち、貸借対照表日の翌日から起算して1年以内に入金又は支払期限が到来するものは、流動資産又は流動負債に区分し、入金又は支払期限が1年を超えて到来するものは、固定資産又は固定負債に区分します。 ・現金及び預金は、正常営業循環基準により、流動資産に区分します。ただし、貸借対照表日の翌日から起算して1年を超えて期限の到来する預金は、固定資産に区分します。 ・短期運用の有価証券は流動資産に区分します。それ以外の目的で取得した有価証券は固定資産に区分します。 ・前払費用について、貸借対照表日の翌日から起算して1年以内に費用化するものは、流動資産に区分し、1年を超えて費用化されるものは固定資産に区分します。 ・未収収益は流動資産に、未払費用、前受収益は流動負債に区分します。 ・商品、製品、半製品、原材料、仕掛品等の棚卸資産は、正常営業循環基準により流動資産に区分します。したがって長期間滞留しているたな卸資産も流動資産に区分します。 ・企業が営業目的を達成するために保有し、かつその加工もしくは売却を予定しない財貨（機械及び装置、土地等）は固定資産に区分します。	Q30

項　目	内　　容	関連記載
⑥ 配列法	貸借対照表に記載される科目の配列は、流動性配列法と固定性配列法がありますが、流動性配列法を原則とします。流動性配列法は企業の支払能力、財務状況、担保力などを知る上で有益なためです。 ① 流動性配列法 　資産については現金及び預金、受取手形、売掛金…と流動性の高いもの（換金性の高いもの）から小さいものへ順番に配列し、負債については支払手形、買掛金、前受金・・・と流動性の高いもの（支払期日到来の近い項目）から小さいものへ順番に配列する方法です。 ② 固定性配列法 　固定資産が巨額にのぼる一部の企業（電力会社やガス会社等）は、流動資産及び負債よりも固定資産及び負債のほうが重要なため、固定資産と固定負債から順に記載しており、これを固定性配列法といいます。	Q30 —
⑦ 総額表示	資産、負債及び純資産の項目は、総額表示を原則とします。資産の項目と負債または純資産の項目とを相殺すると、全体像が見えなくなり、誤解を与える可能性があるためです。	—
⑧ 注記事項	貸借対照表の注記は、貸借対照表の補足説明としての意味があり、注記表に一括記載するか、貸借対照表の末尾に記載します。 　記載すべき事項としては、下記のような事項があります。 ・担保に供されている資産に係る事項。 ・資産に係る引当金を直接控除した場合における資産項目別の引当金の金額。 ・資産に係る減価償却累計額を直接控除した場合における資産項目別の減価償却累計額。 ・資産に係る減損損失累計額を減価償却累計額に含めて表示した場合における、その旨。 ・保証債務に係る事項。 ・関係会社に対する金銭債権債務。 ・取締役、監査役及び執行役への金銭債権債務。 ・親会社株式の各表示区分別の金額。	Q65〜81
⑨ 明瞭な分類	資産、負債及び純資産の各科目は一定の基準に従って明瞭に分類しなければなりません。会社法は計算規則に従った科目分類、証券取引法は財規に従った科目分類が行われますが、両者の間に大きな相違点はありません。	Q30
⑩ 評価の基準	① 貸借対照表に記載する資産は、原則として、当該資産の取得価額を基礎として計上します（計算規則5①）。ただし、以下のような例外があります。 ・償却資産は減価償却を実施する場合（計算規則5②）。 ・資産に著しい時価の下落がある場合は時価評価し、減損が生じた場合は減損額を控除する（計算規則5③）。 ・債権から取立不能額を控除する場合（計算規則5④）。 ・債権について、合理的理由のある場合に取得価額と異なる適正な価格を付す場合（計算規則5⑤）。 ・低価法を採用する場合（計算規則5⑥一）。 ・市場価格のある資産の適正価格による評価（計算規則5⑥二）。	— — Q18、19 Q29 — — Q19

項　　目	内　　　容	関連記載
	・その他の資産で、事業年度末においてその時の時価又は適正な価格を付すことが適当な資産（計算規則5⑥三）。	―
	② 貸借対照表に記載する負債は、原則として、債務額で計上します（計算規則6①）。ただし、以下のような項目は、その時の時価又は適正な価格を付すことができます。	―
	・退職給付引当金、返品調整引当金及びその他の引当金（計算規則6②一）。	Q17
	・払込を受けた金額が債務額と異なる社債（計算規則6②二）	―
	・その他の負債で、事業年度末においてその時の時価又は適正な価格を付すことが適当な負債計算規則6②三）。	―

★貸借対照表の作成資料・手順は

　貸借対照表の作成資料・手順は、簿記一巡の流れを参考にして簡単にまとめると、図表64のようになります。

【図表64　貸借対照表の作成資料・手順】

資料・手順	内　　　容
① 取引の仕訳帳への記帳	日々発生した取引を仕訳帳へ記帳します。
② 総勘定元帳への記帳	仕訳帳の内容を総勘定元帳へ転記します。
③ 決算整理前合計残高試算表の作成	総勘定元帳への転記や計算の正確性を検証するために作成します。
④ 決算整理仕訳の記帳	決算において修正・追加すべき仕訳を記帳します（現金過不足の調整、引当金の計上、棚卸資産の実際残高への調整、経過勘定の整理、評価減の検討、減価償却費の調整等があります）。
⑤ 総勘定元帳の締切り	④の決算整理仕訳を総勘定元帳へ記帳した後に帳簿を締め切ります。
⑥ 決算整理後合計残高試算表の作成	締切り後の総勘定元帳残高（⑤）の正確性を検証するため及び決算書類の作成基礎資料として作成します。
⑦ 財務諸表（貸借対照表含む）の作成	⑥から財務諸表（損益計算書、貸借対照表等）を作成します。

Q28 貸借対照表の表示方法・様式は

A 施行前の「資本の部」は、「純資産の部」に改変されています。
貸借対照表の表示方法については、計算規則の定めに従います。
　計算規則に具体的な様式は記載されていませんが、財規と大きな差が生じないように配慮されています。

★「資本の部」が「純資産の部」に変わったわけは
　施行前の貸借対照表は資産の部、負債の部及び資本の部に区分していましたが、施行後は資産の部、負債の部及び純資産の部に区分するようになりました（計算規則105①）。
　従来の貸借対照表は、資産、負債、資本の定義が必ずしも明確にされないままに作成されてきましたが、一般に、資産は資産性のあるもの、負債は返済義務のあるもの、資本は株主に帰属するものと解されます。
　しかし、近年、その他有価証券評価差額金、為替換算調整勘定、少数株主持分等の負債とも資本とも、明確に区分することが困難で、議論を引き起こす勘定が生じてきました。
　そこで、貸借対照表上、資産性又は負債性をもつものを資産の部又は負債の部に計上し、それ以外は資産と負債の差額として「純資産の部」に計上することにしたのです。

★貸借対照表の「純資産の部」の内容は
　純資産の部は、大きく①株主資本、②評価・換算差額等、③新株予約権の3つに区分されます。
　計算規則の内容は、基本的には「貸借対照表の純資産の部の表示に関する会計基準（企業会計基準第5号）」及び「貸借対照表の純資産の部の表示に関する会計基準等の適用指針（企業会計基準適用指針第8号）」との整合性が保たれていますが、図表65の※1に記載のとおり、その他資本剰余金及びその他利益剰余金の表示が少し異なります。

★新たに「株主資本等変動計算書」の作成が必要
　上記の「純資産の部」の一会計期間における変動額のうち、株主に帰属す

る株主資本の各項目（資本金、準備金、剰余金等（純資産の部の計数と呼びます））の変動事由を明らかにするために作成される計算書類です。
　会社法で新たに作成することが義務づけられたものです（詳しくは、Q36参照）。

★貸借対照表の金額単位・言語は
　金額単位は1円、千円、又は百万円で表示し、原則として日本語で表示します（計算規則89①②）。
　施行前は、大会社についてのみ百万円単位での表示が認められていましたが、施行後は、大中小会社による区分に関係なく、上記の単位を選択できます。

★貸借対照表の表示方法は
　表示については、計算規則（主に計算規則89、104～117）の定めに従います。また「株式会社の会計は、一般に公正妥当と認められる企業会計の慣行に従うものとする」（会社法431）とありますので、表示方法についても一般に公正妥当と認められる企業会計の慣行、すなわち財規と大きな差が生じないように配慮されています。

★貸借対照表の流動・固定区分は
　貸借対照表の資産の部（負債の部）は、流動資産の部（流動負債の部）及び固定資産の部（固定負債の部）に区分します。まず正常営業循環基準で流動資産（流動負債）を区分し、正常営業循環基準で区分できない資産及び負債については、1年基準に基づく区分をします（詳しくは、Q27参照）。

★貸借対照表の配列法は
　貸借対照表に記載される科目の配列は、流動性配列法と固定性配列法がありますが、流動性配列法を原則とします。流動性配列法は流動性の高いものから小さいものへ順番に配列しますが、企業の支払能力、財務状況、担保力などを知る上で有益です（詳しくはQ27参照）。

★貸借対照表の様式は
　計算規則に具体的な様式は、記載されていませんが、財規と大きな差が生じないように配慮されており、図表65のような貸借対照表が考えられます。

【図表65　個別貸借対照表の新旧様式の比較】

計算規則による個別貸借対照表例
平成19年3月31日現在　　　　　　　　（単位：百万円）

科目	金額	科目	金額	
資産の部		負債の部		
Ⅰ　流動資産	5,850	Ⅰ　流動負債	3,840	
		Ⅱ　固定負債	1,610	
Ⅱ　固定資産	4,430	負債合計	5,450	
1　有形固定資産	2,690	純資産の部		
2　無形固定資産	430	Ⅰ　株主資本	4,710	
3　投資その他の		1　資本金	600	
資産	1,310	2　新株式申込証拠金	10	
		3　資本剰余金	600	A
Ⅲ　繰延資産	50	(1)資本準備金	400	
		(2)その他資本剰余金	200	※1
		4　利益剰余金	3,510	A
		(1)利益準備金	150	
		(2)その他利益剰余金	3,360	※1
		任意積立金	860	
		繰越利益剰余金	2,500	
		5　自己株式	△60	
		6　自己株式申込証拠金	50	
		Ⅱ　評価・換算差額等	140	
		1　その他有価証券評		
		価差額金	60	
		2　繰延ヘッジ損益	60	※2
		3　土地再評価差額金	20	
		Ⅲ　新株予約権	30	※3
		純資産合計	4,880	
資産合計	10,330	負債純資産合計	10,330	

旧商規則による資本の部
　　　　　　　（単位：百万円）

科目	金額
負債の部	
Ⅰ　流動負債	3,930
Ⅱ　固定負債	1,610
負債合計	5,540
資本の部	
Ⅰ　資本金	600
Ⅱ　新株式払込金	10
（又は新株式申込証	
拠金）	
Ⅲ　資本剰余金	600
1　資本準備金	400
2　その他資本剰余金	200
(1)自己株式処分差益	200
Ⅳ　利益剰余金	3,510
1　利益準備金	150
2　任意積立金	860
3　当期未処分利益	2,500
Ⅴ　土地再評価差額金	20
Ⅵ　株式等評価差額金	60
Ⅶ　自己株式払込金	50
（又は自己株式申込	
証拠金）	
Ⅷ　自己株式	△60
資本合計	4,790
負債及び資本合計	10,330

注　・大きな変更点である「純資産の部」に着目して、新旧表示を対応させています。
　　・別記事業を営む会社の計算関係書類については特例があります（計算規則146）。

※1　この2科目について、計算規則は個別上、適当な名称に細分化することができます（計算規則108⑥、④二、⑤二）。一方、貸借対照表の純資産の部の表示に関する会計基準（企業会計基準第5号）、及び貸借対照表の純資産の部の表示に関する会計基準等の適用指針（企業会計基準適用指針第8号）によれば、個別上、その他利益剰余金については細分化が必要です。また、その他資本剰余金については、旧商規則で細分化されていましたが、「株主資本等変動計算書」による変動状況が把握できるようになるため、細分化は示されていません（企業会計基準第5号34項）。

※2　旧規則では、税効果を考慮せず資産の部又は負債の部に計上していましたが、計算規則では、税効果を考慮して純資産の部の評価・換算差額等に計上することになりました。
　　　ヘッジ会計については、下記の仕訳を行っているものとします（実効税率40%）。

　　　旧商規則での会計処理
　　　　金利スワップ（流動資産）　100　／　繰延ヘッジ損益（流動負債）　100

　　　会社法での会計処理
　　　　金利スワップ（流動資産）　100　／　繰延ヘッジ損益（純資産）　60
　　　　　　　　　　　　　　　　　　　　　　繰延税金負債（流動負債）　40　　（税効果を考慮）

※3　旧商規則上、直接的な規定がありませんが、発行側の会社は、公正な会計慣行によって会計処理していました（発行価額により仮勘定として負債の部に計上していた）。計算規則では、純資産の部に計上することになりました。

A　連結貸借対照表上、資本剰余金、利益剰余金は一括表示され、内訳科目は記載しません。

Q29 貸借対照表の表示にあたっての注意点は

A 前述のとおり、施行前の「資本の部」は「純資産の部」に変更され、記載内容も大幅に変更されていますから、留意してください。

また、貸借対照表の注記は、新たに独立した「個別注記表」に記載することもできますし、従来どおり貸借対照表の末尾に脚注方式で記載することもできます。

さらに、繰延資産は、限定列挙がなくなっています。

そのほか、「関係会社株式等」の表示が義務づけられ、減損損失累計額の表示規定が新設されています。

★旧商規則と計算規則での注記に関する相違点は

貸借対照表に記載すべき注記は、旧商規則上、貸借対照表の末尾または他の適当な箇所に記載していました（旧商規則46）。

しかし会社法施行後は、独立した注記表を作成することもできますし（計算規則128～144）、従来どおり貸借対照表の末尾、または他の適当な箇所に記載することもできます（計算規則89③）。

★「注記表」を独立させたわけは

注記表を独立させた理由としては、注記情報が従来と比べて大幅に増加したこと、貸借対照表に関連する注記なのか、損益計算書に関連する注記なのかを明確に区別できない注記事項があること等が考えられます。

★個別注記表に記載する事項は

個別注記表に記載する事項は、①継続企業の前提に関する注記、②重要な会計方針に係る注記、③貸借対照表に係る注記、④損益計算書に係る注記、⑤株主資本等変動計算書に関する注記、⑥税効果会計に関する注記、⑦リースにより使用する固定資産に関する注記、⑧関連当事者との取引に関する注記、⑨一株当たり情報に関する注記、⑩重要な後発事象に関する注記、⑪連結配当規制適用会社に関する注記、⑫その他の注記があります（計算規則129①。注記表について詳しくは、Q65以下参照）。

★繰延資産の表示の扱いは

　施行前の繰延資産は、創立費、開業費、研究費及び開発費、新株発行費等、社債発行費、社債発行差金及び建設利息について限定列挙で示していましたが（旧商規則35～41）、施行後は、具体的な科目名が明記されておらず、償却期間等と合わせて、公正な会計慣行に従うこととされています（会社法431、計算規則3）。

　企業会計基準委員会（ＡＳＢＪ）の「繰延資産の会計処理に関する当面の取扱い」によれば、原則として、各費用は支出時に費用処理することになります（例外として、繰延資産に計上できます）。

　原則的な処理を採用し費用処理した場合は、繰延資産は貸借対照表上に表示されません。

★関係会社株式等の表示は

　関係会社株式等とは、関係会社株式及び関係会社出資金を指します。ここで「関係会社株式」とは、会社の親会社、子会社及び関連会社並びに当該株式会社が他の会社等の関連会社である場合における当該他の会社等（計算規則2③二十三）をいいます。ただし、財規上の「関係会社株式」には、親会社株式は含まれませんので、留意が必要です（財規31①）。

　関係会社株式等の表示は、図表66のとおりです。

【図表66　関係会社株式等の表示のまとめ】

	親会社株式	子会社株式（又は子会社出資金）	その他
施行前	流動資産の部に他の株式と区分して「親会社株式」として表示（ただし重要性なければ注記可能）（旧商規則58）。	他の株式又は持分と区分して投資その他の部に「子会社株式（又は子会社出資金）」として表示（ただし、重要性がなければ注記可能）(旧商規則73①)。	有価証券報告書提出会社は、投資その他の資産の部に「関係会社株式等」として表示できる（ただし、重要性なければ注記可能）（旧商規則73②）。
施行後	・投資その他の資産の部に「関係会社株式又は関係会社出資金」として表示（計算規則113①）。 ・親会社株式は流動資産の部に含まれる場合もあり得るが、金額の多寡にかかわらず、各表示区分別の金額を注記（計算規則134⑨）。	投資その他の資産の部に「関係会社株式又は関係会社出資金」として表示（計算規則113①）。	連結貸借対照表には不適用（計算規則113②）。

★**貸借対照表の表示にあたっての注意点は**

貸借対照表の表示にあたっての注意点をまとめると、図表67のとおりです。

【図表67　貸借対照表の表示にあたっての注意点】

番号	項目	原則	容認		根拠	旧商規則の表示	実質的な変更の有無
①	貸倒引当金等（評価性引当金）の表示	科目別間接控除法	一括間接控除法	直接控除法（控除額は注記）	計算規則109、134①二	原則、科目別間接控除法だが、一括間接控除法も容認。直接控除法も容認するが、その場合は、控除金額を注記しなければならない（旧商規則56）。	なし
②	有形固定資産に対する減価償却累計額の表示	科目別間接控除法	一括間接控除法	直接控除法（控除額は注記）	計算規則110、134①三	原則、科目別間接控除法だが、一括間接控除法も容認。直接控除法も容認するが、その場合は、控除金額を注記しなければならない（旧商規則62）。	なし
③	有形固定資産に対する減損損失累計額	直接控除法（上記②で直接控除法を採用している時は、その控除後の金額から直接控除）	科目別間接控除法（上記②で科目別間接控除法及び一括間接控除法を採用しているときは、減価償却累計額と合算して、減価償却累計額の項目で表示できるが、その旨の注記必要）	一括間接控除法（上記②で科目別間接控除法及び一括間接控除法を採用しているときは、減価償却累計額と合算して、減価償却累計額の項目で表示できるが、その旨の注記必要）	計算規則111、134①四	・旧商規則には直接的な規定がないが、公正な会計慣行によって表示していた。 ・原則、直接控除法だが、科目別間接控除法、一括間接控除法も容認。	なし
④	無形固定資産に対する減価償却累計	直接控除法	—		計算規則112	直接控除法（旧商規則64）	なし

	額及び減損損失累計額の表示					
⑤	繰延資産の表示	直接控除法	—	計算規則115	直接控除法（旧商規則74）	なし
⑥	関係会社株式等の表示	関係会社の株式又は出資金は、関係会社株式又は関係会社出資金として区分表示。ただし、連結貸借対照表及び持分会社の貸借対照表にはこの規則が適用されないので留意が必要。	—	計算規則113	・子会社株式、子会社出資金として表示または注記されることが多かった（旧商規則73①）。 ・有価証券報告書提出会社は関係会社株式、関係会社出資金として表示可能であった（旧商規則74②）。	関係会社株式等としての表示が強制になった。
⑦	繰延税金資産及び負債の表示	・流動資産に属する繰延税金資産と流動負債に属する繰延税金負債は相殺して表示。 ・固定資産に属する繰延税金資産と固定負債に属する繰延税金負債は相殺して表示。	—	計算規則114	・流動資産に属する繰延税金資産と流動負債に属する繰延税金負債は相殺して表示。 ・（旧商規則60、81、87） ・固定資産に属する繰延税金資産と固定負債に属する繰延税金負債は相殺して表示(旧商規則69、83、87)。	なし
⑧	新株予約権の表示	自己新株予約権は、新株予約権の金額から直接控除して表示。	自己新株予約権を新株予約権に対する控除項目として表示。	計算規則117	旧商規則には直接的な規定がないが、発行側の会社は公正な会計慣行によって会計処理していた（発行価額により仮勘定として負債の部に計上していた）。	負債の部に計上していたが、純資産の部に計上することになった。

注　科目別間接控除法　各資産に対する控除項目として表示する方法。
　　一括間接控除法　2つ以上の資産に対する控除項目として表示する方法。
　　直接控除法　各資産から直接控除し、控除残高を各資産の金額として表示する方法。

Q30 貸借対照表のつくり方は

A 会社法の施行日（平成18年5月1日）以降に終了する事業年度から新様式での作成が義務づけられます。
　貸借対照表は、計算規則104条〜117条に基づいて作成することになります。

★貸借対照表の記載例は
　貸借対照表の記載例は、図表68のとおりです。

★貸借対照表のつくり方は
　貸借対照表は、決算整理後残高試算表（以下、T/Bといいます）⇒表示組替⇒貸借対照表、損益計算書等の財務諸表という順序で作成されます。
　この手順による貸借対照表のつくり方を示すと、図表69のとおりです。
　なお、T/B作成までの説明は、紙面の都合上省略しますが、表示組替については下記のとおりです。

★表示組替というのは
　表示組替とは、会社独自の勘定科目により作成した財務諸表を、会社法や財規で要請される外部公表用の財務諸表にするために、勘定科目を整理、組替することです。

★表示組替が必要な理由は
　会社の規模を問わず、T/Bの勘定科目は、各社の内部管理目的のために詳細に設定したり、逆に簡便的に集約して設定したりします。
　しかし、多くの利害関係者が様々な会社の財政状態、経営成績を正確に判断するためには、財務諸表の用語、勘定科目や様式等をある程度統一させる必要があります。各社毎に用語や勘定科目が異なれば、利害関係者の財務諸表に対する正確な判断に支障をきたすからです。
　そのために、会社法や財規で財務諸表に用いる用語、様式、勘定科目等を詳細に決めており、表示組替が必要になるのです。

【図表68　貸借対照表の記載例】

貸借対照表
（平成19年3月31日現在）

（単位：百万円）

	科目	金額		科目	金額	
	資産の部			負債の部		
	Ⅰ　流動資産	5,850		Ⅰ　流動負債	3,840	
	1　現金及び預金	1,200		1　支払手形	250	
	2　受取手形	200		2　買掛金	2,600	
	3　売掛金	3,500		3　短期借入金	200	
	4　有価証券	50		4　前受金	20	
	5　商品	30		5　賞与引当金	100	
	6　製品	250		6　製品保証引当金	30	
	7　原材料	100		7　役員賞与引当金	16	
	8　仕掛品	80		8　未払金	320	
	9　貯蔵品	20		9　未払費用	140	
	10　前渡金	30		10　未払法人税等	100	
	11　前払費用	20		11　繰延税金負債	40	※3
	12　未収収益	40		12　その他	24	
※3	13　繰延税金資産	300		Ⅱ　固定負債	1,610	
	14　その他	90		1　社債	300	
	15　貸倒引当金	△60		2　長期借入金	600	
	Ⅱ　固定資産	4,430		3　退職給付引当金	550	
	1　有形固定資産	2,690		4　役員退職慰労引当金	40	
	(1)　建物	800		5　繰延税金負債	100	※4
	(2)　構築物	400		6　その他	20	
	(3)　機械及び装置	650		負債合計	5,450	
	(4)　車両運搬具	120		純資産の部		
	(5)　工具、器具及び備品	240		Ⅰ　株主資本	4,710	
	(6)　土地	300		1　資本金	610	
	(7)　建設仮勘定	180		2　資本剰余金	600	
	2　無形固定資産	430		(1)　資本準備金	400	
	(1)　電話加入権	150		(2)　その他資本剰余金	200	
	(2)　借地権	280		3　利益剰余金	3,560	
	3　投資その他の資産	1,310		(1)　利益準備金	150	
	(1)　投資有価証券	160		(2)　その他利益剰余金	3,410	
※1	(2)　関係会社株式	500		任意積立金	860	
※1	(3)　出資金	70		繰越利益剰余金	2,550	
	(4)　長期貸付金	60		4　自己株式	△60	
	(5)　長期前払費用	70		Ⅱ　評価・換算差額等	140	
※4	(6)　繰延税金資産	400		1　その他有価証券評価差額金	80	
	(7)　その他	50		2　繰延ヘッジ損益	60	
※2	Ⅲ　繰延資産	50		Ⅲ　新株予約権	30	
	(1)　株式交付費	50		純資産合計	4,880	
	資産合計	10,330		負債純資産合計	10,330	

※1　従来は、子会社株式として表示されることが多かったのですが（旧商規則3③）、会社法では、関係会社の株式は関係会社株式として表示します。出資金についても同様です（計算規則113）。

※2　旧商規則35～41では、繰延資産は限定列挙で示されていましたが、会社法では具体的な科目名は明記されておらず、会計慣行に従うこととされています。

※3　本来、相殺後の残高を流動資産又は流動負債に表示しますが、便宜的に両建で表示しています。

※4　本来、相殺後の残高を固定資産又は固定負債に表示しますが、便宜的に両建で表示しています。

【図表69　貸借対照表のつくり方（決算整理後T/B→表示組替→貸借対照表）】

決算整理後T/B 科目	金額	表示組替 借方	表示組替 貸方	公表用 科目	金額
資産の部				資産の部	
I　流動資産	5,940			I　流動資産	5,850
現金	120		③120		
当座預金	900		③900		
定期預金	200		①20、③180		
現金及び預金	0	③1,200		1　現金及び預金	1,200
受取手形	200			2　受取手形	200
売掛金	3,500			3　売掛金	3,500
有価証券	50			4　有価証券	50
商品	30			5　商品	30
製品	250			6　製品	250
原材料	100			7　原材料	100
仕掛品	80			8　仕掛品	80
貯蔵品	20			9　貯蔵品	20
前渡金	30			10　前渡金	30
前払費用	90		⑤70	11　前払費用	20
未収収益	40			12　未収収益	40
繰延税金資産	300			13　繰延税金資産	300
預り金	30		④30		
立替金	20		④20		
その他	40	④50		14　その他	90
貸倒引当金	△60			15　貸倒引当金	△60
II　固定資産	4,340			II　固定資産	4,430
1　有形固定資産	2,690			1　有形固定資産	2,690
建物	800			(1)　建物	800
構築物	400			(2)　構築物	400
機械及び装置	650			(3)　機械及び装置	650
車両運搬具	120			(4)　車両運搬具	120
工具、器具及び備品	240			(5)　工具、器具及び備品	240
土地	300			(6)　土地	300
建設仮勘定	180			(7)　建設仮勘定	180
2　無形固定資産	430			2　無形固定資産	430
電話加入権	150			(1)　電話加入権	150
借地権	280			(2)　借地権	280
3　投資その他の資産	1,220			3　投資その他の資産	1,310
投資有価証券	660		②500	(1)　投資有価証券	160
関係会社株式	0	②500		(2)　関係会社株式	500
出資金	70			(3)　出資金	70
長期貸付金	60			(4)　長期貸付金	60
長期前払費用	0	⑤70		(5)　長期前払費用	70
繰延税金資産	400			(6)　繰延税金資産	400
その他	30	①20		(7)　その他	50
III　繰延資産	50			III　繰延資産	50
株式交付費	50			(1)　新株発行費	50
資産合計	10,330	1,840	1,840		10,330

表示組替内容
① 1年超満期定期預金を投資その他へ振替
② 関係会社株式を独立表示
③ 現金及び預金へ集約
④ 重要性のない各目を集約
⑤ 1年超前払費用を長期前払費用へ振替

注：負債純資産の部についても上記の資産の部と同様の表示組替を行います。

Q31 損益計算書ってどういう計算書類のこと

A 損益計算書とは、一会計期間における株式会社の損益状況を示すために作成され、当該期間に属するすべての収益とこれに対応するすべての費用を記載し、その差額として当期純損益金額が表示される計算書類のことです。

★損益計算書というのは

損益計算書とは、一会計期間における株式会社の損益状況を示すため作成される計算書類（会社法435②、施行規則116①、計算規則118～126）のことです。損益計算書は、事業年度の1期間に属するすべての収益とこれに対応するすべての費用とを記載して経常利益を表示し、これに特別損益に属する項目を加減して当期純損益金額を表示するものです。

費用及び収益は、その発生源泉に従って明瞭に分類され、各収益項目とそれに関連する費用項目に区分されることにより株式会社の損益状況は明瞭に表示されます（計算規則118～126）。

★損益計算書で変わった点は

損益計算書で変わった点は、図表70のとおりです。

【図表70　損益計算書で変わった点】

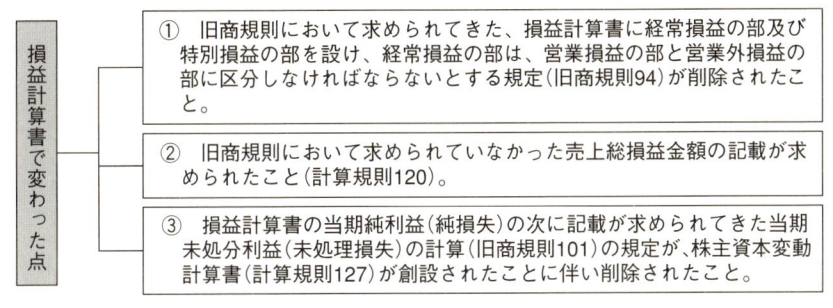

損益計算書で変わった点	
①	旧商規則において求められてきた、損益計算書に経常損益の部及び特別損益の部を設け、経常損益の部は、営業損益の部と営業外損益の部に区分しなければならないとする規定（旧商規則94）が削除されたこと。
②	旧商規則において求められていなかった売上総損益金額の記載が求められたこと（計算規則120）。
③	損益計算書の当期純利益（純損失）の次に記載が求められてきた当期未処分利益（未処理損失）の計算（旧商規則101）の規定が、株主資本変動計算書（計算規則127）が創設されたことに伴い削除されたこと。

図表70のうち、①と②の変更によって、従来商法と上場会社等が財務諸表作成の基準としている財務諸表等規則で差異があった表示が財務諸表等規則に合わせるために変わった点で、③は新たな財務諸表である「株主資本等変動計算書」が創設されたことに伴い変わった点であるといえます。

Q32 損益計算書の作成原則・記載項目は

A 損益計算書は、一会計期間における株式会社の損益状況を示すため、所定の項目に収益及び費用を区分し、その区分により計算された損益金額を記載します。

株主、債権者その他の利害関係者が理解しやすいように、法令の定めるところにより、損益計算書を作成しなければなりません（会社法435②）。

★損益計算書の記載項目というのは

損益計算書は、一会計期間における株式会社の損益状況を示すために作成される計算書類で、当該期間に属するすべての収益とこれに対応するすべての費用を記載し、それらの差額として当期純損益金額が一表に表示されているものです。

誰が見ても理解しやすい損益計算書を作成するためには、ある程度の決まりが必要です。これに関して会社は法務省令に定めるところにより損益計算書を作成しなければなりません（会社法435②）。つまり、損益計算書は計算規則の定めに従って作成することになります。

また、損益計算書は、当該事業年度にかかる会計帳簿に基づき作成しなければならないとされています（計算規則91③）。

なお、損益計算書の記載項目については、計算規則（計算規則118〜126）に定められています。

★具体的な記載項目は

損益計算書の記載項目は、図表71のとおりです（計算規則119〜126）。

なお、各項目については細分することが適当な場合には、適当な項目に細分することができるとしており（計算規則119①）、項目には、収益、費用、利益、損失を示す適当な名称を付さなければならないとしています（計算規則119⑦）。

★損益計算書作成にあたっての一般原則は

損益計算書作成にあたっての一般原則をまとめると、図表72のようになります。

【図表71　損益計算書の記載項目】

売上高(計算規則119①一)
売上原価(計算規則119①二)
※売上総損益金額(計算規則120)
販売費及び一般管理費(計算規則119①三)
※営業損益金額(計算規則121)
営業外収益(計算規則119①四)
営業外費用(計算規則119①五)
※経常損益金額(計算規則122)
特別利益(計算規則119①六)
特別損失(計算規則119①七)
※税引前当期純損益金額(計算規則123)
※税等(計算規則124)
※当期純損益金額(計算規則125)
※包括利益(計算規則126)

【図表72　損益計算書作成にあたっての一般原則】

科目	説明
① 売上高	売上高とは製品や商品の販売・サービスの提供など会社の本業による収益を表示するものです。これにより会社の事業規模を知ることができます。
② 売上原価	売上原価とは売上高に対応する商品等の仕入原価又は製品の製造原価を表示するものです。この金額により製品や商品の販売・サービスの提供を行うための直接的な費用の額を知ることができます。
③ 売上総損益金額	売上高から売上原価を差し引いた額が売上総損益金額で、この金額が零以上の場合、売上総利益金額（計算規則120①）として表示します。売上総利益金額により会社は、本業の製品や商品の販売・サービスの提供などからどれだけの利益を得ているのかを知ることができます。 なお、売上高から売上原価を差引いた額がマイナスとなった場合には売上総損失金額（計算規則120②）として表示されます。
④ 販売費及び一般管理費	販売費及び一般管理費とは、会社の販売及び一般管理業務に関して発生したすべての費用のことで、例えば、販売及び一般管理業務に関して発生した販売手数料、荷造費、運搬費、広告宣伝費等、販売及び一般管理業務に従事する役員、従業員の給与、手当、賞与、福利厚生費等並びに販売及び一般管理部門関係の交際費、旅費交通費、減価償却費、不動産賃借料等をいいます。
⑤ 営業損益金額	売上総損益金額から販売費及び一般管理費を差し引いた額が営業損益金額で、この金額が零以上の場合、営業利益金額（計算規則121①）として表示します。営業利益金額により会社が本業からどれだけの利益を得ているのかを知ることができます。 なお、売上総損益金額から販売費及び一般管理費を差引いた額がマイナスとなった場合には、営業損失金額(計算規則121②)として表示されます。
⑥ 営業外収益・費用	営業外収益とは、預貯金の受取利息や有価証券の受取配当金などを表示するものであり、営業外費用とは借入金に係る支払利息などの金融費用等を表示するもので、ともに営業活動以外の原因から生ずる損益であって⑧に示す特別損益に属しないものを意味します。

科目	説 明
⑦ 経常損益金額	営業損益金額に営業外収益を加えた金額から営業外費用の金額を差引いた額を経常損益金額（計算規則122①）といいます。経常損益金額により、会社の経常的な損益について知ることができます。 　なお、営業損益金額に営業外収益を加えた金額から営業外費用の金額を差し引いた額がマイナスとなった場合には経常損失金額（計算規則122②）として表示されます。
⑧ 特別利益・損失	特別利益とは、固定資産売却益、前期損益等修正益など臨時的もしくは過年度の損益修正など会社の経常的でない収益を表示するもので、前述の項目やその他の項目の区分に従い細分化しなければならないと定めています（計算規則119②）。 　一方、特別損失とは、固定資産売却損、減損損失、災害による損失、前期損益修正損など臨時的もしくは過年度の損益修正など会社の経常的でない損失を表示するもので、特別利益同様、前述の項目やその他の項目の区分に従い細分化しなければならないとされています（計算規則119③）。 　ただし、特別利益及び特別損失のうち金額が重要でないものについては項目を細分化しないことができるとされています（計算規則119④）。
⑨ 税引前当期純損益金額	経常損益金額に特別利益を加えた金額から特別損失の金額を差し引いた額を税引前当期純利益金額（計算規則123①）といいます。 　なお、経常損益金額に特別利益を加えた金額から特別損失の金額を差し引いた額がマイナスとなった場合には、税引前当期純損失金額（計算規則123②）として表示されます。
⑩ 税等	税等（計算規則124）は、①当該事業年度に係る法人税等（計算規則124①一）、②法人税等調整額（税効果会計の適用により計上される前項に掲げる法人税等の調整額、計算規則124①二）ならびに、法人税等の更正、決定による納付税額又は還付税額（これらの金額の重要性が乏しい場合には①に含めて表示する。計算規則124②）からなります。
⑪ 当期純損益金額	税引前当期純損益金額に税等（計算規則124）を加減した金額を当期純利益金額（計算規則125①）といい、税引前当期純損益金額に税等を加減した額がマイナスとなった場合には当期純損失金額（計算規則125②）として表示されます。

★包括利益の意味は

　計算規則126条には、包括利益に関する事項を表示することができるとの規定が設けられています。包括利益とは、当期純損益金額に株主以外との取引により生じた資本の変動を加えた概念で、米国の会計基準では導入されていますが、我が国の会計基準には未だ導入されておりません。

　そのため、現時点において我が国では包括利益に関する概念そのものが明確になっておらず、この条文は将来の会計基準の変更に備えた規定であるということができます。

Q33 損益計算書の作成資料・作成手順で注意することは

A 会社の当期のすべての収益及び費用の科目を正しく過不足なく表示できるよう準備が必要になります。

★損益計算書の作成手順の流れは

損益計算書の作成手順は、一般的に図表73のような流れになります。

【図表73　損益計算書の作成手順の流れ】

作成手順	記　帳
① 日々の伝票起票	個々の取引ごとに仕訳伝票を起票し、記載内容を検証のうえ総勘定元帳に記帳します。
② 月次締め	月単位で決算を締め切り、各勘定科目の金額を確定させます。この際、対象月に属する取引を漏れなく記帳することになります。
③ 月次合計残高試算表の作成	月次で締めた総勘定元帳より試算表を作成し、月次単位の損益を把握します。
④ 決算整理仕訳の作成、転記	年度決算においては、賞与引当金や貸倒引当金等の期間損益計算の観点より必要な仕訳を行います。
⑤ 決算整理後合計残高試算表の作成	年次の決算整理仕訳を実施し締めた総勘定元帳より試算表を作成し、年度の損益を把握します。
⑥ 開示資料の作成	計算規則に基き、⑤の決算整理後合計残高試算表より損益計算書を作成します。

★作成資料・作成手順で注意することは

記帳、集計、転記の際に記帳の誤りが起こりやすいので、証憑との照合、検算等を行うことによりに検証することが必要です。

また、決算作業はIT化が進んでおり、コンピュータにおける記帳、集計、転記に誤りがないか検証が求められます。

そして、開示にあたっては、一般に公正妥当と認められる会計の基準に準拠し区分表記されているか検証が必要となります。

Q34 損益計算書の表示方法・様式は

A 財務諸表等規則では、様式は報告様式によるものとされていますが、計算規則では、特に様式の規定はありません。

前期比較方式で表示することは要求されていませんので、単年度形式で表示できます。また、大会社でなくとも、表示金額を百万円単位にできます。

★損益計算書の様式は

損益計算書の様式には、貸方に収益項目、借方に費用項目を記載する勘定方式と、初めに売上高を記載し、これに順次各科目を加減して上から下へ記載していく報告方式があります。

財務諸表等規則では、貸借対照表や損益計算書の様式については報告様式によるもの（財規6）との規定がありますが、計算規則には特に規定はなく、損益計算書の様式について、勘定方式と報告様式のいずれによることも可能です。この点は、旧商法施行規則においても同様で、会社法と旧商法の間に損益計算書の様式に関する規定の変更はないといえます。

なお、実務的には、貸借対照表は勘定方式、損益計算書は報告様式によるものが多いといえます。

★前期比較様式による作成は

財務諸表等規則では、前期比較方式で損益計算書を作成することを要求していますが（財規69②）、計算規則では、対前期比較形式で表示することを求めていないため、会社法の損益計算書は単年度形式で表示することができます。

ただ、損益の状況の把握のためのより有益な情報を提供するといった意味から、損益計算書を前期比較方式で表示されている事例があります。

★損益計算書の表示金額は

損益計算書の表示金額について、施行前は百万円単位による表示については大会社等（旧商規則2④）のみに制限していましたが（旧商規則49）、施行後は、会社規模による制限は廃止され、表示金額について1円単位、千円単位又は百万円単位をもって表示してもよいことになっています（計算規則89①）。

したがって、会社規模に関係なく百万円単位の記載が可能となります。

Q35 損益計算書のつくり方は

A 前述のQ33記載の手順に従い、損益計算書を作成します。決算整理後合計残高試算表から組替表を経て損益計算書が作成されます。

★決算整理後合計残高試算表の作成は

年度決算においては通常の月次締の後、賞与引当金や貸倒引当金また税金計算等の期間損益計算の観点より必要な仕訳(決算整理仕訳)を行い年度の決算を確定させます。この年次の決算整理仕訳を実施し締めた総勘定元帳より決算整理後合計残高試算表を作成します。

総勘定元帳(決算整理前) →決算整理仕訳→ 総勘定元帳(決算整理後) →転記→ 決算整理後残高試算表

★損益計算書の作成は

上記組替表より、表示単位を百万円未満切捨て処理(四捨五入も可)して転記し、図表74のように損益計算書を作成します。

【図表74 金額を2列に区分し各利益に線を入れて見やすくした例】

損 益 計 算 書
(平成18年4月1日から平成19年3月31日まで)

(単位:百万円)

科　目	金　額	
売上高		8,293
売上原価		6,556
売上総利益金額		1,737
販売費及び一般管理費		1,292
営業利益金額		445
営業外収益		
受取利息及び配当金	25	
その他の営業外収益	2	27
営業外費用		
支払利息	27	
その他の営業外費用	13	40
経常利益金額		432
特別利益		
前期損益修正益	9	
投資有価証券売却益	127	136
特別損失		
固定資産売却損	14	
固定資産除却損	115	134
税引前当期純利益金額		434
法人税、住民税及び事業税	168	
法人税等調整額	6	174
当期純利益金額		260

★組替表（損益計算書）の作成は

決算整理後残高試算表から損益計算書を作成するため、図表75のような組替表を作成します。

【図表75　損益計算書の組替表】

（　）は貸方残　　　　　　　　　　　　　組替表（損益計算書）　　　　　　　　　　　　　　　　（単位：百万円）

決算整理後残高試算表			組替後		
売上高	①	(8,293)	売上高	①	(8,293)
売上原価（期首商品棚卸高）	②	558			
売上原価（当期商品仕入高）	②	6,522			
売上原価（期末商品棚卸高）	②	(524)	売上原価	②	6,556
			売上総利益（①−②）	a	(1,737)
販売手数料	③	415			
広告宣伝費	③	139			
交際費	③	19			
役員報酬	③	59			
役員賞与	③	16			
従業員給料	③	378			
従業員賞与	③	56			
賞与引当金繰入額	③	6			
退職給付費用	③	33			
旅費・交通費	③	16			
福利厚生費	③	15			
賃借料	③	95			
減価償却費	③	13			
通信費	③	16			
消耗品費	③	3			
租税公課	③	2			
貸倒引当金繰入高	③	11	販売費及び一般管理費	③	1,292
			営業利益（a−③）	b	(445)
受取利息	④	(3)			
受取配当金	④	(22)	受取利息及び配当金	④	(25)
雑益	⑤	(2)	その他営業外収益	⑤	(2)
			営業外収益（④+⑤）	c	(27)
支払利息	⑥	24			
社債利息	⑥	3	支払利息	⑥	27
社債発行費	⑦	4			
雑損失	⑦	9	その他営業外費用	⑦	13
			営業外費用（⑥+⑦）	d	40
			経常利益（b+c+d）	e	(432)
前期損益修正益	⑨	(9)	前期損益修正益	⑨	(9)
投資有価証券売却益	⑩	(127)	投資有価証券売却益	⑩	(127)
			特別利益（⑨+⑩）	f	(136)
固定資産売却損	⑪	14	固定資産売却損	⑪	14
固定資産除却損	⑫	120	固定資産除却損	⑫	120
			特別損失（⑪+⑫）	g	134
			税引前当期純利益（e+f−g）	h	(434)
法人税、住民税及び事業税	⑬	168	法人税、住民税及び事業税	⑬	168
法人税等調整額	⑭	6	法人税等調整額	⑭	6
			当期純利益（h−⑬−⑭）	i	(260)

Q36 株主資本等変動計算書ってどういう計算書類のこと

A 　株主資本等変動計算書は、会社法より新たに採用された資本金、準備金、剰余金等の貸借対照表の純資産の部の一会計期間における変動額のうち、株主に帰属する株主資本の各項目の変動を明らかにするため作成される計算書類です。

★株主資本等変動計算書というのは

　株主資本等変動計算書は、新たに創設された計算書類（計算規則127）で、貸借対照表の純資産の部の一会計期間における変動額のうち、株主に帰属する株主資本の各項目（資本金、準備金、剰余金等。以下、純資産の部の計数と呼びます）の変動事由を明らかにするために作成される計算書類です。

★株主資本等変動計算書が創設されたわけは

　施行前においても、資本金・準備金を減少することによる剰余金の増加や、自己株式の処分による剰余金の額の減少など、いわゆる損益取引以外の取引が行われることにより、株主資本等の計数が変動することとなる事象が数多く存在しており、これらの行為による計数の変動の一部は、損益計算書の末尾で明らかにされ（旧商規則101）、一部は附属明細書で明らかにされていました（旧商規則107①一）が、すべての変動が捕捉されているわけではありませんでした。また、施行後は、株主総会又は取締役会決議によりいつでも剰余金の配当が可能になる（会社法453、454）等、純資産の部の計数の変動要因は増加します。

　そこで、純資産の部の計数の変動を明らかにするための計算書類として株主資本等変動計算書を作成することとなったのです。

★株主資本等変動計算書の記載項目等は

　株主資本等変動計算書の記載項目等は、計算規則で定められ（同127②～⑧）、また、その様式に関しては、企業会計基準委員会より「株主資本等変動計算書に関する会計基準（企業会計基準第6号）」及び「株主資本等変動計算書に関する会計基準の適用指針（企業会計基準適用指針第9号）」が公表されています。

Q37 株主資本等変動計算書の記載項目は

A 貸借対照表の純資産の部の一会計期間における変動額のうち、主として株主に帰属する部分である株主資本の各項目（資本金、準備金、剰余金等）の変動事由の記載が求められています。

★株主資本等変動計算書というのは

株主資本等変動計算書とは、新たに創設された計算書類（計算規則127）で、貸借対照表の純資産の部の一会計期間における変動額のうち、主として株主に帰属する部分である株主資本の各項目（資本金、準備金、剰余金等）の変動事由を明らかにするために作成するものです。

★株主資本等変動計算書の記載項目は

株主資本等変動計算書の記載項目は、おおむね企業会計基準委員会が公表した「株主資本等変動計算書に関する会計基準（企業会計基準第6号）」及び「株主資本等変動計算書に関する会計基準の適用指針（企業会計基準適用指針第9号）」に準じた内容となっており（同127②～⑧）、その記載項目は図表76のとおりです。

【図表76　株主資本等変動計算書の記載項目】

記載事項	説　明
1．株主資本	
①　資本金	会社が出資の払込を受けた金額のうち資本金として組み入れた額をいいます。
②　新株式申込証拠金	新株発行時に払い込まれた金額のうち、資本金としての効力発生前（払込期日前日まで）のものをいいます。
③　資本剰余金	
イ．資本準備金	会社が出資の払込を受けた金額のうち資本金として組み入れされなかった金額をいいます。
ロ．その他資本剰余金	資本準備金及び法律で定める準備金で資本準備金に準ずるもの以外の資本剰余金をいい、資本金及び資本準備金の減少差益や自己株式の処分差益があります。
④　利益剰余金	
イ．利益準備金	債権者保護の観点から社内留保される利益剰余金のことをいいます。

		剰余金の配当をする場合、配当により減少する剰余金の10分の1を乗じた金額を資本準備金又は利益準備金（「準備金」と総称される）に計上しなければならないとされています（会社法445④）。また、剰余金を準備金へ組み入れることが可能となっています（会社法451①）。
	ロ．その他利益剰余金	会社の利益を源泉とする利益準備金以外の剰余金で、任意積立金及び当期未処分利益又は当期未処理損失のことで利益の留保部分です。
	⑤　自己株式	会社が発行した株式のうち、会社自らが保有している株式のことをいいます。
	⑥　自己株式申込証拠金	会社が自己株式を処分するにあたり、払込期日前日までに受領した自己株処分の対価相当額（自己株式の売却代金）のことをいいます。
2．評価・換算差額等		
	①　その他有価証券評価差額金	時価のあるその他有価証券を保有している場合の時価評価差額のことをいいます。
	②　繰延ヘッジ損益	金融商品会計基準に基づき、ヘッジ会計の原則的な処理を適用している場合の評価差額のことをいいます。
	③　土地再評価差額金	「土地の再評価に関する法律」に基づき保有土地の再評価を実施している場合の時価評価差額のことをいいます。
3．新株予約権		新株予約権を付与した場合における予約権の対価のことをいいます。

★株主資本の各項目の記載は

　株主資本を構成する資本金、資本剰余金、利益剰余金及び自己株式の各項目は、それぞれ①前期末残高、②当期変動額、③当期末残高を明らかにするとともに、当期変動額について各変動事由ごとに当期変動額及び変動事由を明らかにしなければならないとされています（計算規則127⑦）。

★株主資本以外の各項目の記載は

　株主資本以外の評価・換算差額等、新株予約権の各項目については、それぞれ前期末残高、当期末残高並びにその差額について明らかにするものとされていますが、その差額について主要な変動額及び変動事由の開示まで求められていません（計算規則127⑧）。

　なお、主要な当期変動額について、その変動事由とともに記載してもよいとしています（計算規則127⑧後段）。

Q38 株主資本等変動計算書の作成資料・作成手順は

A 前期末と当期末の純資産の部を比較し増減を把握するとともに、株主資本項目についてはその変動事由ごとに金額の把握が必要になります。

★株主資本等変動計算書の作成にあたって留意することは

　株主資本等変動計算書とは、貸借対照表の純資産の部の一会計期間における変動額のうち、株主資本を構成する各項目（資本金、準備金、剰余金等）の変動を明らかにするために作成される計算書類（計算規則127）ですから、その作成にあたっては増減額の把握のみならず、各変動事由ごとの金額の把握が必要になります。

★株主資本等変動計算書の作成手順は

　株主資本等変動計算書の作成手順は、図表77のとおりです。

【図表77　株主資本等変動計算書の作成手順】

作成手順	説　明
① 当期変動額の認識	前期と当期の貸借対照表を用意し、資本の部の各項目の前期末残高と当期末残高を把握するとともに当期変動額を認識します。
② 変動事由ごとに金額把握	上記①で認識された当期変動額のうち株主資本を構成する各項目（資本金、準備金、剰余金等）については変動事由ごとの記載が求められているため、変動事由ごとにその金額を把握し株主資本等変動計算書に記載します。
③ 変動事由の記載	株主資本以外を構成する各項目の当期変動については、その差額について主要な変動額及び変動事由の開示まで求められていません（計算規則127⑧）。 　なお、主要な当期変動額について、その変動事由とともに記載してもよいとしています（計算規則127⑧後段）。記載するとした場合には主要な当期変動額について、その変動事由並びに金額を把握し株主資本等変動計算書に記載します。
④ 検証・修正	最後に株主資本等変動計算書に上記項目が適切に記載されているか検証し、修正事項があれば修正し、作成を終了します。

Q39 株主資本等変動計算書の表示方法・様式は

A 計算規則では、表示方法について規定されていますが、表示様式についての規定はありません。

実務的には、企業会計基準適用指針第9号に示された純資産の各項目を横に並べる様式と、縦に並べる様式により作成されることになります。

★株主資本等変動計算書の表示方法というのは

株主資本等変動計算書の表示方法については、①株主資本を構成する資本金、資本剰余金、利益剰余金及び自己株式の各項目はそれぞれ前期末残高、当期変動額、当期末残高に区分し、当期変動額について各変動事由ごとに当期変動額及び変動事由を明らかにするものとする（計算規則127⑦）、②株主資本以外の評価・換算差額等、新株予約権の各項目については、それぞれ前期末残高、当期末残高並びにその差額について記載するものとする（計算規則127⑧）と定めています。

なお、上記②の項目であっても主要な当期変動額について、その変動事由とともに明らかにしてもよいので（計算規則127⑧後段）、作成者の意図により、さらに詳細に表示することができます。

★株主資本等変動計算書の表示様式は

表示様式について計算規則には具体的な規定はありませんが、企業会計基準委員会が公表した「株主資本等変動計算書に関する会計基準の適用指針（企業会計基準適用指針第9号）」（以下、企業会計基準適用指針第9号といいます）に様式が示されています。

企業会計基準適用指針第9号では、純資産の各項目を横に並べる様式（いわゆる横型）により作成しますが、純資産の各項目を縦に並べる様式（いわゆる縦型）により作成することもできるとしています。

一般的に横型は当期における純資産の部の変動を一体として把握できる利点があり、一方、縦型は2期比較しやすいという利点があるといわれています。

なお、同指針では横型の記載様式として株主資本と株主資本以外の各項目を1表に記載する設例以外に株主資本と株主資本以外の各項目の2表に分け

る設例を示しています。

★純資産の各項目を横に並べる様式例は

純資産の各項目を横に並べる様式例は、図表78のとおりです。

【図表78　純資産の各項目を横に並べる様式例】

株主資本等変動計算書
（平成18年4月1日から平成19年3月31日）

	株主資本							評価・換算差額等		新株予約権	純資産合計
	資本金	資本剰余金		利益剰余金			自己株式	その他有価証券評価差額金	繰延ヘッジ損益		
		資本準備金	その他資本剰余金	利益準備金	その他利益剰余金						
					任意積立金	繰越利益剰余金					
前期末残高	460	250	220	130	830	2,490	△10	30		100	4,500
当期変動額											
新株の発行	150	150									300
剰余金の配当				20		△170					△150
任意積立金の積立					100	△100					0
任意積立金の取崩					△70	70					0
当期純利益						260					260
自己株式の取得							△300				△300
自己株式の処分			△20				250				230
株主資本以外の項目の当期変動額								50	60	△70	40
当期変動額合計	150	150	△20	20	30	60	△50	50	60	△70	380
当期末残高	610	400	200	150	860	2,550	△60	80	60	30	4,880

上記の記載例の前期末残高の記載については、「株主資本等変動計算書に関する会計基準（企業会計基準第6号）」13項の適用初年度における前期末残高の記載に関する規定に準拠して作成しています。

なお、「繰延利益剰余金」前期末残高は「当期未処分利益（又は当期未処理損失）」の残高を、また「繰延ヘッジ損益」は、前期末残高は記入せず、当期末に計上された額を当期変動額及び当期末残高の欄に記載しています。

★純資産の各項目を縦に並べる様式例は

純資産の各項目を縦に並べる様式例は、図表79のとおりです。

【図表79　純資産の各項目を縦に並べる様式例】

株主資本等変動計算書
(平成18年4月1日から平成19年3月31日)

株主資本				
資本金	前期末残高			460
	当期変動高	新株の発行		150
	当期末残高			610
資本剰余金				
資本準備金	前期末残高			250
	当期変動高	新株の発行		150
	当期末残高			400
その他の資本剰余金	前期末残高			220
	当期変動高	自己株式の処分		△20
	当期末残高			200
資本剰余金合計	前期末残高			470
	当期変動高			130
	当期末残高			600
利益剰余金				
利益準備金	前期末残高			130
	当期変動高	剰余金の配当に伴う積立		20
	当期末残高			150
その他利益剰余金				
任意積立金	前期末残高			830
	当期変動高	任意積立金の積立		100
		任意積立金の取崩		△70
	当期末残高			860
繰越利益剰余金	前期末残高			2,490
	当期変動高	剰余金の配当		△170
		任意積立金の積立		△100
		任意積立金の取崩		70
		当期純利益金額		260
	当期末残高			2,550
利益剰余金合計	前期末残高			3,450
	当期変動高			110
	当期末残高			3,560
自己株式	前期末残高			△10
	当期変動高	自己株式の取得		△300
		自己株式の処分		250
	当期末残高			△60
株主資本合計	前期末残高			4,370
	当期変動高			340
	当期末残高			4,710
評価・換算差額等				
その他有価証券評価差額金	前期末残高			30
	当期変動高			50
	当期末残高			80
繰延ヘッジ損益	前期末残高			—
	当期変動高			60
	当期末残高			60
評価・換算差額等合計	前期末残高			30
	当期変動高			110
	当期末残高			140
新株予約権	前期末残高			100
	当期変動高			△70
	当期末残高			30
純資産の部合計	前期末残高			4,500
	当期変動高			380
	当期末残高			4,880

Q40 株主資本等変動計算書のつくり方は

A 前述のQ38記載の手順に従い、株主資本等変動計算書を作成します。前期と当期の貸借対照表からワークシートを経て株主資本等変動計算書を作成します。

★株主資本等変動計算書の記載要領は

Q38では、記載の手順を①純資産の部の当期変動額の認識、②変動事由ごとの金額を把握、③変動事由の記載、④検証・修正としていますが、これらを1表にまとめたワークシートを作表することにより株主資本等変動計算書を容易に作成できます（図表80）。

ワークシートは、上段に前期末と当期末の貸借対照表の純資産の部より把握された当期増減額を記載し、その金額を下段への変動理由ごとに設けられた欄へ転記し作成されます。

貸借対照表（前期） → ワークシート → 株主資本等変動計算書
貸借対照表（前期）

【図表80 株主資本等変動計算書のワークシート】

	平成18年3月	平成19年3月	増減高	資本金	資本剰余金 資本準備金	資本剰余金 その他資本剰余金	利益剰余金 利益準備金	利益剰余金 その他利益剰余金 任意積立金	利益剰余金 その他利益剰余金 繰越利益剰余金	自己株式	評価・換算差額等 その他有価証券評価差額金	評価・換算差額等 繰延ヘッジ損益	新株予約権	計
	前期と当期の貸借対照表より転記します													
株主資本														
1.資本金	460	610	150	△150										0
2.資本剰余金														
(1)資本準備金	250	400	150		△150									0
(2)その他資本剰余金	220	200	△20			20								0
資本剰余金合計	470	600	130	0	△150	20								
3.利益剰余金														
(1)利益準備金	130	150	20				△20							0
(2)その他利益剰余金														
任意積立金	830	860	30					△30						0
繰越利益剰余金	2,490	2,550	60						△60					0
利益剰余金合計	3,450	3,560	110	0	0	0	△20	△30	△60					
4.自己株式	△10	△60	△50							50				0
株主資本合計	4,370	4,710	340	△150	△150	20	△20	△30	△60	50				
評価・換算差額等														
1.その他有価証券評価差額金	30	80	50								△50			0
2.繰延ヘッジ損益	0	60	60									△60		0
評価・換算差額等合計	30	140	110	0	0	0	0	0	0	0	△50	△60		
新株予約権	100	30	△70										70	0
純資産合計	4,500	4,880	380	△150	△150	20	△20	△30	△60	50	△50	△60	70	
変動事由														
新株の発行				150	150									
剰余金の配当						20			△170					
任意積立金の積立								100	△100					
任意積立金の取崩								△70	70					
当期利益									260					
自己株式の取得										△300				
自己株式の処分						△20				250				
株主資本以外の項目の当期変動額											50	60	△70	
変動事由合計				150	150	△20	20	30	60	△50	50	60	△70	
計				0	0	0	0	0	0	0	0	0	0	

4 連結計算書類の作成実務Q&A

4では、連結計算書類作成の実務ポイントをまとめています。

Q41	連結計算書類ってどういう計算書類のこと	116
Q42	連結計算書類提出会社ってどういう会社のこと	118
Q43	連結の範囲は	119
Q44	連結決算＝投資と資本の相殺消去は	121
Q45	連結決算＝取引・債権債務の相殺消去は	124
Q46	連結決算＝未実現利益の相殺消去は	126
Q47	連結決算＝持分法の範囲・会計処理は	128
Q48	連結決算＝会計処理の統一・事業年度の異なる子会社等は	130
Q49	在外子会社の計算書類の換算は	131
Q50	連結精算表のつくり方は	133
Q51	連結貸借対照表の作成資料・作成手順は	136
Q52	連結貸借対照表の表示にあたっての注意点は	138
Q53	連結貸借対照表の表示方法・様式は	142
Q54	連結貸借対照表のつくり方は	145
Q55	連結損益計算書ってどういう計算書類のこと	147
Q56	連結損益計算書の記載項目は	148
Q57	連結損益計算書の作成資料・作成手順で注意することは	150
Q58	連結損益計算書の表示方法・様式は	152
Q59	連結損益計算書のつくり方は	155
Q60	連結株主資本等変動計算書ってどういう計算書類のこと	157
Q61	連結株主資本等変動計算書の記載項目は	158
Q62	連結株主資本等変動計算書の作成資料・作成手順は	160
Q63	連結株主資本等変動計算書の表示方法・様式は	161
Q64	連結株主資本等変動計算書のつくり方は	164

Q41 連結計算書類ってどういう計算書類のこと

A 連結計算書類とは、連結貸借対照表、連結損益計算書、連結株主資本等変動計算書、連結注記表をいいます（計算規則93）。

子会社や関連会社を有する会社は、その会社だけでなく子会社や関連会社を含めた企業集団の財産及び損益の状況を示す連結計算書類を作成する必要があります。

★連結計算書類というのは

現在の大企業はほとんどといってよいほど、子会社や関連会社を有しています。国内にとどまらず海外にも多くの子会社や関連会社を有する企業も珍しくありません。

このような大企業のグループ全体の業績はどうなっているのか、その情報を提供するのが連結計算書類の役割です。

計算書類は、法律上の会社単位で作成するのに対して、連結計算書類は支配従属関係のある会社のグループ全体を1つの単位として作成します。つまり、連結計算書類は連結企業グループを1つの会社とみなして作成された計算書類です（図表81参照）。

★連結計算書類が必要なわけは

現在の大企業がグループ経営を行っており、その実態を把握するために企業グループ全体の財産と損益の状況を表す連結計算書類が必要であることは当然です。

例えば、親会社が子会社に対して商品を販売し、利益を上げたとしても、企業グループ全体としては子会社から外部の第三者に商品が販売されなければ本当に企業グループ全体が儲かったことにはなりません。

さらには親会社が不良債権や不良在庫を子会社に押し付けて、親会社自身の財務状況を良く見せるために子会社を利用する可能性も考えられます。

このような問題を解決するために連結計算書類が作成され、株主や投資家が企業グループ全体の実態を把握するのに役立てられています。

もう一方で連結重視の考え方は世界の趨勢であり、グローバル化の流れの中、証券取引法、会社法などの制度も連結重視の財務報告体制へと進んでい

【図表81　連結企業グループ】

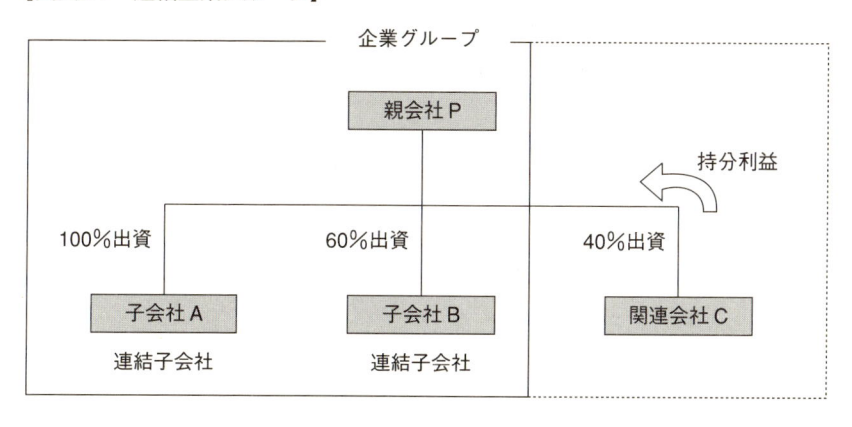

```
                        企業グループ
                         親会社P
         ┌────────────────┼────────────────┐
                                            ← 持分利益
      100％出資          60％出資         40％出資
       子会社A           子会社B          関連会社C
      連結子会社         連結子会社
```

＊関連会社については、持分利益（関連会社Ｃの利益×40％）を加算します。

る、という側面があります。

　世の中の投資家は、各企業グループの連結利益や連結純資産をみて各企業グループの比較分析を行い、投資判断に役立てています。

★連結計算書類のつくり方は

　連結計算書類は、企業グループを１つの会社とみなして作成された計算書類です。計算書類は、日々の仕訳を記帳した会計帳簿から作成されますが、一般的に会計帳簿は、会社単位でしか作成されません。

　したがって、連結計算書類は、企業グループ内の個々の会社の計算書類を合算し、必要な連結調整を行い、これらを集計するというプロセスで作成されます（図表82参照）。

【図表82　連結計算書類の作成プロセス】

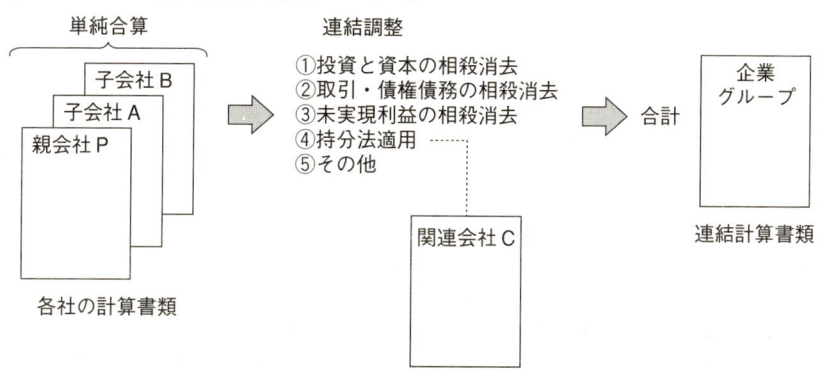

```
    単純合算              連結調整
   ┌─────┐         ①投資と資本の相殺消去
   │子会社B│         ②取引・債権債務の相殺消去         ┌──────┐
   │子会社A│   ⇒    ③未実現利益の相殺消去      ⇒ 合計 │企業   │
   │親会社P│         ④持分法適用 ┈┈┈┐              │グループ│
   └─────┘         ⑤その他          ┆              └──────┘
   各社の計算書類                  ┌──────┐           連結計算書類
                                  │関連会社C│
                                  └──────┘
```

Q41　連結計算書類ってどういう計算書類のこと

Q42 連結計算書類提出会社ってどういう会社のこと

A 大会社であり、かつ有価証券報告書を提出している会社は、従来どおり連結計算書類を作成し、株主へ報告する必要があります。

施行前は、連結計算書類を作成して株主へ報告するのは大会社だけでしたが、施行後は、会社の規模に関係なく、会計監査人設置会社であれば、連結計算書類を株主に報告することが可能になりました。

★有価証券報告書を提出していない会社の取扱いは

施行後においても、事業年度末日において大会社であって有価証券報告書を提出している会社は、連結計算書類を作成しなければなりません（会社法444③）。

それに加えて、会計監査人設置会社は、連結計算書類を作成することができることになっています（会社法444①）。

連結計算書類は、監査役及び会計監査人の監査を受けなければなりません（会社法444④）。

★会計監査人設置会社というのは

会計監査人設置会社とは、会計監査人を置く株式会社又は会社法により置かなければならない株式会社です（会社法2二十一）。

会計監査人を置かなければならない株式会社は、委員会設置会社（会社法2二十二）と大会社です（会社法327⑤、328）。

会計監査人は、公認会計士又は監査法人でなければなりません（会社法337）。

【図表83　連結計算書類提出会社】

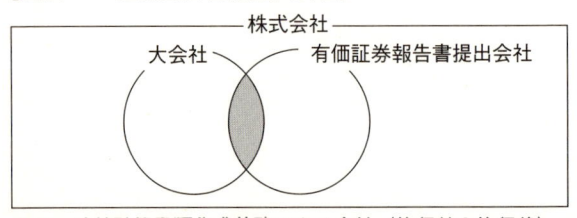

　　　　　　　　　株式会社
　　　大会社　　　　　有価証券報告書提出会社

▨　連結計算書類作成義務のある会社（施行前＆施行後）
施行前 ⇨ 大会社以外の株式会社は連結計算書類を株主へ規定上報告不可。
施行後 ⇨ 会計監査人を設置すれば、すべての株式会社で連結計算書類を株主へ報告可。

Q43 連結の範囲は

A 親会社は、原則としてそのすべての子会社を連結の範囲に含めなければなりません。

子会社に該当するかどうかは、議決権の所有割合と経営を支配しているかどうかにより実質的に判断します。これを支配力基準といいます。

★子会社の範囲は・連結の範囲との関係は

他の会社の総株主の議決権の過半数を保有している、又は経営を支配している場合の当該他の会社が子会社です（会社法2三）。

経営を支配しているとは、「財務及び事業の方針の決定を支配している」ことをいい（施行規則3①）、会社法では子会社に該当するか否かを判断するいくつかの要件を示しています（施行規則3③）。

原則として子会社は、すべて連結の範囲に含めますが、一定の要件を満たす場合には連結の範囲から除くことができます（計算規則95）。

連結の範囲に含められる子会社を連結子会社といい、連結の範囲から除かれる子会社を非連結子会社といいます（計算規則2③二十、二十一）（図表84参照）。

★孫会社というのは

一般的に、子会社の子会社を孫会社ということがあります。孫会社は経営を支配している子会社が経営を支配している会社なので、やはり子会社となります。

図表85に示すとおり、子会社が株式を保有している会社であっても、経営の支配従属関係がある限り子会社となります。しかし、支配従属関係がなければ子会社となりません。

★連結の範囲を変更したときは

①新たに子会社を設立したり、外部の会社の株式を購入して子会社にした場合や、②反対に子会社を整理したり、子会社を売却した場合、③その他に重要性のない子会社の重要性が高まってきた場合などには、連結の範囲が変更されることとなります。

【図表84　子会社の範囲】

子会社	連結子会社	1	議決権の過半数を保有している会社
		2	議決権の40％以上を自己の計算において保有し、
		(1)	自己の計算において所有している議決権と、自己の意思と同一の内容の議決権を行使すると認められる、または同意している者が所有している議決権を合計すると過半数となる会社
		(2)	自己の役員、自己の業務を執行する社員、自己の使用人、または過去にこれらであった者が所有している議決権を合計すると過半数となる会社
		(3)	自己が重要な財務及び事業の方針の決定を支配する契約等が存在する会社
		(4)	自己の融資額が資金調達額の50％超となる会社
		(5)	自己が財務及び事業の方針の決定を支配していることが推測される事実が存在する会社
		3	議決権の40％未満を自己の計算において保有し、上記(2)から(5)までのいずれかに該当する会社
	非連結子会社	1	支配が一時的と認められる会社
		2	利害関係人の判断を著しく誤らせるおそれがあると認められる会社
		3	重要性の乏しい会社
非子会社		1	財務上または事実上の関係からみて財務または事業の方針の決定を支配していないことが明らかな会社
		2	民事再生法、会社更生法、破産法の開始決定を受けた会社、又はそれに準ずる会社
		3	特別目的会社で一定の要件を満たす会社

【図表85　孫会社とは】

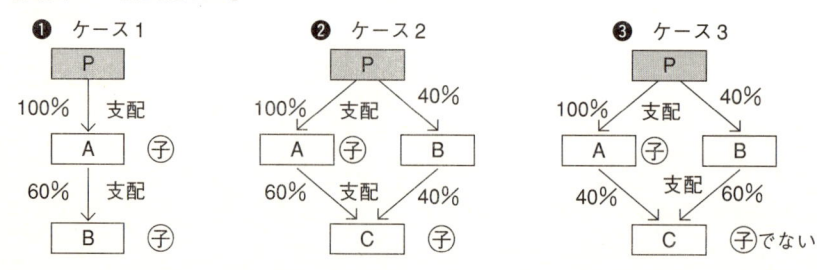

❶ ケース1

P → A (100%, 支配) [子]
A → B (60%, 支配) [子]

❷ ケース2

P → A (100%, 支配) [子]
P → B (40%)
A → C (60%, 支配)
B → C (40%) [子]

❸ ケース3

P → A (100%, 支配) [子]
P → B (40%)
A → C (40%)
B → C (60%, 支配) [子でない]

　連結の範囲が変更されると、当期と前期以前の連結計算書類を単純に比較できなくなります。そのため、連結の範囲が変更された場合には、その旨と理由を記載しなければなりません（計算規則133②一）。

Q44 連結決算＝投資と資本の相殺消去は

A 親会社の子会社に対する投資と子会社の対応する資本は、相殺消去しなければなりません。

子会社の資産及び負債の評価方法には、部分時価評価法と全面時価評価法があります。全面時価評価法を採用している会社が多数を占めています。

★部分時価評価法と全面時価評価法の違いは

連結貸借対照表の作成にあたっては、支配獲得日における子会社の資産及び負債を時価評価します。

時価評価の方法には、図表86の2つがあります。

【図表86　時価評価の方法】

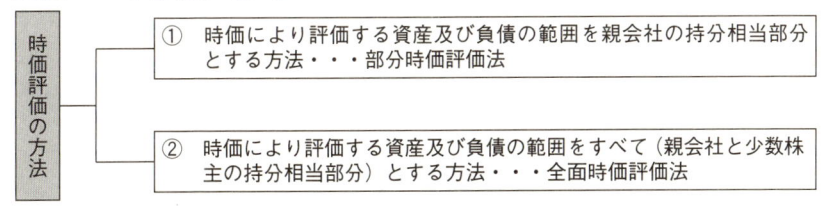

時価評価の方法	① 時価により評価する資産及び負債の範囲を親会社の持分相当部分とする方法・・・部分時価評価法
	② 時価により評価する資産及び負債の範囲をすべて（親会社と少数株主の持分相当部分）とする方法・・・全面時価評価法

なお、時価と簿価の差額は、子会社の資本に計上します。

評価差額に税効果会計上の一時差異が含まれる場合には、当該税効果額を評価差額から控除します。

★部分時価評価法と全面時価評価法の具体例を示すと

部分時価評価法と全面時価評価法の具体例を示すと、図表87のとおりです。

★のれんというのは・連結調整勘定は

親会社の子会社に対する投資金額と子会社の対応する資本金額の差額を連結調整勘定といい、貸借対照表上はのれんとして表示します（計算規則106③三、107②二）。

連結調整勘定は、原則としてその計上後20年以内に、定額法その他合理的な方法により償却する必要があります。

ただし、連結調整勘定の金額に重要性が乏しい場合には、当該勘定が生じ

【図表87　部分時価評価法と全面時価評価法の具体例】　　　　（単位：百万円）

❶前提条件	P社はA社株式80％をX1年3月31日に900で取得しました。A社の資産のうち土地は800（簿価）であり、土地のX1年3月31日の時価は1,000です。 なお、実効税率は40％です。
❷部分時価評価法	A社の資産及び負債のうち、P社持分相当額の80％を時価評価します。 　時価と簿価の差があるのは土地だけなので、土地の時価と簿価の差額の親会社持分相当額160を土地に計上し、評価差額96を資本並びに税効果額64を繰延税金負債として計上します。 　その後、投資と資本の相殺消去仕訳を行います。
❸全面時価評価法	A社の資産および負債のうちすべてを時価評価します。 　時価と簿価の差があるのは土地だけなので、土地の時価と簿価の差額200を土地に計上し、評価差額120を資本並びに税効果額80を繰延税金負債として計上します。 　その後、投資と資本の相殺消去仕訳を行います。

た期の損益として処理することができます。

★少数株主持分の処理方法は

　子会社の資本のうち親会社の持分に帰属しない部分を少数株主持分といいます。

　子会社の支配獲得時に子会社の資本と親会社の持分相当額の差額を少数株主持分に計上します。

　支配獲得後は、子会社の当期純損益のうち少数株主に帰属する金額やその他に役員賞与、受取配当金、未実現利益の消去額など少数株主が負担すべき金額を少数株主持分に計上します。

★配当金の処理方法は

　連結企業グループ内の会社間の配当金は連結会社としては内部取引なので、相殺消去する必要があります。

　子会社の支払配当金のうち親会社の持分相当額は親会社の受取配当金と相殺します。

　少数株主の持分相当額は、少数株主持分に負担させます。つまり、支払配当金のうち少数株主の持分相当額を少数株主持分勘定に振り替える、という仕訳を行います。

　図表88は、投資と資本の相殺消去から配当金の相殺消去に至るまでの連結調整仕訳の設例を示しています。

【図表88　投資と資本の相殺消去】

（単位：百万円）

①設例

P社貸借対照表

資産 5,000	負債 3,000
（うち A社株式 900）	資本金 1,500
	未処分利益 500

A社貸借対照表

資産 1,000	負債 300
（うち 土地 800）	資本金 500
	未処分利益 200

P社の出資比率は80%

❶ 部分時価評価法

土地　　160　／　評価差額　　　96
　　　　　　　　　繰延税金負債　64

親会社の投資

A社株式
900

子会社の資本

244	
96	
400	100
160	40

　　　↑　　　　　↑
　親会社持分　少数株主持分

連結調整勘定
評価差額
資本金
未処分利益

投資と資本の相殺仕訳は、次のとおりとなります。

資本金	500	A社株式	900
未処分利益	200	少数株主持分	140
評価差額	96		
連結調整勘定	244		

❷ 全部時価評価法

土地　　200　／　評価差額　　　120
　　　　　　　　　繰延税金負債　 80

親会社の投資

A社株式
900

子会社の資本

244	
96	24
400	100
150	40

　　　↑　　　　　↑
　親会社持分　少数株主持分

連結調整勘定
評価差額
資本金
未処分利益

投資と資本の相殺仕訳は、次のとおりとなります。

資本金	500	A社株式	900
未処分利益	200	少数株主持分	164
評価差額	120		
連結調整勘定	244		

❸ 連結調整勘定の償却

連結調整勘定244百万円（借方残高）を20年で償却します。
連結調整勘定償却　12.2　／　連結調整勘定　12.2　（百万円）

❹ 少数株主損益の計上

子会社Aの当期純利益10百万円であり、親会社の出資比率が80%、少数株主20%とします。
少数株主損益　2　／　少数株主持分　2　（百万円）

❺ 配当金の相殺消去

子会社Aの配当は、10百万円であり、親会社の出資比率が80%とします。
受取配当金　　8　／　支払配当金　8　（百万円）
少数株主持分　2　／　支払配当金　2

Q45 連結決算＝取引・債権債務の相殺消去は

A 　親会社と子会社の取引・債権債務のみならず子会社間の取引・債権債務もすべて相殺消去の対象となります。
　債権債務の消去に伴い、貸倒引当金の調整が必要になります。また、それに伴う税効果を認識しなければなりません。
　連結会社が発行する手形を銀行割引すると、連結上は借入金になります。

……………………………………………………………………

★相殺消去するのはどんな取引・債権債務

　連結計算書類は連結企業グループを1つの会社としてみなした計算書類なので、内部取引とそれに伴って発生する債権債務はすべて相殺消去の対象になります。
　対象になるのは営業取引だけでなく、図表89のとおり、連結企業グループ内で発生する一切の内部取引が対象になります。

【図表89　内部取引の例】

取引の種類	取引高と債権債務の例示
①営業取引	売上高と仕入高
	売上債権（受取手形、売掛金等）と仕入債務（支払手形、買掛金等）
	受取手数料と支払手数料
	未収入金と未払金
②資金取引	貸付金と借入金
	受取利息と支払利息
	増資に伴う株式と資本金
	受取配当金と支払配当金
③リース取引	貸与資産とリース資産
	受取賃貸料と支払賃貸料
④その他の取引	有価証券売買、固定資産売買
	保証と被保証

★貸倒引当金の調整というのは

　連結企業グループ内の個別の会社が、相殺消去前の債権額に対して貸倒実績率を見積もって貸倒引当金の金額を決定している場合、相殺消去された債

権額に対する貸倒引当金について連結計算書類上は計上する必要がなくなります。

その結果、連結上は利益が計上されるため、税効果を認識する必要があります（図表90の設例参照）。

【図表90　取引・債権債務の相殺消去】　　　　　　　　　　　　（単位：百万円）

> ××年×月期において、親会社Ｐ社は連結子会社Ａ社（出資比率80％）に対する売掛金1,000千円を計上しており、個別の計算書類上は貸倒実績率5％に相当する50千円を貸倒引当金として計上しています。
> なお、当該貸倒引当金は、税務上損金算入限度内であり、実効税率は40％とします。
>
> ❶　Ｐ社の売掛金とＡ社の買掛金を相殺。
>
> 　　買掛金　　1,000　／　売掛金　　1,000
>
> ❷　相殺消去された売掛金に対する貸倒引当金の取消し。
>
> 　　貸倒引当金　　50　／　貸倒引当金繰入額　50
> 　　少数株主損益　10　／　少数株主持分　　　10
>
> ❸　貸倒引当金の調整に対する税効果を認識する。
>
> 　　法人税等調整額　20　／　繰延税金負債　　20
> 　　少額株主持分　　 4　／　少数株主損益　　 4

★手形割引が借入金になる場合ってどんなとき

連結企業グループ内のある会社が同じグループ内の会社に手形を発行した場合、連結計算書類上は受取手形と支払手形を相殺消去しますが、受取手形を銀行割引した場合には連結企業グループを1つの会社としてみると、単に手形を発行して銀行借入を行ったにすぎないことになります。

したがって、連結会社が発行する手形を借入金に振り替えることとなります（図表91参照）。

【図表91　手形割引が借入金になる場合】

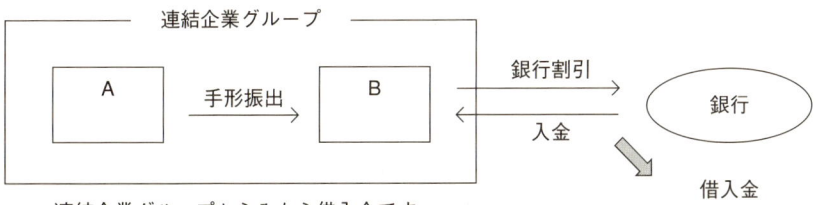

```
┌──────── 連結企業グループ ────────┐
│                                           │         銀行割引
│   ┌─────┐   手形振出   ┌─────┐  ────────────→   ╭─────╮
│   │  A  │ ──────────→ │  B  │                    │ 銀行 │
│   └─────┘              └─────┘  ←────────────    ╰─────╯
│                                           │         入金
└───────────────────────────────────────────┘                ↘
                                                              借入金
```

連結企業グループからみたら借入金です。

Q46 連結決算＝未実現利益の相殺消去は

A 連結企業グループ内で発生した利益で外部の第三者との間で実現していない利益については、未実現利益として消去する必要があります。

未実現利益は全額消去し、少数株主がいる場合は少数株主持分相当額を少数株主に負担させます。また、減少した利益に対応する税効果を認識する必要があります。

★未実現利益というのは

親会社Pは、製品を製造して連結子会社Aを通じて外部顧客に販売している場合を考えます（図表92参照）。

親会社Pは100百万円で製品を製造し、子会社Aに110百万円で、子会社Aは外部顧客に120百万円でそれぞれ販売するとします。個々の会社でみると、親会社Pから子会社Aに販売した時点、子会社Aから外部顧客に販売した時点でそれぞれ10百万円ずつ利益が発生しています。

しかし、製品が子会社Aから外部顧客に販売されず子会社Aで在庫されている場合には、グループでみると、親会社Pから子会社Aに販売した時点では製品が移動しただけで、収益が実現したとはいえません。したがって、子会社Aの在庫に含まれる利益部分は、未実現利益ということになります。

【図表92　未実現利益の相殺消去】

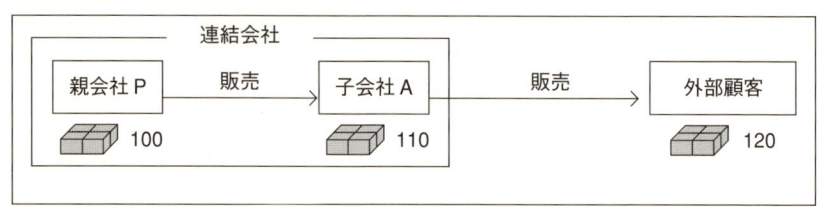

★具体的な処理方法は

連結計算書類は、親会社Pと子会社Aの計算書類をもとに作成されます。仮に子会社Aの在庫数量が1個だとすると、10百万円が未実現利益となり、

【図表93　連結調整仕訳】

売上原価	10	/	製品	10	
繰延税金資産	4	/	法人税等調整額	4	（実効税率40％）

連結調整仕訳は、図表93のようになります。

★アップストリームとダウンストリームというのは

連結企業グループ内の販売取引には、図表94の3とおりのパターンがあります。

【図表94 連結企業グループ内の販売取引のパターン】

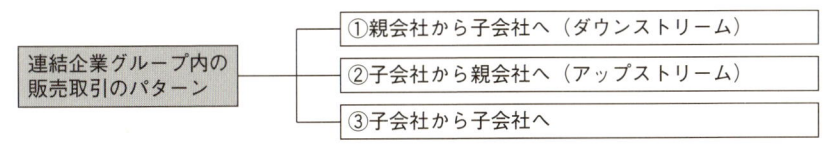

```
                          ①親会社から子会社へ（ダウンストリーム）
連結企業グループ内の    ─ ②子会社から親会社へ（アップストリーム）
販売取引のパターン        ③子会社から子会社へ
```

どのパターンも販売先の資産に含まれる未実現利益を全額消去し、販売元に少数株主がいる場合は少数株主の持分相当額を少数株主に負担させます。（図表95参照）。

【図表95 アップストリームとダウンストリーム】　　　　（単位：百万円）

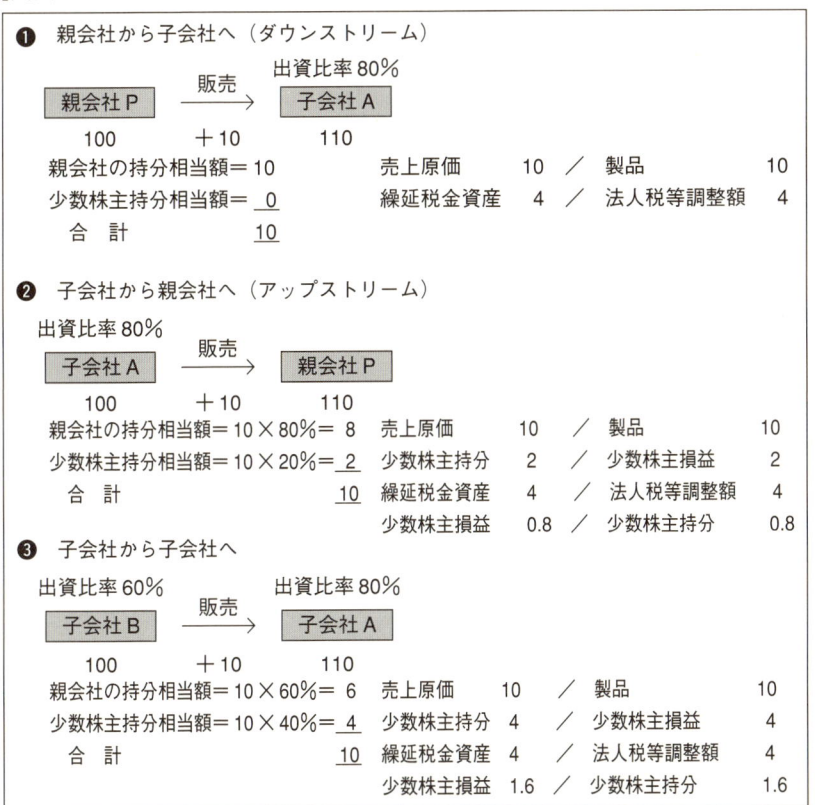

❶ 親会社から子会社へ（ダウンストリーム）

```
                          出資比率80%
  親会社P    ──販売──→   子会社A
   100          ＋10        110
親会社の持分相当額＝ 10      売上原価     10  ／ 製品           10
少数株主持分相当額＝  0      繰延税金資産  4  ／ 法人税等調整額    4
   合　計           10
```

❷ 子会社から親会社へ（アップストリーム）

```
出資比率80%
  子会社A    ──販売──→   親会社P
   100          ＋10        110
親会社の持分相当額＝10×80％＝ 8    売上原価      10  ／ 製品           10
少数株主持分相当額＝10×20％＝ 2    少数株主持分   2  ／ 少数株主損益     2
   合　計                    10    繰延税金資産   4  ／ 法人税等調整額    4
                                   少数株主損益 0.8  ／ 少数株主持分    0.8
```

❸ 子会社から子会社へ

```
出資比率60%              出資比率80%
  子会社B    ──販売──→   子会社A
   100          ＋10        110
親会社の持分相当額＝10×60％＝ 6    売上原価      10  ／ 製品           10
少数株主持分相当額＝10×40％＝ 4    少数株主持分   4  ／ 少数株主損益     4
   合　計                    10    繰延税金資産   4  ／ 法人税等調整額    4
                                   少数株主損益 1.6  ／ 少数株主持分    1.6
```

Q47 連結決算＝持分法の範囲・会計処理は

A 非連結子会社及び関連会社に対する投資については、原則として持分法を適用しなければなりません。
　関連会社に該当するかどうかは、子会社の場合と同様に議決権の所有割合と経営に対する影響力により実質的に判断します。

★持分法というのは
　持分法とは、投資会社が被投資会社の資本及び損益のうち当該投資会社に帰属する部分の変動に応じて、その投資の金額を各事業年度ごとに修正する方法をいいます（計算規則2③二十四）。
　持分法は、一行連結とも呼ばれ、簡易的な連結手法です。純資産及び損益に関しては、持分法を適用した場合と連結した場合とで結果は同じになります。

★持分法の適用範囲は
　連結計算書類を作成する会社が、財務及び事業の方針の決定に対して重要な影響を与えることができる会社を関連会社といいます（計算規則2③十九）。
　持分法は、原則として非連結子会社及び関連会社について適用する必要があります（計算規則101。図表96参照）。

【図表96　持分法の適用範囲】

持分法	適用	非連結子会社及び関連会社（子会社以外で財務及び事業の方針決定に対して重要な影響を与えることができる一定の事実が認められる会社）	
	非適用	①	財務及び事業の方針決定に対する影響が一時的であると認められる会社
		②	利害関係人の判断を著しく誤らせるおそれがあると認められる会社
		③	重要性の乏しい会社

★持分法の会計処理は
　会計処理の考え方は、連結の場合と同様ですが、大部分が投資の金額を表す投資有価証券の増減に集約されます。
　連結仕訳と対比した具体的な会計処理は、図表97の「連結と持分法の会計

処理比較」に示すとおりです。

【図表97　連結と持分法の会計処理比較】　　　　　　　　　　　（単位：百万円）

		連結（出資比率80％）	持分法（出資比率40％）
①	支配獲得時資本連結（Q44参照）	土地160　／　評価差額　　96 　　　　　　　繰延税金負債64 （部分時価評価法）	土地80　／　評価差額　　48 　　　　　　繰延税金負債32
②	投資と資本の相殺消去（Q44参照）	資本金　　　　500 未処分利益　　200 評価差額　　　 96 連結調整勘定　244	仕訳なし ただし、投資差額（連結調整勘定に相当）は計算する。
③	連結調整勘定（Q44参照）	連結調整　12.2／連結調整　12.2 勘定償却　　　　勘定	持分法　　6.1／投資　　　6.1 投資損益　　　　有価証券
④	当期純利益	仕訳なし	投資　　　40／持分法　　40 有価証券　　　　投資利益
⑤	少数株主持分損益の計上（Q44参照）	少数株主　20／少数株主　20 持分損益　　　　持分	仕訳なし
⑥	配当金の相殺消去（Q44参照）	受取配当金　8／支払配当金　8 少数株主持分2／支払配当金　2	受取　　　　／投資 配当金　　4　　有価証券　4
⑦	債権債務の相殺消去（Q45参照）	省略	仕訳なし
⑧	未実現利益の消去（Q46参照）	省略	仕訳なし
⑨	ダウンストリーム	売上原価　10／製品　　　10 繰延税金　 4／法人税等　 4 資産　　　　　調整額	売上高　　　5／投資　　　　5 　　　　　　　有価証券 繰延税金　　2／法人税等　　2 資産　　　　　　調整額
⑩	アップストリーム	売上原価　10／製品　　　10 少数株主　 2／少数株主　 2 持分　　　　　持分損益 繰延税金　 4／法人税等　 4 資産　　　　　調整額 少数株主　0.8／少数株主　0.8 損益　　　　　持分	持分投資　 4／製品　　　　4 損益 投資　　　1.6／持分投資　1.6 有価証券　　　　損益

Q48 連結決算＝会計処理の統一・事業年度の異なる子会社等は

A 　親会社と子会社の会計処理は、原則として統一する必要がありますが、例外規定に留意しなければなりません。
　事業年度の異なる子会社と関連会社の決算日は、3か月以内であれば、決算書をそのまま利用できます。

★親子会社間の会計処理の統一というのは

　同一環境下で行われた同一の性質の取引については、親会社及び子会社が採用する会計処理の原則及び手続は、原則として統一しなければなりません。
　これは、会計処理に関して恣意性の介入を排除するための規定です。資産の評価基準、引当金の計上基準、営業収益の計上基準等は統一しないことに合理的な理由がある場合を除いて、統一する必要があります。
　会計方針の変更は、正当な理由がない限り、認められませんが、親子会社間の会計処理の統一を理由とする会計方針の変更は、正当な理由に基づく変更として認められます。
　在外子会社の会計処理については、所在地国で公正妥当と認められた会計基準に準拠して作成されている限り、原則として認められましたが、平成20年4月1日以後開始する連結会計年度から在外子会社が国際財務報告基準又は米国会計基準に準拠して作成されている場合のみ認められることになる予定です。

★決算日の異なる子会社は

　海外子会社などは、決算日が親会社と異なる場合があります。決算日の異なる子会社は、原則として連結決算日に決算を行う必要がありますが、決算日の差異が3か月を超えない場合には、子会社の決算日から連結決算日までに生じた重要な取引について調整を行うことを条件にそのまま利用することが認められます（計算規則96）。
　一方、持分法適用会社に関しては、投資会社は被投資会社の直近の計算書類を使用することが認められますが、異なる決算日間に発生した重要な取引については、連結子会社の場合と同様に調整する必要があります。

Q49 在外子会社の計算書類の換算は

A 在外子会社の計算書類を、損益計算書、株主資本等変動計算書、貸借対照表の順番に各勘定科目に応じた為替換算レートを乗じて換算していきます。

貸借対照表の純資産の部に為替換算調整勘定を表示します。為替換算調整勘定は、各項目に応じた為替換算レートを適用した結果生じる換算差額の性格を有しています。

★換算の手順は

換算の手順は、図表98のとおりです（計算書類の換算例については、図表99参照）。

【図表98 換算の手順】

① 損益計算書の各項目を期中平均レート（AR）または決算日レート（CR）で換算します。

⇩

② 株主資本等変動計算書
前期末に円換算した期首剰余金から配当など減少項目の発生時レートでの換算額を減算し、当期純利益（①で算定）など増加項目を加算して期末剰余金を算定します。

⇩

③ 貸借対照表
資本の部以外は決算日レート（CR）で換算します。資本金等は発生日レート（HR）で換算し、剰余金は②の結果を用います。その結果発生する貸借差額を為替換算調整勘定とします。

★剰余金と為替換算調整勘定は積上げ計算で

期首剰余金は、前期末の金額がそのまま引き継がれ、当期発生分が加減算され期末剰余金の金額になります。

これが毎期繰り返されますので、剰余金は外貨を様々なレートで換算した積上げ計算となります。そのため貸借差額である為替換算調整勘定も同様に積上げ計算となります。

在外子会社の歴史が古いと、その間に為替も大きく変動していることがあり、過去の資料が整理されていない場合など、両者の金額を検証するのは実務的に困難な場合が多々あります。

【図表99　計算書類の換算例】

❶ 損益計算書

	($)				(¥)
収益	1,000	×110	¥/$	(AR)	110,000
費用	800	×110	¥/$	(AR)	88,000
当期純利益	200	×110	¥/$	(AR)	22,000

❷ 株主資本等変動計算書

	($)				(¥)	
期首剰余金	900				94,500	(前期末残高)
配当金	100	×115	¥/$	(HR)	11,500	
当期純利益	200	×110	¥/$	(AR)	22,000	
期末剰余金	1,000			合計	105,000	

❸ 貸借対照表

	($)	(CR)	(¥)		($)	(CR)	(¥)
資産	100,000	×100 ¥/$	10,000,000	負債	89,000	×100 ¥/$	8,900,000
						(HR)	
				資本金	10,000	×120 ¥/$	1,200,000
				剰余金	1,000		105,000
				為替換算調整勘定			△205,000
	100,000		10,000,000		100,000		10,000,000

★決算期が違う場合に使用する為替レートは

　海外では、年末を決算日としている会社が多く見受けられます。つまり、文字どおり年末（12月31日）を事業年度末としているようです。

　それに対して、日本は3月31日を決算日としている会社が多いので、為替換算レートはいつのものを使用すればいいのかが問題となります。

　「外貨建取引等の会計処理に関する実務指針（平成8年9月3日日本公認会計士協会）」71項において、連結決算日と異なる在外子会社等の貸借対照表項目については、在外子会社の決算日における為替相場により円換算し、損益計算書項目については、在外子会社の会計期間に基づく期中平均相場により円換算することとされています。

　なお、在外子会社の決算日から連結決算日までに為替相場に重要な変動があった場合には、連結決算日に正規の決算に準ずる合理的な手続による決算を行い、当該決算に基づく貸借対照表項目を連結決算日の為替相場で換算することとされています。

Q50 連結精算表のつくり方は

A 連結精算表とは連結作業の流れに沿って連結調整仕訳を一覧できる表のことです。

連結手続は、複雑で理解しづらい面もありますが、連結精算表をつくることによって連結手続の全体像をイメージできます。

★連結精算表のつくり方は

はじめに表の縦の欄に貸借対照表、損益計算書、株主資本等変動計算書の科目を上から順に並べます。

次に、連結作業の流れに沿って横の欄に連結手続の作業項目を並べていきます。

連結作業の流れは、大きく、①親会社と子会社の計算書類を合算するステップ、②連結調整仕訳を入れるステップ、③最後に合計するステップ、に分かれます。したがって、表の横は、図表100に示すとおりになります（連結精算表については、図表101参照）。

合計した結果が連結計算書類になります。連結精算表を毎期作成、保管しておき、連結作業を進める際に当期の数値や仕訳と比較することにより、作業

【図表100 連結精算表の横の欄の項目】

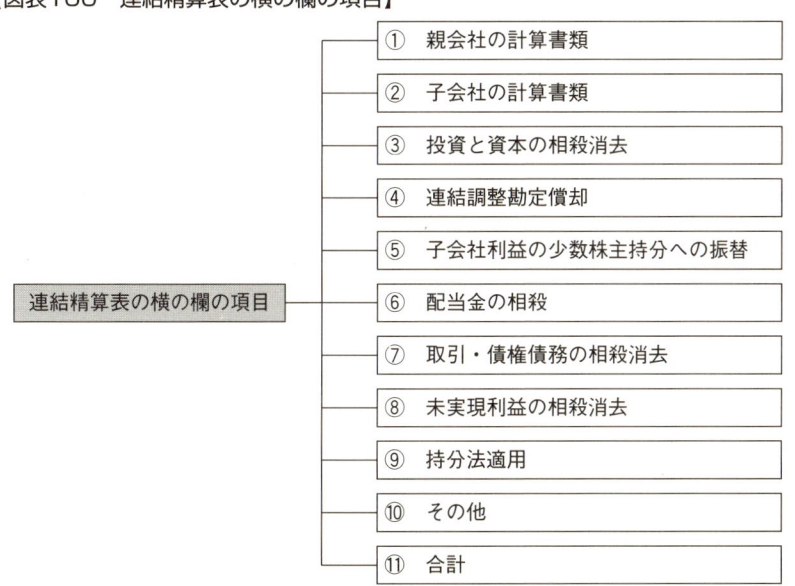

連結精算表の横の欄の項目
- ① 親会社の計算書類
- ② 子会社の計算書類
- ③ 投資と資本の相殺消去
- ④ 連結調整勘定償却
- ⑤ 子会社利益の少数株主持分への振替
- ⑥ 配当金の相殺
- ⑦ 取引・債権債務の相殺消去
- ⑧ 未実現利益の相殺消去
- ⑨ 持分法適用
- ⑩ その他
- ⑪ 合計

の効率化およびスピードアップ、ならびに間違いの防止に役立つと思います。

★**具体的な作業手順を示すと**

では、具体的に数字を埋めていきましょう。

❶はじめにP社とA社の貸借対照表、損益計算書、株主資本等変動計算書の数字を記入し、小計を記入します。

【図表101　連結精算表】

（　）の数値は、貸方金額
単位：百万円

勘定科目	P社	A社	小計	投資と資本の相殺消去	連結調整勘定償却	子会社利益の少数株主持分への振替	配当金の相殺	取引・債権債務の相殺消去	未実現利益の相殺消去	合計
[損益計算書]										
売上高	(6,000)	(1,000)	(7,000)							(7,000)
売上原価	5,000	600	5,600						10	5,610
貸倒引当金繰入	60	20	80					(50)		30
連結調整勘定償却					12					12
その他販管費	600	180	780							780
受取配当金	(30)		(30)				8			(22)
その他営業外収益	(30)		(30)							(30)
法人税等	100	60	160							160
法人税等調整額	60	40	100					20	(3)	117
少数株主損益			0			20		6	(2)	24
当期純利益	(240)	(100)	(340)	0	12	20	8	(24)	5	(319)
[株主資本等変動計算書]				0						0
期首残高	(1,000)	(90)	(1,090)	200						(890)
配当金		10	10				(10)			0
その他期中増減	(200)	(120)	(320)		12		8	(24)	5	(299)
期末残高	(1,200)	(200)	(1,400)	200	12	20	(2)	(24)	5	(1,189)
[貸借対照表]										
現金預金	100	100	200							200
売上債権	2,000	1,200	3,200					(1,000)		2,200
貸倒引当金	(200)	(100)	(300)					50		(250)
棚卸資産	400	550	950						(10)	940
子会社貸付金	500		500							500
繰延税金資産	500	150	650						3	653
土地	1,000	500	1,500							1,500
子会社株式	900		900	(900)						0
連結調整勘定			0	244	(12)					232
資産合計	5,200	2,400	7,600	(656)	(12)	0	0	(950)	(7)	5,975
仕入債務	(2,000)	(1,000)	(3,000)					1,000		(2,000)
借入金	(1,000)	(500)	(1,500)							(1,500)
繰延税金負債		(80)	(80)					(20)		(100)
少数株主持分				(164)		(20)	2	(6)	2	(186)
資本金	(1,000)	(500)	(1,500)	500						(1,000)
評価差額		(120)	(120)	120						0
未処分利益	(1,200)	(200)	(1,400)	200	12	20	(2)	(24)	5	(1,189)
負債・資本合計	(5,200)	(2,400)	(7,600)	656	12	0	0	950	7	(5,975)

P社のA社に対する出資比率は80％とします。
全面時価評価法を採用しています。
連結調整勘定は20年間で償却します。
実効税率は40％とします。
未実現利益は子会社から親会社へ（アップストリーム）販売した在庫にかかるものとします。

4 連結計算書類の作成実務Q&A

❷次に、投資と資本の相殺消去は以下の手順に従って記入します（図表102参照）。
① Q44の「投資と資本の相殺消去の部分時価評価法」の仕訳を記入します。なお、未処分利益は株主資本等変動計算書に記入します。
② 株主資本等変動計算書の合計を記入し、貸借対照表の未処分利益に転記します。
③ 貸借対照表の資産合計と負債・資本合計を記入します。
❸続いて、連結調整勘定償却は以下の手順に従って記入します（図表102参照）。
① Q44の「連結調整勘定の償却」の仕訳を記入します。
② 損益計算書の合計を記入し、株主資本等変動計算書の期中増減に転記します。
③ 株主資本等変動計算書の合計を記入し、貸借対照表の未処分利益に転記します。
④ 貸借対照表の資産合計と負債・資本合計を記入します。
❹以下、子会社利益の少数株主持分への振替、配当金の相殺、取引・債権債務の相殺消去、未実現利益の相殺消去についても同様に、
① 連結調整仕訳の記入
② 損益計算書の合計を記入し、株主資本等変動計算書の期中増減に転記
③ 株主資本等変動計算書の合計を記入し、貸借対照表の未処分利益に転記
④ 貸借対照表の資産合計と負債・資本合計を記入
という流れで表を順番に埋めていきます（図表102）。
❺最後に右端の合計欄を記入すれば、連結計算書類の完成です。

【図表102　連結精算表の作成手順】

（　）の数値は、貸方金額
単位：百万円

勘定科目	投資と資本の相殺消去	連結調整勘定償却	子会社利益の少数株主持分への振替	配当金の相殺	取引・債権債務の相殺消去	未実現利益の相殺消去	合計
[損益計算書]							
売上高							
売上原価						10	
貸倒引当金繰入					(50) ①		
連結調整勘定償却		12 ①					
その他販管費							
受取配当金	省			8 ①			
その他営業外収益							
法人税等							
法人税等調整額					20 ①	(3) ①	
少数株主損益			20 ①		6 ①	(2) ①	
当期純利益		12 ②	20 ②	8 ②	(24) ②	5 ②	
[株主資本等変動計算書]							
期首残高	200 ①						
配当金				(10) ①			
その他期中増減		12 ②	20 ②	8 ②	(24) ②	5 ②	
期末残高	200 ②	12 ③	20 ③	(2) ③	(24) ③	5 ③	
[貸借対照表]							
現金預金							
売上債権					(1,000) ①		
貸倒引当金					50		
棚卸資産	省					(10) ①	
子会社貸付金							
繰延税金資産	略					3 ①	
土地							
子会社株式	(900) ①						
連結調整勘定	244 ①	(12) ①					
資産合計	(656) ③	(12) ④	0 ④	0 ④	(950) ④	(7) ④	
仕入債務					1,000		
借入金							
繰延税金負債					(20) ①		
少数株主持分	(164) ①		(20) ①	2 ①	(6) ①	2 ①	
資本金	500						
評価差額	120						
未処分利益	200 ②	12 ③	20 ③	(2) ③	(24) ③	5 ③	
負債・資本合計	656 ③	12 ④	0 ④	0 ④	950 ④	7 ④	

Q50　連結精算表のつくり方は

Q51 連結貸借対照表の作成資料・作成手順は

A 　連結貸借対照表は、個別財務諸表を合算した後に内部取引（余分なもの）を相殺消去し、必要な調整を加えるという形で作成されます。

　「連結計算書類」の一部としての連結貸借対照表は、個別会社の決算書をもとに、図表103のような手続を経て作成されます。

……………………………………………………………………………

★会社法上の連結貸借対照表は

　会計監査人設置会社は、「連結計算書類」の一部としての連結貸借対照表を作成することができます（会社法444①、計算規則93、97）。

　ただし、事業年度末日に、大会社で有価証券報告書を提出しなければならない会社は、事業年度の連結貸借対照表を作成しなければなりません（会社法444③、計算規則93）。

★連結貸借対照表の作成基礎は

　原則として、株式会社の連結会計年度に対応する期間の連結会社（当該株式会社及びその連結子会社）の貸借対照表の資産、負債及び純資産の金額を基礎として作成しなければなりません（計算規則97）。

★作成期間は

　原則として、連結会計年度（各事業年度の連結計算書類の作成に係る期間）は各事業年度に係る計算書類の作成と同様の期間であることが必要です（計算規則94）。

★内部取引相殺消去の意味は

　企業集団をあたかも1つの会社のようにみなしますので、売上高や当期純利益、資本金等の勘定は企業集団外との取引結果を示さなければなりません。

　したがって、企業集団内での内部取引は、不必要な情報として相殺消去されるのです。

★連結計算書類作成資料・作成手順は

　連結貸借対照表は、個別財務諸表を合算した後に内部取引を相殺消去し、必要な調整を加えて作成しますが、一般的には図表103のような手順を経て作成されます。

【図表103　連結計算書類作成資料・作成手順】

手順	内容	関連箇所	作成資料
① 連結範囲の決定	・連結の範囲を決定します。 ・原則として全ての子会社を連結の範囲に含めなければなりません（計算規則95）。	Q43参照	・子会社一覧表 ・持分比率一覧表 ・子会社の範囲検討表等
② 会計処理の統一	・同一環境下かつ同一性質の取引については、親会社及び子会社が採用する会計処理の原則及び手続は、原則として統一しなければなりません。 ・上記に関する調整を個別財務諸表に加えます。	Q48参照	・子会社別の会計処理一覧表 ・親会社との会計処理相違点をまとめた一覧表等
③ 個別財務諸表の合算	・連結の範囲に含まれる子会社の個別財務諸表（親会社の連結会計年度に対応する期間に係るもの）を単純に合算します。 ・持分法適用会社の個別財務諸表は合算されません。	・事業年度の異なる子会社についての取扱Q48参照。	・子会社の個別財務諸表（注記事項を含む） ・子会社の諸勘定内訳明細表等
④ 投資と資本の相殺消去	親会社の子会社に対する投資勘定（子会社株式）と子会社の資本勘定（子会社の個別財務諸表に計上されている資本勘定）を相殺消去します。	Q44参照	・子会社株式勘定の異動に係る資料（増資、減損等） ・配当金の授受に関する資料
⑤ 取引・債権債務の相殺消去	連結会社間の債権債務及び取引を相殺消去します。	Q45	・親会社、子会社別の債権債務一覧表、取引一覧表等
⑥ 未実現損益の調整	連結会社間の内部取引に係る未実現損益を消去します。	Q46	・内部取引に係る販売元会社の利益率表 ・課税所得一覧表(税効果を考慮する際に使用)等
⑦ 当期利益の按分	親会社の子会社に対する持分割合に見合うだけの当期利益を取込みます。それ以外は少数株主持分として認識します。	Q44	・持分比率一覧表 ・子会社の個別財務諸表等（注記事項を含む）
⑧ 利益処分項目の消去	・親子会社間の受取配当金の授受は内部取引なので、相殺消去します。 ・子会社の利益処分のうち、少数株主に帰属する剰余金から行われた配当金及び役員賞与を、少数株主持分の減少として処理します。	Q44	・持分比率一覧表 ・利益処分に係る資料等（中間配当含む）
⑨ 持分法の調整	持分法適用会社は、③で個別財務諸表が合算されていませんので、必要な調整を加えて、連結貸借対照表に取り込みます。	Q47	・持分法適用会社の個別財務諸表 ・②④⑤⑥と同一の資料等
⑩ 表示の調整	①～⑨までの過程を経て作成された連結貸借対照表について、表示科目の調整を行います。	Q51～53	・子会社の諸勘定内訳明細表等

Q52 連結貸借対照表の表示にあたっての注意点は

A 連結貸借対照表の注記は、新たに独立した「連結注記表」を作成し、そこに記載することもできますし、従来どおり連結貸借対照表の末尾に脚注方式で記載することもできます。

減損損失累計額の表示に関する規定が新設されました。

··

★旧商規則と計算規則での注記に関する相違点は

連結貸借対照表に記載すべき注記は、旧商規則上、連結貸借対照表の末尾、または他の適当な箇所に記載していました（旧商規則46）。

しかし会社法上は、独立した連結注記表を作成することもできますし（計算規則128～144）、従来どおり連結貸借対照表の末尾、または他の適当な箇所に記載することもできます（計算規則89③）。

★「注記表」を独立させたわけは

注記表を独立させた理由としては、①注記情報が従来と比べて大幅に増加したこと、連結貸借対照表に関連する注記なのか、②連結損益計算書に関連する注記なのかを明確に区別できない注記事項があること等が考えられます。

★連結注記表に記載する事項は

連結注記表の注記事項は、原則として
①継続企業の前提に関する注記
②連結計算書類の作成のための基本となる重要な事項に関する注記
③連結貸借対照表に係る注記
④連結株主資本等変動計算書に関する注記
⑤一株当たり情報に関する注記
⑥重要な後発事象に関する注記
⑦その他の注記
があります（計算規則129①②三。詳細については、Q65～Q81参照）。

★繰延資産の表示の扱いは

施行前の繰延資産は、創立費、開業費、研究費及び開発費、新株発行費等、社債発行費、社債発行差金及び建設利息について限定列挙で示していましたが（旧商規則35～41）、施行後は、具体的な科目名が明記されておらず、償却期間等と合わせて、公正な会計慣行に従うこととされています（会社法431、計算規則3）。

企業会計基準委員会（ＡＳＢＪ）の「繰延資産の会計処理に関する当面の取扱い」によれば、原則として、各費用は支出時に費用処理することになります（例外として、繰延資産に計上できます）。

原則的な処理を採用し費用処理した場合は、繰延資産は貸借対照表上に表示されません。

★連結貸借対象表の表示にあたっては

連結貸借対照表の表示にあたっての注意点をまとめると、図表104のとおりです。

【図表104　連結貸借対照表の表示にあたっての注意点】

番号	項目	原則	容認		根拠	旧商規則の表示	実質的な変更の有無
①	貸倒引当金等(評価性引当金)の表示	科目別間接控除法	一括間接控除法	直接控除法（控除額は注記）	計算規則109、134①二	原則、科目別間接控除法又は一括間接控除法。直接控除法も容認するが、その場合は控除額の注記が必要（旧商規則163①③）。	なし
②	有形固定資産に対する減価償却累計額の表示	科目別間接控除法	一括間接控除法	直接控除法（控除額は注記）	計算規則110、134①三	原則、科目別間接控除法又は一括間接控除法。直接控除法も容認するが、その場合は控除額の注記が	なし

						必要（旧商規則163②③）。	
③	有形固定資産に対する減損損失累計額	直接控除法（上記②で直接控除法を採用している時は、その控除後の金額から直接控除）	科目別間接控除法（上記②で科目別間接控除法及び一括間接控除法を採用している時は、減価償却累計額と合算して、減価償却累計額の項目で表示できるが、その旨の注記が必要）	一括間接控除法（上記②で科目別間接控除法及び一括間接控除法を採用している時は、減価償却累計額と合算して、減価償却累計額の項目で表示できるが、その旨の注記が必要）	計算規則111,134①四	・旧商規則には直接的な規定がないが、公正な会計慣行によって表示していた。 ・原則、直接控除法だが、科目別間接控除法、一括間接控除法も容認。	なし
④	無形固定資産に対する減価償却累計額及び減損損失累計額の表示	直接控除法	—		計算規則112	直接控除法（旧商規則163④,64)	なし
⑤	繰延資産の表示	直接控除法	—		計算規則115	直接控除法（旧商規則163④,74)	なし
⑥	繰延税金資産及び負債の表示	・異なる納税主体ごとに、流動資産に属する繰延税金資産と流動負債に属	—		計算規則114	・流動資産に属する繰延税金資産と流動負債に属する繰延税金負債は、異	なし

		する繰延税金負債は相殺して表示。 ・異なる納税主体ごとに、固定資産に属する繰延税金資産と固定負債に属する繰延税金負債は相殺して表示。			なる納税主体ごとに相殺して表示（旧商規則163④,87,60,81）。 ・固定資産に属する繰延税金資産と固定負債に属する繰延税金負債は異なる納税主体ごとに相殺して表示（旧商規則163④,87.69,83）。	
⑦	新株予約権の表示	自己新株予約権は、新株予約権の金額から直接控除する方法。	自己新株予約権を新株予約権に対する控除項目として表示する方法。	計算規則117	旧商規則には直接的な規定がないが、発行側の会社は、公正な会計慣行によって会計処理していた（発行価額により仮勘定として負債の部に計上していた）。	負債の部に計上していたが、純資産の部に計上することになった。

科目別間接控除法　各資産に対する控除項目として表示する方法。
一括間接控除法　2つ以上の資産に対する控除項目として表示する方法。
直接控除法　　　各資産から直接控除し、控除残高を各資産の金額として表示する方法。

Q52　連結貸借対照表の表示にあたっての注意点は　　141

Q53 連結貸借対照表の表示方法・様式は

A 従来の「資本の部」が「純資産の部」に大きく改変されています。資本の部及び負債の部は、異なる事業の種類ごとに区分できます。

連結貸借対照表の表示方法については、計算規則の定めに従います。計算規則に具体的な様式は記載されていませんが、連結財規と大きな差が生じないように配慮されています。

★「純資産の部」になった経緯は

施行前の連結貸借対照表は、資産の部、負債の部及び資本の部に区分していましたが、計算規則では資産の部、負債の部及び純資産の部に区分するようになりました（計算規則105①）。

施行前の連結貸借対照表は、資産、負債、資本の定義が必ずしも明確にされないままに作成されてきましたが、一般に資産は資産性のあるもの、負債は返済義務のあるもの、資本は株主に帰属するものと解されます。

しかし、近年、その他有価証券評価差額金、為替換算調整勘定、少数株主持分等の負債とも資本とも、明確に区分することが困難で、議論を引き起こす勘定が生じてきました。

そこで、連結貸借対照表上、資産性又は負債性をもつものを資産の部又は負債の部に計上し、それ以外は資産と負債の差額として「純資産の部」に計上することにしたのです。

★「純資産の部」の内容は

純資産の部は、大きく①株主資本、②評価・換算差額等、③新株予約権、④少数株主持分の4つに区分されます。計算規則の内容は、基本的には、「貸借対照表の純資産の部の表示に関する会計基準（企業会計基準第5号）」及び「貸借対照表の純資産の部の表示に関する会計基準等の適用指針（企業会計基準適用指針第8号）」との整合性が保たれています。

★新たに「連結株主資本等変動計算書」の作成が必要

上記の「純資産の部」の変動内容を示す計算書類として、新たに「連結株主資本等変動計算書」の作成が義務づけられました（詳しくはQ60以下参照）。

★事業の種類ごとに区分

　連結会社が2以上の異なる種類の事業を営んでいる場合には、連結貸借対照表の資産の部及び負債の部は、その営む事業の種類ごとに区分することができます（計算規則105③）。

　ただし、作業負担の増加を考慮すると、この規定を採用する会社は少ないと考えられます。

★連結貸借対照表の金額単位・言語は

　金額単位は1円、千円、又は百万円で表示し、原則として日本語で表示します（計算規則89①②）。

　施行前は、大会社についてのみ百万円単位での表示が認められていましたが、施行後は、大中小会社による区分に関係なく、上記の単位を選択できます。

★連結貸借対照表の表示方法は

　表示については、計算規則（主に計算規則89, 104～117）の定めに従います。

　また「株式会社の会計は、一般に公正妥当と認められる企業会計の慣行に従うものとする」（会社法431）とありますので、表示方法についても一般に公正妥当と認められる企業会計の慣行、すなわち連結財規と大きな差が生じないように配慮されています。

★連結貸借対照表の様式は

　計算規則に具体的な様式は、記載されていませんが、連結財規と大きな差が生じないように配慮されています。

　基本的な表示は、個別貸借対照表と同じですが、図表105のような連結独特の科目等があります。

【図表105　連結独特の科目等】

科目等	内　容
為替換算調整勘定	外国にある子会社又は関連会社の資産及び負債の換算に用いる為替相場と純資産の換算に用いる為替相場とが異なることによって生じる換算差額（計算規則108⑨二）で、純資産の部に表示します。
少数株主持分	子会社の資本のうち親会社に帰属しない部分であり、純資産の部に表示します（計算規則108①二ニ）。
自己株式	連結上の自己株式は、当該会社が保有する当該会社の自己株式のみならず、連結子会社並びに持分法を適用する非連結子会社及び関連会社が保有する当該株式会社の株式の帳簿価額のうち、持分相当額も含めます（計算規則108⑨一）。
投資有価証券	連結上の投資有価証券は、持分法適用会社がある場合、持分法適用後の価額で連結貸借対照表に計上します。

【図表106　連結貸借対照表の新旧の様式比較】

計算規則による連結貸借対照表
平成19年3月31日現在
（単位：百万円）

科目	金額	科目	金額	
資産の部		負債の部		
Ⅰ　流動資産	7,790	Ⅰ　流動負債	4,490	
		Ⅱ　固定負債	1,970	
Ⅱ　固定資産	4,130	負債合計	6,460	
1　有形固定資産	2,330	純資産の部		
2　無形固定資産	510	Ⅰ　株主資本	4,800	
		1　資本金	600	
		2　新株式申込証拠金	10	
3　投資その他の資産	1,290	3　資本剰余金	600	※1
		4　利益剰余金	3,600	※2
		5　自己株式	△60	※3
Ⅲ　繰延資産	50	6　自己株式申込証拠金	50	
		Ⅱ　評価・換算差額等	160	
		1　その他有価証券評価差額金	90	
		2　繰延ヘッジ損益	60	A
		3　土地再評価差額金	20	
		4　為替換算調整勘定	△10	※4
		Ⅲ　新株予約権	30	B
		Ⅳ　少数株主持分	520	※4
		純資産合計	5,510	
資産合計	11,970	負債純資産合計	11,970	

旧商規則による負債、少数株主持分及び資本の部
（単位：百万円）

科目	金額
負債の部	
Ⅰ　流動負債	4,580
Ⅱ　固定負債	1,970
負債合計	6,550
少数株主持分	520
資本の部	
Ⅰ　資本金	600
Ⅱ　新株式払込金（又は新株式申込拠金）	10
Ⅲ　資本剰余金	600
Ⅳ　利益剰余金	3,600
Ⅴ　土地再評価差額金	20
Ⅵ　株式等評価差額金	90
Ⅶ　為替換算調整勘定	△10
Ⅷ　自己株式払込金（又は自己株式申込拠金）	50
Ⅸ　自己株式	△60
資本合計	4,900
負債、少数株主持分及び資本合計	11,970

注
- 大きな変更点である「純資産の部」に着目して、新旧表示を対応させています。
- 連結会社が2以上の異なる種類の事業を営んでいる場合には、連結貸借対照表の資産の部及び負債の部は、その営む授業の種類ごとに区分することができます（計算規則105③）。
- 別記事業を営む会社の計算関係書類については特例があります（計算規則146）。

※1　個別上、資本準備金及びその他資本剰余金に区分されていますが、連結上は、一括表示します。
※2　個別上、利益準備金及びその他利益剰余金に区分されていますが、連結上は、一括表示します。
※3　連結上、自己株式とは連結会社並びに持分法を適用する非連結子会社及び関連会社が保有するその株式会社の株式（持分相当額）をいいます。
※4　連結貸借対照表に独特の科目です。

A　旧商規則では、税効果を考慮せず資産の部又は負債の部に計上していましたが、計算規則では、税効果を考慮して純資産の部の評価・換算差額等に計上することになりました。

　　ヘッジ会計については、下記の仕訳を行っているものとします（実効税率40％、親会社のみヘッジ会計を行っているとします）。

　　旧商規則での会計処理
　　金利スワップ（資産）　　100　／　繰延ヘッジ損益（負債）　　100

　　会社法での会計処理
　　金利スワップ（資産）　　100　／　繰延ヘッジ損益（純資産）　　60　（税効果を考慮）
　　　　　　　　　　　　　　　　　　繰延税金負債（負債）　　40

B　旧商規則上、直接的な規定がないものの、発行側の会社は、公正な会計慣行によって会計処理していました（発行価額により仮勘定として負債の部に計上していました）。計算規則では、純資産の部に計上することになりました。

Q54 連結貸借対照表のつくり方は

A 新様式での作成が会社法の施行日（平成18年5月1日）以降に終了する事業年度から義務づけられます

★2以上の異なる種類の事業を営んでいるときは

連結会社が2以上の異なる種類の事業を営んでいる場合には、連結貸借対照表の資産の部及び負債の部は、その営む事業の種類ごとに区分することができます（計算規則105③）。ただし、事務負担の増加を考慮するとこの規定を採用する会社は少ないと考えられます。

★連結貸借対照表のつくり方（連結精算表→表示組替→連結貸借対照表）は

連結貸借対照表は、連結精算表⇒表示組替⇒連結貸借対照表という順序で作成されます。連結精算表作成までの説明は、紙面の都合上省略しますが、表示組替の一部について、図表107のとおりです。

【図表107　連結貸借対照表のつくり方（連結精算表→表示組替→連結貸借対照表）】

連結精算表		表示組替		連結貸借対照表		
科目	金額	借方	貸方	科目		金額
資産の部				資産の部		
Ⅰ 流動資産	7,990			Ⅰ 流動資産		7,790
現金	200		②200			
当座預金	1,500		②1,500			
定期預金	1,100		①200、②900			
現金及び預金	0	②2,600		1	現金及び預金	2,600
受取手形	1,000		③1,000			
売掛金	3,500		③3,500			
受取手形及び売掛金		③4,500		2	受取手形及び売掛金	4,500
有価証券	300			3	有価証券	300
商品	30		④30			
製品	30		④30			
原材料	20		④20			
仕掛品	10		④10			
貯蔵品	10		④10			
棚卸資産		④100		4	棚卸資産	100
前渡金	30		⑤30			
前払費用	90		⑤90			
未収収益	40		⑤40			
繰延税金資産	50			5	繰延税金資産	50
預け金	30		⑤30			
立替金	20		⑤20			
その他	90	⑤210		6	その他	300
貸倒引当金	△60			7	貸倒引当金	△60

表示組替内容
①1年超満期定期預金を投資その他へ振替
②現金及び預金へ集約
③受取手形及び売掛金へ集約
④棚卸資産へ集約
⑤重要性のない各目を集約

★連結貸借対照表の記載例は

連結貸借対照表は、計算規則104～117条に基づいて作成されるため、概ね図表108のようになると思われます。

【図表108 連結貸借対照表の記載例】

連結貸借対照表
平成19年3月31日現在

(単位　百万円)

科目	金額	科目	金額	
資産の部		負債の部		
Ⅰ　流動資産	7,790	Ⅰ　流動負債	4,490	
1　現金及び預金	2,600	1　支払手形及び買掛金	2,900	
2　受取手形及び売掛金	4,500	2　短期借入金	200	
		3　賞与引当金	400	
3　有価証券	300	4　役員賞与引当金	20	
4　棚卸資産	100	5　未払金	380	
5　繰延税金資産	50	6　未払費用	200	
6　その他	300	7　未払法人税等	350	
7　貸倒引当金	△60	8　繰延税金負債	20	
Ⅱ　固定資産	4,130	9　その他	20	
1　有形固定資産	2,330	Ⅱ　固定負債	1,970	
(1)　建物及び構築物	1,000	1　社債	300	
(2)　機械装置及び運搬具	400	2　長期借入金	700	
		3　退職給付引当金	700	
(3)　工具、器具及び備品	250	4　役員退職慰労引当金	50	
		5　繰延税金負債	150	
(4)　土地	500	6　のれん	50	※2
(5)　建設仮勘定	180	7　その他	20	
2　無形固定資産	510	負債合計	6,460	
(1)　電話加入権	200	純資産の部		
(2)　借地権	310	Ⅰ　株主資本	4,800	
3　投資その他の資産	1,290	1　資本金	610	
(1)　投資有価証券	500	2　資本剰余金	600	
(2)　出資金	70	3　利益剰余金	3,650	
(3)　長期貸付金	70	4　自己株式	△60	
(4)　繰延税金資産	500	Ⅱ　評価・換算差額等	160	
(5)　その他	150	1　その他有価証券評価差額金	110	
※1　Ⅲ　繰延資産	50	2　繰延ヘッジ損益	60	
(1)　株式交付費	50	3　為替換算調整勘定	△10	
		Ⅲ　新株予約権	30	
		Ⅳ　少数株主持分	520	※3
		純資産合計	5,510	
資産合計	11,970	負債純資産合計	11,970	

※1　旧商規則では繰延資産は限定列挙で示されていましたが(旧商規則35～41)、計算規則では具体的な科目名は明記しておらず、会計慣行に従うこととされています。
※2　旧商規則で連結調整勘定として表示されていたもの(旧商規則165)は、計算規則ではその名称が変更され、のれんに含まれています(計算規則106③リ、107②ホ、116)。
※3　旧商規則では負債の部と、資本の部の中間に独立表示されていました。

Q55 連結損益計算書ってどういう計算書類のこと

A 連結損益計算書は、一連結会計年度における連結計算書類作成会社及びその子会社からなる企業集団の経営成績を明らかにするために作成される計算書類です。

★連結損益計算書というのは

連結損益計算書とは、各事業年度にかかる連結計算書類作成会社及びその子会社からなる企業集団（以下、連結会社といいます）の経営成績を明らかにするために作成される計算書類をいいます（計算規則93①二）。

連結損益計算書は、連結会社の個別損益計算書を合算したものから、連結会社間の取引の消去や、その他必要な調整を実施することにより、各事業年度の期間に属する連結会社すべての収益とこれに対応するすべての費用を記載し、それらの差額として当期純損益金額が一表に表示されているものです。

★連結損益計算書の作成を求められる会社は

施行前は、連結計算書類が作成できる株式会社は大会社に限られていました（旧商特法19の2）が、施行後は、会計監査人設置会社であれば連結計算書類を作成し、会社法における監査・承認・報告手続に関する規定の適用が可能となりました（会社法444、計算規則93、98）。

なお、連結計算書類の作成義務を負うのは、事業年度の末日において大会社であって証券取引法24①の規定により有価証券報告書を提出しなければならない会社に限っており（会社法444③）、この点は施行前の規定（旧商特法附則9①）と変わりません。

★連結損益計算書で変わった点は

連結損益計算書で変わった点は、図表109の2点です。

【図表109　連結損益計算書で変わった点】

連結損益計算書で変わった点
① 経常損益の部及び特別損益の部を設け、経常損益の部は、営業損益の部と営業外損益の部に区分しなければならないとの規定（旧商規則169）が削除されたこと。
② 施行前は求められていなかった売上総損益金額の記載が求められたこと（計算規則120）。

Q56 連結損益計算書の記載項目は

A 各事業年度の連結計算書類作成会社やその子会社からなる企業集団の経営成績を明らかにするため、連結損益計算書に所定の項目に収益及び費用を区分し表示します。

★連結計算損益計算書の記載項目は

　計算規則119条に定められた連結損益計算書の記載項目は、図表110のとおりです。図表110に記載している連結損益計算書の各項目について、細分することが適当な場合には、適当な項目に細分することができるとしており（計算規則119①）、また、当該項目に係る収益・費用・利益・損失を示す適当な名称を付さなければならないとしています（計算規則119⑦）。

【図表110　連結計算損益計算書の記載項目】

```
売上高（計算規則119①一）
売上原価（計算規則119①二）
※売上総損益金額（計算規則120）
販売費及び一般管理費（計算規則119①三）
※営業損益金額（計算規則121）
営業外収益（計算規則119①四）
営業外費用（計算規則119①五）
※経常損益金額（計算規則122）
特別利益（計算規則119①六）
特別損失（計算規則119①七）
※税金等調整前当期純損益金額（計算規則123）
※税等（計算規則124）
※少数株主損益（計算規則124①三、四）
※当期純損益金額（計算規則125）
※包括利益（計算規則126）
```

★連結損益計算書と個別損益計算書の記載項目の相違点は

　連結損益計算書の記載項目は、概ね個別損益計算書と同じですが、連結損益計算書では、①損益計算書で税引前当期純利益に相当する金額を、税金等調整前当期純利益金額（計算規則123①）、②同じく税引前当期純損失に相当する金額を、税金等調整前当期純損失金額（計算規則123②）、とそれぞれ表示するという相違点があります。

なお、計算規則119条5項において連結会社が2以上の異なる種類の事業を営んでいる場合、その営む事業の種類ごとに売上高及び売上原価並びに販売費及び一般管理費を区分することができることと定めていますが、作業負担の増加、実務上の煩雑さを考慮すると、この規定を採用する会社は少ないと考えられます。

★連結損益計算書特有の記載事項は

連結損益計算書特有の記載事項は、図表111のとおりです。

【図表111　連結損益計算書特有の記載事項】

項　目	説　明
① のれんの償却額による相殺表示	連結貸借対照表の資産の部に計上されたのれんの償却額、負債の部に計上されたのれんの償却額が生じている場合の資産の部に計上されたのれんの償却額、負債の部に計上されたのれんの償却額（計算規則119⑥一）について、相殺した後の額を表示することができます。 　なお、のれんの償却額の相殺後の金額が、費用の場合は販売費及び一般管理費に、利益の場合は営業外収益として表示されます。
② 持分法による投資損益の相殺表示	持分法による投資利益と投資損失が生じている場合の投資利益及び投資損失（計算規則119⑥二）について相殺した後の額を表示することができます。持分法による投資利益と投資損失が生じている場合の投資利益及び投資損失について相殺した後の額が利益の場合は営業外収益に、損失の場合は営業外費用に計上されます。
③ 少数株主持分損益	企業集団を構成する子会社との出資関係がすべて100％ではない場合、連結財務諸表を作成する親会社以外の株主は少数株主と位置づけられ、その持分相当額は連結貸借対照表の純資産の部に少数株主持分として表示されます（計算規則108①二ニ）。 　連結損益計算書では、税金等調整前当期純利益があるときの少数株主持分に属するもの（計算規則124①三）あるいは税金等調整前当期純損失金額があるときの少数株主持分に属するもの（計算規則124①四）については、法人税等調整額の次に表示されます。

なお、図表111の②に関連しますが、持分法適用会社の時価発行増資等に伴い、会社の引受割合と増資前の持分割合に差があるため持分比率が減少した場合、この差額は持分変動損益等その内容を示す適当な科目により特別利益又は特別損失の区分に計上されることになります「持分会計に関する実務指針（会計制度委員会報告第9号）」。

Q57 連結損益計算書の作成資料・作成手順で注意することは

A 連結計算書類作成会社及びその子会社からなる企業集団（以下、連結会社といいます）として開示すべき当期のすべての収益及び費用の科目を正しく過不足なく表示できるよう準備が必要になります。

★連結損益書の作成基礎は

　計算規則によれば、各事業年度に係る連結損益計算書は、株式会社の連結会計年度に対応する期間に係る連結会社（当該連結計算書類作成会社及びその連結子会社）の損益計算書の収益・費用・利益・損失の金額を基礎に作成しなければならないとしています（計算規則98）。

　また、連結会社の損益計算書に計上された収益・費用・利益・損失の金額を、連結損益計算書の適切な項目に計上することができるとしています（計算規則98後段）。

★連結財務諸表作成の流れは

　連結財務諸表作成の全体の流れを大まかに示すと、図表112のとおりになります。

【図表112　連結財務諸表作成の全体の流れ】

作成手順	説　明
①　会社及び子会社の個別決算書の修正・合算	連結財務諸表に用いる子会社が作成した個別決算書が減価償却不足などにより適正でない場合、また親子間で会計処理統一されていないものについて、個別決算書を修正する必要があります。修正が終われば個別決算書を合算します。
②　投資と資本の消去	個別決算書を合算するだけでは、連結会社間の取引が二重に計上されていますので、相殺消去をする必要があります。 　連結財務諸表では、親会社から子会社への投資である子会社株式と、子会社が親会社から調達した資金である資本金を相殺し、親会社の資本金のみ表示されます。 　なお、子会社に親会社以外の株主がいる場合は、子会社株式だけでは、子会社の資本金は相殺できませんので、親会社以外の株主に対応する部分は少数株主持分に振り替えます。
③　債権債務・内部取引の相殺消去	連結会社間の取引が二重に計上されているものとして債権債務、親会社と子会社、あるいは子会社間の連結会社内部の

		取引があり、これらを相殺消去する必要があります。
例えば、親会社から子会社に売上している場合、連結損益計算書上の勘定科目で相殺消去しますので、親会社の子会社に対する売上高と、子会社の親会社からの仕入高が表示されている売上原価を相殺消去することになります。
④	未実現利益の消去	連結会社間で棚卸資産や固定資産の売買を行っている場合、個別の会社にとっては、外部への売却であり損益を認識しますが、連結グループとしてみれば、内部の資産の移動に過ぎないため、この取引により発生した利益見合いを消去する必要があります。
この連結グループ内より購入した棚卸資産や固定資産に含まれる消去すべき利益を未実現利益といい、棚卸資産や固定資産より消去します。
⑤	当期利益の按分	個別決算書を合算した状態では、子会社の当期損益がすべて計上された状態になっていますが、親会社以外の株主がいる場合、その出資見合いは親会社以外の株主に属するものであり、親会社以外の株主に対応する部分は少数株主持分損益として少数株主持分に振り替えます。
⑥	利益処分項目の消去	個別決算書を合算した状態では、親会社より子会社、また子会社から親会社へ行った配当金が受取配当金として損益計算書の収益項目として計上されているため、消去を行います。

★作成資料・作成手順で注意することは

　連結損益計算書は、連結会社で構成される企業集団をあたかも1つの会社のようにみなして作成されますので、売上高や仕入高の各種損益項目は企業集団外との取引結果を示すものでなければなりません。

　そのため、連結会社内部の取引高は、不必要な情報として相殺消去が必要となります。したがって、連結損益計算書の作成にあたっては、連結会社の損益計算書以外に連結会社間の取引明細の入手が必要です。

　そして、連結財務諸表の作成に用いる子会社の個別決算書で、減価償却の不足など個別財務諸表が適切でない場合、あるいは親子間の会計処理の統一のため、子会社の個別決算書の修正が必要となりますが、各社ごと個別決算書の修正すべき項目の処理漏れがないよう連結作業に先立つ子会社の個別決算書の内容の検証や、修正すべき会計処理の把握が必要です。

　また、連結財務諸表作成作業における記帳、集計、転記、消去に誤りがないように連結精算表を作成し、連結修正仕訳の内容を検証します。

　開示にあたっては、一般に公正妥当と認められる会計の基準に準拠し区分表記されているか、検証が必要となります。

Q58 連結損益計算書の表示方法・様式は

A 連結財務諸表等規則では、様式は報告様式によるものとされていますが、計算規則では、特に規定はありません。
前期比較方式で表示することを要求していないため、単年度形式で表示できます。また、大会社等でなくとも表示金額を百万円単位にできます。

★連結損益計算書の様式は

損益計算書の様式としては、貸方に収益項目、借方に費用項目を記載する勘定方式と、初めに売上高を記載し、これに順次各科目を加減して上から下へ記載していく報告方式があります。

連結財務諸表規則では、報告様式に基く連結損益計算書の作成を要求していますが（連結財規48、同様式第五号）、計算規則には、特に規定はなく、連結損益計算書の様式について、勘定方式と報告様式のいずれによることもできます。この点は、損益計算書と同一です。

なお、実務的には、連結貸借対照表は勘定方式、連結損益計算書は報告様式によるものが多いといえます。

★前期比較方式での表示は

連結財務諸表規則では、前期比較方式に基づく連結損益計算書を作成することを要求していますが（連結財規48、同様式第五号）、会社計算規則では、対前期比較形式で表示することを求めていないため、会社法の連結損益計算書は単年度形式で表示することができます。

ただ、損益の状況の把握のためのより有益な情報を提供するといった概念から、施行前においても連結損益計算書を前期比較方式で表示されている事例があります。

★表示金額の単位は

施行前は、百万円単位による表示については大会社等（旧商規則2④）のみに制限されていましたが（旧商規則49）、計算規則では、この制限は撤廃され、表示金額は1円単位、千円単位又は百万円単位をもって表示できることになっています（計算規則89①）。

4 連結計算書類の作成実務Q&A

したがって、会社規模に関係なく百万円単位の記載ができます。

★連結損益計算書の様式は

　計算規則には、様式・記載例はありませんが、売上総利益金額区分の導入により、連結財務諸表規則による記載様式と大差のないものになると考えられます。

　また、連結会社が2以上の異なる種類の事業を営んでいる場合には、売上高、売上原価、販売費及び一般管理費をその営む事業の種類ごとに区分することができることになっていますが（計算規則119⑤）、実務上の煩雑さから、この規定を採用する企業は極めて稀と考えられます。

★記載内容を簡略化した連結損益計算書の様式例は

　記載内容を簡略化した連結損益計算書の様式例は、図表113のとおりです。

【図表113　記載内容を簡略化した連結損益計算書の様式例】

連　結　損　益　計　算　書
（自　平成18年4月1日　至平成19年3月31日）

(単位：百万円)

科　　目	金　　額
売上高	9,625
売上原価	7,541
売上総利益金額	2,084
販売費及び一般管理費	1,540
営業利益金額	544
営業外収益	32
営業外費用	50
経常利益金額	526
特別利益	145
特別損失	134
税金等調整前当期純利益金額	537
法人税、住民税及び事業税	198
法人税等調整額	11
少数株主利益	18
当期純利益金額	310

　なお、次項に示した連結財務諸表規則に準じた様式例のほうがより、詳細な情報を決算書利用者に提供するものと考えます。

★連結財務諸表規則に準じた連結損益計算書の様式例は

連結財務諸表規則に準じた連結損益計算書の様式例は、図表114のとおりです。

計算規則には規定されていない区分掲記の基準について、連結財規には第57条で営業外収益について、受取利息、受取配当金、有価証券売却益、負債の部に計上された連結調整勘定（のれん）の償却額、持分法による投資利益等の科目を示し、営業外収益の合計額の100分の10以下の科目については、その収益を一括して示す科目をもって掲記することができるとしており、販売費及び一般管理費（連財規55）、営業外費用（連財規58）、特別利益・損失（連財規62、63）に同様の規定が設けられています。

【図表114　連結財務諸表規則に準じた連結損益計算書の様式例】

連 結 損 益 計 算 書
（平成18年4月1日から平成19年3月31日まで）

(単位：百万円)

科　目	金	額
Ⅰ．売上高		9,625
Ⅱ．売上原価		7,541
売上総利益金額		2,084
Ⅲ．販売費及び一般管理費		1,540
営業利益金額		544
Ⅳ．営業外収益		
受取利息	2	
受取配当金	17	
持分法による投資利益	5	
その他の営業外収益	8	32
Ⅴ．営業外費用		
支払利息	24	
為替差損	7	
その他の営業外費用	19	50
経常利益金額		526
Ⅵ．特別利益		
前期損益修正益	10	
固定資産売却益	5	
投資有価証券売却益	13	145
Ⅶ．特別損失		
固定資産売却損	14	
固定資産除却損	120	134
税金等調整前当期純利益額		537
法人税、住民税及び事業税	198	
法人税等調整額	11	209
少数株主持分利益		18
当期純利益金額		310

Q59 連結損益計算書のつくり方は

A 連結損益計算書は、前述のQ41に記載の連結計算書類作成プロセスに従い、作成された連結精算表より組替表を経て作成されます。

★連結精算表に基づく組替表の作成

連結決算の結果作成された連結精算表（Q50参照）から、連結損益計算書を作成するため、図表115のような組替表を作成します。

組替表により、連結精算表上の勘定科目から計算規則119条に定められた連結損益計算書の記載項目（Q56参照）への組替を行います。

【図表115 連結損益計算書の組替表】

連結損益計算書組替表

（単位：百万円）

連結精算表			組替		
売上高	①	(9,625)	売上高	①	(9,625)
売上原価	②	7,541	売上原価	②	7,451
			売上総利益（①－②）	a	(2,084)
販売直接費	③	642			
人件費	③	657			
その他一般管理費	③	241	販売費及び一般管理費	③	1,540
			営業利益（a－③）	b	(544)
受取利息	④	(2)			
受取配当金	④	(17)	受取利息及び配当金	④	(19)
持分による法投資利益	⑤	(5)	持分法による投資利益	⑤	(5)
その他	⑥	(8)	その他営業外収益	⑥	(8)
			営業外収益（④＋⑤＋⑥）	c	(32)
支払利息	⑦	21			
社債利息	⑦	3	支払利息	⑦	24
為替差損	⑧	7	為替差損	⑧	7
社債発行費	⑨	4			
その他	⑨	15	その他営業外費用	⑨	19
			営業外費用（⑦＋⑧＋⑨）	d	50
			経常利益（b＋c－d）	e	(526)
前期損益修正益	⑩	(10)	前期損益修正益	⑩	(10)
固定資産売却益	⑪	(5)	固定資産売却益	⑪	(5)
投資有価証券売却益	⑫	(130)	投資有価証券売却益	⑫	(130)
			特別利益（⑩＋⑪＋⑫）	f	(145)
固定資産売却損	⑬	14	固定資産売却損	⑬	14
固定資産除却損	⑭	120	固定資産除却損	⑭	120
			特別損失（⑬＋⑭）	g	134
			税金等調整前当期利益（e＋f－g）	h	(537)

法人税、住民税及び事業税	⑮	198	法人税、住民税及び事業税	⑮		198
法人税等調整額	⑯	11	法人税等調整額	⑯		11
少数株主持分利益	⑰	18	少数株主利益	⑰		18
			当期純利益（h－⑮－⑯－⑰）		i	(310)

★連結損益計算書の作成は

　図表115の組替表より、表示単位を百万円未満切捨て処理（四捨五入も可）して図表116様式に転記し、連結損益計算書を作成します。

　最後に集計、転記誤りがないか検証し作成は完了します。

【図表116　連結損益計算書の記載例】

連 結 損 益 計 算 書
（平成18年4月1日から平成19年3月31日まで）

（単位：百万円）

科　　目	金　　額		
Ⅰ．売上高		9,625	①
Ⅱ．売上原価		7,541	②
売上総利益金額		2,084	a
Ⅲ．販売費及び一般管理費		1,540	③
営業利益金額		544	b
Ⅳ．営業外収益			
受取利息及び配当金	19		④
持分法による投資利益	5		⑤
その他の営業外収益	8	32	⑥,c
Ⅴ．営業外費用			
支払利息	24		⑦
為替差損	7		⑧
その他の営業外費用	19	50	⑨,d
経常利益金額		526	e
Ⅵ．特別利益			
前期損益修正益	10		⑩
固定資産売却益	5		⑪
投資有価証券売却益	130	145	⑫,f
Ⅶ．特別損失			
固定資産売却損	14		⑬
固定資産除却損	120	134	⑭,g
税金等調整前当期純利益金額		537	h
法人税、住民税及び事業税		198	⑮
法人税等調整額		11	⑯
少数株主持分利益		18	⑰
当期純利益金額		310	i

Q60 連結株主資本等変動計算書ってどういう計算書類のこと

A 連結株主資本等変動計算書は、会社及び子会社からなる企業集団の連結貸借対照表の純資産の部の連結会計年度における変動額のうち、主に株主資本に資本金、準備金、剰余金等の変動事由を明らかにするため作成される計算書類のことです。

★連結株主資本等変動計算書というのは

連結株主資本等変動計算書は、会社法で新たに創設された計算書類（計算規則127）で、連結計算書作成会社及び子会社からなる企業集団（連結会社）の連結貸借対照表の純資産の部の連結会計年度における変動額のうち、主に株主資本に属する各項目（資本金、準備金、剰余金等）の変動事由を明らかにするために作成される計算書類のことです。

★連結剰余金計算書との関係は

施行前において、連結貸借対照表における資本剰余金及び利益剰余金の変動を表す財務諸表としては連結剰余金計算書があり、従来から証券取引法24①の規定により有価証券報告書を提出している大会社は、連結財務諸表として連結剰余金計算書を有価証券報告書に開示してきました。

この連結剰余金計算書に資本金の変動や株主資本以外の項目の変動を組み込んだ計算書類が連結株主資本等変動計算書ということができ、「株主資本等変動計算書に関する会計基準（企業会計基準第6号）」28項において「連結剰余金計算書で示される剰余金の増減は連結株主資本等変動計算書に包含されるため、本会計基準を適用して連結株主資本等変動計算書を作成するときから、連結剰余金計算書は廃止することになる」と記載しています。

★株主資本等変動計算書との相違点は

連結株主資本等変動計算書と株主資本等変動計算書との相違点としては、①連結貸借対照表特有の項目である少数株主持分が記載項目であること（計算規則127②ニ）、②評価・換算差額等（計算規則127②ロ）の内訳項目として同じく連結貸借対照表特有の項目である為替換算調整勘定（計算規則127⑤四）があることがあげられます。

Q61 連結株主資本等変動計算書の記載項目は

A 連結株主資本等変動計算書には、連結貸借対照表の純資産の部の各構成要素の変動を株主資本に関しては各変動事由ごとに、株主資本以外の項目については原則、純額で記載します。

★株主資本等変動計算書との相違点は

連結株主資本等変動計算書と株主資本等変動計算書の相違点としては、①連結貸借対照表特有の項目である少数株主持分が記載項目であること（計算規則127②二ニ）、②評価・換算差額等（計算規則127②ロ）の内訳項目として同じく連結貸借対照表特有の項目である為替換算調整勘定（計算規則127⑤四）があること、があげられます。

★連結株主資本等変動計算書の記載項目は

計算規則で定められている記載項目は、図表117のとおり、おおむね企業会計基準委員会が平成17年12月27日に公表した「株主資本等変動計算書に関する会計基準（企業会計基準第6号）」及び「株主資本等変動計算書に関する会計基準の適用指針（企業会計基準適用指針第9号）」に準じた内容となっています（計算規則127②～⑧）。

【図表117 連結株主資本等変動計算書の記載項目】
```
1. 株主資本
   ①資本金
   ②新株式申込証拠金
   ③資本剰余金
     イ．資本準備金
     ロ．その他資本剰余金
   ④利益剰余金
     イ．利益準備金
     ロ．その他利益剰余金
   ⑤自己株式
   ⑥自己株式申込証拠金
2. 評価・換算差額等
   ①その他有価証券評価差額金
   ②繰延ヘッジ損益
   ③土地再評価差額金
   ④為替換算調整勘定
3. 新株予約権
4. 少数株主持分
```

【図表118　連結株主資本等変動計算書の記載項目の意味】

科　目	説　明
① 資本金	連結決算手続により資本と投資が相殺消去されるため連結計算書類作成会社の資本金のみが記載されることになります。
② 新株式申込証拠金	①と同様に連結計算書類作成会社の新株発行時に払い込まれた金額のうち、資本金としての効力発生前（払込期日前日まで）のものが記載されます。
③ 資本剰余金	①及び②と同様に連結計算書類作成会社で計上される資本準備金及び法律で定める準備金で資本準備金に準ずるもの並びに資本金及び資本準備金の減少差益や自己株式の処分差益が記載されます。
④ 利益剰余金	連結対象会社の利益を源泉とする剰余金のうち連結計算書類作成会社の持分に属する金額が記載されます。
⑤ 自己株式	この自己株式には連結計算書類作成会社が保有するもの以外に、連結子会社が有するもの及び持分法適用関係会社が有する自己株式の持分相当額が含まれます（計算規則127⑨1）。
⑥ 自己株式申込証拠金	連結計算書類作成会社が自己株式を処分するにあたり、払込期日前日までに受領した自己株式の処分対価相当額（自己株式の売却代金）のことをいいます。

★当期変動額・変動事由の記載は

　資本金、資本剰余金、利益剰余金及び自己株式に係る項目は、それぞれ①前期末残高、②当期変動額、③当期末残高を明らかにするとともに、当期変動額について各変動事由ごとに当期変動額及び変動事由を明らかにしなければならないとされています（計算規則127⑦）。

★評価・換算差額等、新株予約権の記載は

　評価・換算差額等、新株予約権の項目については、それぞれ前期末残高、当期末残高並びにその差額について明らかにするものとされていますが、その差額については、主要な変動額及び変動事由の開示まで求められていません（計算規則127⑧）。

　なお、主要な当期変動額について、その変動事由とともに記載してもよいとしています（計算規則127⑧後段）。

Q62 連結株主資本等変動計算書の作成資料・作成手順は

A 連結株主資本等変動計算書の作成には、前期末と当期末の純資産の部を比較し増減を把握するとともに、株主資本項目について各変動事由ごとに金額の把握が必要になります。

★連結株主資本等変動計算書の作成にあたっての留意点は

　連結株主資本等変動計算書とは、貸借対照表の純資産の部の一会計期間における変動額のうち、株主資本を構成する各項目（資本金、準備金、剰余金等）の変動を明らかにするために作成される計算書類（計算規則127）ですから、その作成にあたっては増減額の把握のみならず、各変動事由ごとの金額の把握が必要になります。

★連結株主資本等変動計算書の作成手順は

　連結株主資本等変動計算書の作成手順は、図表119のとおりになります。

【図表119　連結株主資本等変動計算書の作成手順】

作成手順	作成のポイント
① 期末残高の把握と当期変動額の認識	前期と当期の貸借対照表を用意し、純資産の部の各項目の前期末残高と当期末残高を把握するとともに当期変動額を認識します。
② 当期変動額の変動事由の記載	上記①で認識された当期変動額のうち、株主資本を構成する各項目（資本金、資本剰余金、利益剰余金等）については、変動事由ごとの記載が求められているため、変動事由ごとにその金額を把握し株主資本等変動計算書に記載します。
③ 主要な当期変動額の記載	株主資本以外を構成する各項目の当期変動については、その差額について主要な変動額及び変動事由の開示まで求められていません（計算規則127⑧）。 　なお、主要な当期変動額について、その変動事由とともに記載してもよいとしています（計算規則127⑧後段）。 　記載するとした場合には、主要な当期変動額について、その変動事由並びに金額を把握し連結株主資本等変動計算書に記載します。
④ 検証と修正	最後に連結株主資本等変動計算書に上記項目が適切に記載されているか検証し、修正事項があれば修正し、作成を終了します。

Q63 連結株主資本等変動計算書の表示方法・様式は

A 計算規則には、表示方法について規定されていますが、表示様式についての規定はありません。

実務的には、企業計基準適用指針第9号に示された純資産の各項目を横に並べる様式又は縦に並べる様式により作成されることになります。

★連結株主資本等変動計算書の表示方法は

計算規則では、連結株主資本等変動計算書の表示方法について株主資本と、株主資本以外の項目に分けて表示方法を規定しています。

株主資本を構成する資本金、資本剰余金、利益剰余金及び自己株式の各項目はそれぞれ前期末残高、当期変動額、当期末残高に区分し、当期変動額について各変動事由ごとに当期変動額及び変動事由を明らかにするものとするものと定めています。（計算規則127⑦）。

一方、株主資本以外の評価・換算差額等、新株予約権及び少数株主持分に係る各項目については、それぞれ前期末残高、当期末残高並びにその差額について記載することとされています（計算規則127⑧）。

なお、株主資本以外の項目であっても、主要な当期変動額について、その変動事由とともに明らかにしてもよい（計算規則127⑧後段）とも規定しており、作成者の意図により、より詳細に表示することが可能です。

★連結株主資本等変動計算書の表示様式は

連結株主資本等変動計算書の表示様式については、計算規則に具体的な規定はありませんが、企業会計基準委員会が公表した「株主資本等変動計算書に関する会計基準の適用指針（企業会計基準適用指針第9号）」（以下企業会計基準適用指針第9号）に様式が示されています。

企業会計基準適用指針第9号では、純資産の各項目を横に並べる様式（いわゆる横型）により作成されることになります。

なお、同指針第9号では、純資産の各項目を縦に並べる様式（いわゆる縦型）により作成することもできるとしています。

一般的に横型は当期における純資産の部の変動を一体として把握できる利点があり、一方、縦型は2期比較しやすいという利点があるといわれています。

★純資産の各項目を横に並べる様式の記載例は

純資産の各項目を横に並べる様式の記載例は、図表120のとおりです。

【図表120　純資産の各項目を横に並べる様式の記載例】

連結株主資本等変動計算書
（平成18年4月1日から平成19年4月1日）

（単位：百万円）

	株主資本				評価・換算差額等			新株予約権	少数株主持分	純資産合計
	資本金	資本剰余金	利益剰余金	自己株式	その他有価証券評価差額金	繰延ヘッジ損益	為替換算調整勘定			
前期末残高	460	470	3,540	△10	90		△5	100	502	5,147
新株の発行	150	150								300
剰余金の配当			△200							△200
当期純利益金額			310							310
自己株式の取得				△300						△300
自己株式の処分		△20		250						230
株主資本以外の項目の変動額					20	60	△5	△70	18	23
当期変動額合計	150	130	110	△50	20	60	△5	△70	18	363
当期末残高	610	600	3,650	△60	110	60	△10	30	520	5,510

　上記の記載例の前期末残高の記載については、企業会計基準第6号「株主資本等変動計算書に関する会計基準」13項の適用初年度における前期末残高の記載に関する規定に準拠して作成しています。

　「繰延ヘッジ損益」は、前期末残高は記入せず、当期末に計上された額を当期変動額及び当期末残高の欄に記入しています。

★純資産の各項目を縦に並べる様式例は

純資産の各項目を縦に並べる様式の記載例は、図表121のとおりです。

【図表121　純資産の各項目を縦に並べる様式の記載例】

連結株主資本等変動計算書
（平成18年4月1日から平成18年3月31日）

（単位：百万円）

株主資本			
資本金	前期末残高		460
	当期変動高	新株の発行	150
	当期末残高		610
資本剰余金	前期末残高		470
	当期変動高	新株の発行	150
		自己株式の処分	△20
	当期末残高		600
利益剰余金	前期末残高		3,540
	当期変動高	剰余金の配当	△200
		当期純利益金額	310
	当期末残高		3,650
自己株式	前期末残高		△10
	当期変動高	自己株式の取得	△300
		自己株式の処分	250
	当期末残高		△60
株主資本合計	前期末残高		4,460
	当期変動高		340
	当期末残高		4,800
評価・換算差額等			
その他有価証券評価差額金	前期末残高		90
	当期変動高	（純額）	20
	当期末残高		110
繰延ヘッジ損益	前期末残高		
	当期変動高	（純額）	60
	当期末残高		60
為替換算調整勘定	前期末残高		△5
	当期変動高	（純額）	△5
	当期末残高		△10
評価・換算差額等合計	前期末残高		85
	当期変動高		75
	当期末残高		160
新株予約権	前期末残高		100
	当期変動高	（純額）	△70
	当期末残高		30
少数株主持分	前期末残高		502
	当期変動高	（純額）	18
	当期末残高		520
純資産合計	前期末残高		5,147
	当期変動高		363
	当期末残高		5,510

Q64 連結株主資本等変動計算書のつくり方は

A 前述のQ62記載の手順に従い、連結株主資本等変動計算書を作成します。前期と当期の連結貸借対照表からワークシートを用いて作成することにより、その作成の検証が可能となります。

★説例による作成手順は

前述のQ62では、記載の手順を①純資産の部の当期変動額の認識、②変動事由ごとの金額を把握、③変動事由の記載、④検証・修正としていますが、これらを1表にまとめたワークシート（図表122）を作表することにより連結株主資本等変動計算書を容易に作成できます。

ワークシートは、上段に前期末と当期末の連結貸借対照表の純資産の部より把握された当期増減額を記載し、その金額を下段への変動理由毎に設けられた欄へ転記し作成されます。

【図表122　連結株主資本等計算書のワークシート】

	平成18年3月	平成19年3月	増減高	資本金	資本剰余金	利益剰余金	自己株式	その他有価証券評価差額金	繰延ヘッジ損益	為替換算調整勘定	新株予約権	少数株主持分	計
Ⅰ株主資本													
1.資本金	460	610	150	△150									0
2.資本剰余金	470	600	130		△130								0
3.利益剰余金	3,540	3,650	110			△110							0
4.自己株式	△10	△60	△50				50						0
株主資本合計	4,460	4,800	340	△150	△130	△110	50						0
Ⅱ評価・換算差額等													
1.その他有価証券評価差額金	90	110	20					△20					0
2.繰延ヘッジ損益		60	60						△60				0
3.為替換算調整勘定	△5	△10	△5							5			0
評価・換算差額等合計	85	160	75					△20	△60	5			0
Ⅲ新株予約権	100	30	△70								70		0
Ⅳ少数株主持分	502	520	18									△18	0
純資産合計	5,147	5,510	363	△150	△130	△110	50	△20	△60	5	70	△18	0
変動事由													
新株の発行				150	150								
剰余金の配当						△200							
当期利益						310							
自己株式の取得							△300						
自己株式の処分					△20		250						
株主資本以外の項目の当期変動額								20	60	△5	△70	18	
変動事由合計				150	130	110	△50	20	60	△5	△70	18	
			計	0	0	0	0	0	0	0	0	0	

※前期と当期の貸借対照表より転記します
※消込みができているかはこの欄がゼロになっているかどうかで検証できます。
※変動事由ごとに消し込みを行います。
※株主資本以外の項目については変動事由ごとの開示が不要ですので、上段をそのまま転記します。

5 注記表の作成実務Q&A

5では、1つの計算書類にまとめられた注記表作成の実務ポイントをまとめています。

- Q65　注記表ってどういう計算書類のこと　166
- Q66　注記表・連結注記表の記載項目は　167
- Q67　注記表の記載を省略できるのは　168
- Q68　注記表の作成資料は　170
- Q69　継続企業の前提に関する注記の作成・記載例は　172
- Q70　重要な会計方針に関する注記の作成・記載例は　175
- Q71　連結計算書類作成の基本となる重要事項の注記の作成・記載例は　180
- Q72　貸借対照表等に関する注記の作成・記載例は　184
- Q73　損益計算書に関する注記の作成・記載例は　188
- Q74　株主資本等変動計算書に関する注記の作成・記載例は　189
- Q75　税効果会計に関する注記の作成・記載例は　191
- Q76　リースにより使用する固定資産に関する注記の作成・記載例は　192
- Q77　関連当事者との取引に関する注記の作成・記載例は　193
- Q78　一株当たり情報に関する注記の作成・記載例は　197
- Q79　重要な後発事象に関する注記の作成・記載例は　198
- Q80　連結配当規制適用会社に関する注記の作成・記載例は　200
- Q81　その他の注記の作成・記載例は　201

Q65 注記表ってどういう計算書類のこと

A 注記とは、計算書類本体の内容を補足的に説明するための事項をいいます。計算規則では、注記すべき事項をまとめて注記表とし、計算書類の1つとされました。

★注記表というのは

注記とは、貸借対照表、損益計算書、株主資本等変動計算書等の計算書類本体の内容を補足的に説明するための事項をいいます。

施行前の注記事項は、会計方針に関する事項、貸借対照表注記、損益計算書注記が個別に規定されていましたが、計算規則では注記すべき事項を注記表とし、計算書類の1つとして位置づけられています（会社法435②、444①、計算規則91①、93①四）。

★注記表の記載単位は

注記表も、計算書類の一部を構成するため、記載単位は他の計算書類とそろえて記載します。

★記載場所は

施行前は、会計方針に関する注記等は貸借対照表・損益計算書の次に（旧商施規45）、貸借対照表・損益計算書に関する注記は貸借対照表又は損益計算書の末尾に記載することが原則でした（旧商施規46）。

施行後は、図表123のとおり、貸借対照表、損益計算書、株主資本等変動計算書の次にまとめて注記表として記載することになっています。

【図表123 注記表の施行前後の比較】

施行前（原則的な方法）	施行後の注記表
貸借対照表	貸借対照表
貸借対照表注記	損益計算書
損益計算書	株主資本等変動計算書
損益計算書注記	注記表
会計方針に関する注記	
利益処分案	

Q66 注記表・連結注記表の記載項目は

A 計算規則では、12項目が列挙されています。
施行前よりも詳細になり、財務諸表等規則における注記にほぼ近いものとなりました。

★注記表の記載事項は

注記表・連結注記表は、図表124の項目に区分して表示しなければならないこととされています（計算規則129）。

【図表124　注記表の記載事項】

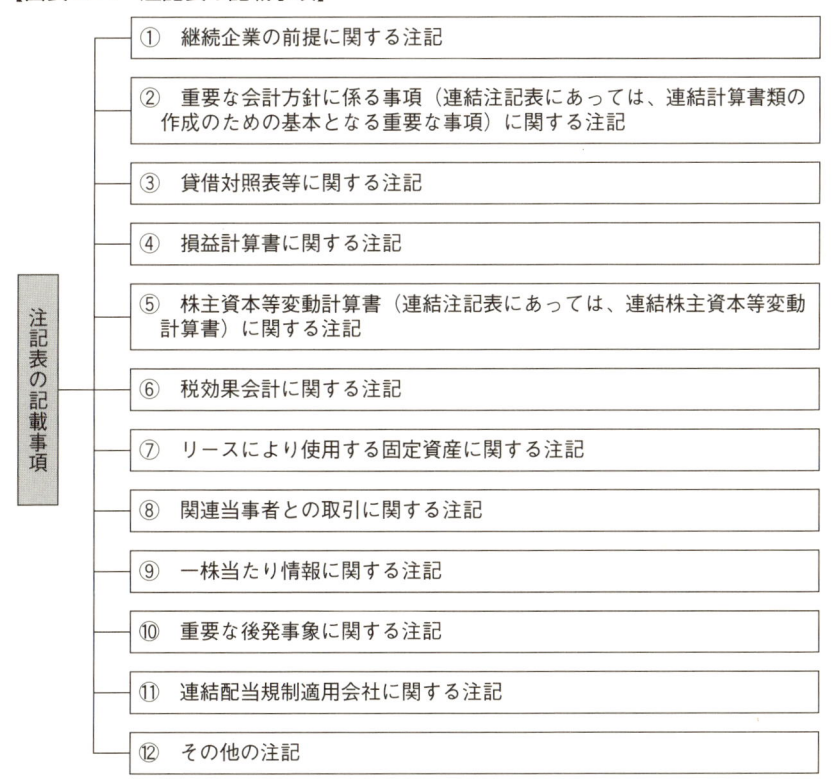

注記表の記載事項
- ① 継続企業の前提に関する注記
- ② 重要な会計方針に係る事項（連結注記表にあっては、連結計算書類の作成のための基本となる重要な事項）に関する注記
- ③ 貸借対照表等に関する注記
- ④ 損益計算書に関する注記
- ⑤ 株主資本等変動計算書（連結注記表にあっては、連結株主資本等変動計算書）に関する注記
- ⑥ 税効果会計に関する注記
- ⑦ リースにより使用する固定資産に関する注記
- ⑧ 関連当事者との取引に関する注記
- ⑨ 一株当たり情報に関する注記
- ⑩ 重要な後発事象に関する注記
- ⑪ 連結配当規制適用会社に関する注記
- ⑫ その他の注記

施行前よりも詳細になり、財務諸表等規則における注記にほぼ近いものとなりました。

Q67 注記表の記載を省略できるのは

A 会計監査人設置会社の個別注記表を除き、注記表の一部の項目を省略できる場合があります。
決算公告については、注記表のうち省略できない項目が定められています。

★注記表の記載を省略できるのは
　図表125の注記表については、一部の項目を省略できることとなっています（計算規則129②）。
　ただし、会計監査人設置会社の個別注記表は、省略できる項目がなく、全項目の記載が必要です。

【図表125　一部の記載が省略できる注記表】

一部の記載が省略できる注記表
- ① 会計監査人設置会社以外の株式会社の個別注記表
- ② 会計監査人設置会社の連結注記表
- ③ 持分会社の個別注記表

★注記表で記載を省略できる項目は
　注記表に記載が必要な項目を会社区分別に示すと、図表126のとおりです。○と◎しるしのついているところは記載が必要です。
　空欄となっている項目については、記載を省略することができます。
　会社区分別にみると、会計監査人設置会社の個別注記表は省略できる項目がありません。また、会計監査人設置会社以外の株式会社であっても、公開会社（株式譲渡につき会社の承認を要する旨の定款の定めを設けていない会社）の個別注記表は省略できる項目が2つしかありません。
　会社区分によって注記に記載が必要な項目が大きく変わるため、自社がどの会社区分であるのか、チェックしておく必要があります。
　なお、重要な会計方針に関する注記（連結注記表にあっては、連結計算書類作成のための基本となる重要な事項）については、どの会社区分でも記載することが必要となっています。

★決算公告で記載が必要な項目は

　注記表で表示した項目のうち、一部の項目については決算公告でも記載する必要があります（計算規則164）。

　図表126の◎しるしのついているところは、決算公告で記載する必要がある項目です。ただし、決算公告を官報または日刊新聞紙で公告する場合は不要です（計算規則164①、会社法440、939）。

【図表126　会社区分別の注記表に記載が必要な項目】

注記	会社区分 項目	会社監査人設置会社以外の株式会社		会計監査人設置会社		持分会社
		公開会社以外	公開会社			
		個別注記表	個別注記表	個別注記表	連結注記表	個別注記表
1	継続企業の前提に関する注記			◎	○	
2	重要な会計方針に係る事項（連結注記表にあっては、連結計算書類の作成のための基本となる重要な事項）に関する注記	◎	◎	◎	○	○
3	貸借対照表等に関する注記		◎	◎	○	
4	損益計算書に関する注記		○	◎		
5	株主資本等変動計算書（連結注記表にあっては、連結株主資本等変動計算書）に関する注記	○	○	○	○	
6	税効果会計に関する注記		◎	◎		
7	リースにより使用する固定資産に関する注記		○			
8	関連当事者との取引に関する注記		◎	◎		
9	一株当たり情報に関する注記		◎	◎	○	
10	重要な後発事象に関する注記		◎	◎	○	
11	連結配当規制適用会社に関する注記			○		
12	その他の注記	○	○	○	○	
13	当期純損益金額	決算公告のみ必要（損益計算書を公告する場合は不要）				

※　◎しるしのあるのは、決算公告で記載しなければならない項目です。
※　公開会社とは、株式譲渡につき会社の承認を要する旨の定款の定めを設けていない会社をいいます（会社法2①五）。

Q68 注記表の作成資料は

A 注記表の作成資料は多岐にわたるため、事前に用意しておくと注記表の作成がスムーズに進みます。

★注記表の作成資料は

注記表の作成資料は、一般的には、図表127のようなものと思われます。事前に資料の有無をチェックし、不足するものは事前に準備しておくと注記表の作成がスムーズです。

【図表127　注記表の作成資料】

①継続企業の前提に関する注記
　該当事項がないかのチェック表

②重要な会計方針に係る事項（連結計算書類の作成のための基本となる重要な事項）に関する注記
　前事業年度の重要な会計方針の注記につき、変更がないか確認して更新
　会計方針の変更がある場合、影響額の算定資料

③貸借対照表等に関する注記
➢ 担保資産
　　担保資産の明細表
　　債務との対応表
　　保有資産の登記簿謄本
　　担保差入書
➢ 引当金直接控除額
　　引当金の計算明細書
➢ 減価償却累計額の直接控除額
　　固定資産台帳、減価償却台帳
➢ 偶発債務
　　受取手形明細表（割引、裏書）、保証債務の明細
　　訴訟案件のリスト
➢ 関係会社に対する金銭債権・債務
　　関係会社との取引・債権債務一覧表
➢ 取締役、監査役及び執行役に対する金銭債権・債務
　　役員との取引・債権債務一覧表
　　取引開始時の取締役会議事録

- ➤ 親会社株式の金額
    - 有価証券台帳

④損益計算書に関する注記

- ➤ 関係会社との取引高
    - 関係会社との取引一覧表

⑤株主資本等変動計算書（連結株主資本等変動計算書）に関する注記

- ➤ 当事業年度末の発行済株式の数
    - 登記簿謄本
- ➤ 当事業年度末の自己株式の数
    - 自己株式台帳
- ➤ 当事業年度中に行った剰余金の配当に関する事項
    - 配当決議時の株主総会議事録、取締役会議事録
    - 当事業年度に係る定時株主総会議案
- ➤ 当事業年度末における新株予約権の目的となる株式の数
    - 新株予約権台帳
    - 登記簿謄本

⑥税効果会計に関する注記

- 繰延税金資産・負債の計算明細
- 法人税申告書別表5（1）

⑦リースにより使用する固定資産に関する注記

- リース資産台帳
- リース契約書

⑧関連当事者との取引に関する注記

- 関連当事者の一覧表
- 取引ごとの取引高・債権債務の集計表

⑨一株当たり情報に関する注記

- ➤ 一株当たり純資産額
    - 期末発行済株式の明細、貸借対照表
- ➤ 一株当たり当期純利益金額
    - 期中平均株式数の算定資料、損益計算書

⑩重要な後発事象に関する注記

- 取締役会議事録
- 該当事項がないかのチェック表

Q69 継続企業の前提に関する注記の作成・記載例は

A 継続企業の前提とは、会社が将来にわたって事業を継続するとの前提のことをいいます。事業年度の末日において、継続企業の前提に重要な疑義を抱かせる事象又は状況が存在する場合に注記を記載します。

★継続企業の前提を注記するわけは

継続企業の前提とは、会社が将来にわたって事業を継続するとの前提のことをいいます。

計算書類は、継続企業の前提を基礎として作成されており、計上されている資産及び負債は、将来の継続的な事業活動において回収又は返済されることが予定されています。

しかし、この前提が崩れた場合には、一般に公正妥当な会計基準をそのまま適用して計算書類を作成しても、適正な情報を提供しているとはいえないことになり、清算価額で貸借対照表を作成するほうが妥当であると考えられます。

そこで、事業年度末において継続企業の前提に重要な疑義が生じている場合には、どのような会計基準を採用したのか、計算書類の利用者に注意を喚起するために注記をするのです。

★継続企業の前提に重要な疑義を抱かせる事象・状況というのは

「継続企業の前提に関する開示について（監査委員会報告第74号）」には、図表128の項目が例示されています。これらの事象が発生した場合に必ず注記しなければならないというわけではありませんので、会社の状況を総合的に判断する必要があります。

ただし、財規8の14で例示されている債務超過、重要な債務不履行等がある場合には、継続企業の前提に重要な疑義を抱かせる事象又は状況が存在すると判断し、必ず注記を記載します。

★重要な疑義等があるときの記載事項は

事業年度末において、継続企業の前提に重要な疑義を抱かせる事象又は状況が存在する場合には、図表129の事項を記載します（計算規則131）。

【図表128　継続企業の前提に重要な疑義を抱かせる又は状況の例示】

財務指標関係	売上高の著しい減少
	継続的な営業損失の発生又は営業キャッシュ・フローのマイナス
	重要な営業損失、経常損失又は当期純損失の計上
	重要なマイナスの営業キャッシュ・フローの計上
	債務超過
財務活動関係	営業債務の返済の困難性
	借入金の返済条項の不履行や履行の困難性
	社債等の償還の困難性
	新たな資金調達の困難性
	債務免除の要請
	売却を予定している重要な資産の処分の困難性
	配当優先株式に対する配当の延滞又は中止
営業活動関係	主要な仕入先からの与信又は取引継続の拒絶
	重要な市場又は得意先の喪失
	事業活動に不可欠な重要な権利の失効
	事業活動に不可欠な人材の流出
	事業活動に不可欠な重要な資産の毀損、喪失又は処分
	法令に基づく重要な事業の制約
その他	巨額な損害賠償金の負担の可能性
	ブランド・イメージの著しい悪化

【図表129　重要な疑義等があるときの記載事項】

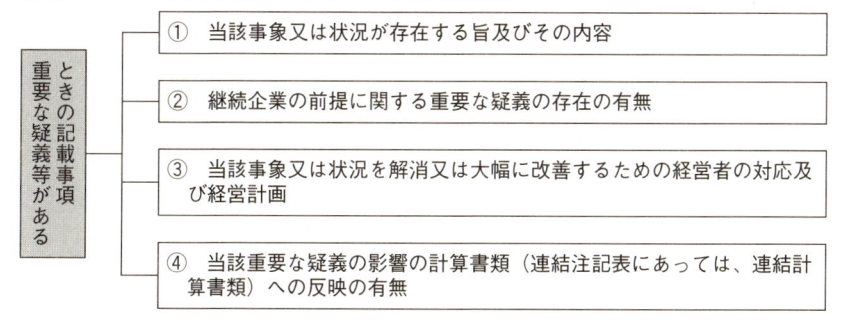

重要な疑義等があるときの記載事項
- ①　当該事象又は状況が存在する旨及びその内容
- ②　継続企業の前提に関する重要な疑義の存在の有無
- ③　当該事象又は状況を解消又は大幅に改善するための経営者の対応及び経営計画
- ④　当該重要な疑義の影響の計算書類（連結注記表にあっては、連結計算書類）への反映の有無

★継続企業の前提に関する開示の記載例を示すと

　「継続企業の前提に関する開示について（監査委員会報告第74号）」の記載

例を示すと、図表130のとおりです。

【図表130　継続企業の前提に関する開示の記載例】
（連結）

> 当グループは、当連結会計年度において、○○百万円の当期純損失を計上した結果、○○百万円の債務超過になっています。当該状況により、継続企業の前提に関する重要な疑義が存在しています。連結財務諸表提出会社である当社は、当該状況を解消すべく、○○株式会社に対し○○億円の第三者割当増資を平成○年○月を目途に計画していますが、先方からの回答期日は平成○年○月○日になっております。また、主力金融機関に対しては○○億円の債務免除を要請しており、平成○年○月○日に実行される予定になっています。連結財務諸表は継続企業を前提として作成されており、このような重要な疑義の影響を連結財務諸表には反映していません。

（連結）

> 当グループは、○○株式会社とフランチャイズ契約を締結しています。当連結会計年度における当該フランチャイズ契約関連の売上高は○○百万円であり、売上高全体の○○％を占めています。しかし、期末時点では来期以降の契約更新が行われておりません。当該状況により、継続企業の前提に関する重要な疑義が存在しています。連結財務諸表提出会社である当社は、当該状況を解消すべく、○○株式会社との契約更新の交渉を継続していますが、この契約更新の交渉期限は平成○年○月となっています。なお、この○○株式会社との交渉期限である平成○年○月以降には、○○株式会社の競合会社である△△株式会社とのフランチャイズ契約の交渉を開始する予定になっています。この新たなフランチャイズ契約の締結では、広告宣伝関連費用が前期比○％増加し、また、売上高は前期比○％の減少が見込まれますが、来期の営業損益に与える影響は○○百万円と予想されます。連結財務諸表は継続企業を前提として作成されており、このような重要な疑義の影響を連結財務諸表には反映していません。

（個別）

> 当社は、前期○○百万円、当期に○○百万円の大幅な営業損失を計上し、また、当期には営業キャッシュ・フローも○○百万円と大幅なマイナスとなっています。当該状況により、継続企業の前提に関する重要な疑義が存在しています。当社は、当該状況を解消すべく、不採算部門の○○事業からの撤退を○年○月を目途に計画しています。この計画の中では、当該事業に関わる設備を売却するとともに、早期退職制度の導入により○○名の人員削減を行い、併せて全社ベースで費用の○％削減を行う予定です。また、主力金融機関との間で、新たに○○億円のコミットメント・ラインの設定を交渉しています。財務諸表は継続企業を前提として作成されており、このような重要な疑義の影響を財務諸表には反映していません。

Q70 重要な会計方針に関する注記の作成・記載例は

A 重要な会計方針として、計算書類の作成のために採用している会計処理の原則・手続・表示方法その他計算書類作成のための基本となる事項を記載します。

会計方針の変更がある場合は、その旨・理由・影響を記載します。

★重要な会計方針として注記すべき項目は

重要な会計方針として注記すべきことが定められている項目は、図表131の①、②、⑤、⑥、⑨の5項目となっています（計算規則132①）。

このほか、財務諸表等規則で記載すべき項目の③、④、⑦、⑧を追加して記載することが望ましいと考えられます（財規8の2）。

【図表131　重要な会計方針として注記すべき項目】

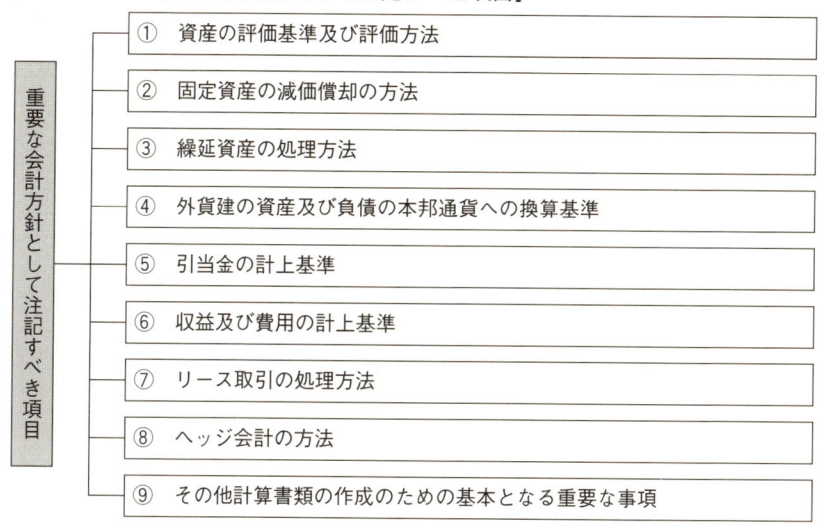

重要な会計方針として注記すべき項目
- ① 資産の評価基準及び評価方法
- ② 固定資産の減価償却の方法
- ③ 繰延資産の処理方法
- ④ 外貨建の資産及び負債の本邦通貨への換算基準
- ⑤ 引当金の計上基準
- ⑥ 収益及び費用の計上基準
- ⑦ リース取引の処理方法
- ⑧ ヘッジ会計の方法
- ⑨ その他計算書類の作成のための基本となる重要な事項

★有価証券の評価基準及び評価方法の記載例は

金融商品に係る会計基準によると、有価証券については保有目的別に分類して評価基準が定められているため、会計方針についても保有目的別に注記すべきと考えられます。

有価証券の評価基準及び評価方法の記載例は、図表132のとおりです。

【図表132　有価証券の評価基準及び評価方法の記載例】

有価証券の評価基準及び評価方法 (1)　売買目的有価証券 　　　時価法（売却原価は移動平均法により算定） (2)　満期保有目的の債券 　　　償却原価法（定額法） (3)　子会社株式及び関連会社株式 　　　移動平均法による原価法 (4)　その他有価証券 　　　時価のあるもの 　　　　決算日の市場価格等に基づく時価法（評価差額は全部純資産直入法により処理し、 　　　　売却原価は移動平均法により算定） 　　　時価のないもの 　　　　移動平均法による原価法

★棚卸資産の評価基準及び評価方法の記載例は

　売上原価及び期末棚卸高を算定するために採用した評価基準及び評価方法をいいます（財規ガ8の2-2）。棚卸資産の評価基準としては、原価法が原則とされていますが、低価法を選択することも認められています。

　また、評価方法とは、個別法、先入先出法、総平均法、移動平均法等をいいます。選択適用が可能なため、いずれの方法を採用したのかを注記します。

　棚卸資産の評価基準及び評価方法の記載例は、図表133のとおりです。

【図表133　棚卸資産の評価基準及び評価方法の記載例】

棚卸資産の評価基準及び評価方法 製品・仕掛品・原材料…総平均法による原価法 販売用不動産・未成工事支出金…個別法による原価法

★固定資産の減価償却の方法の記載例は

　固定資産の減価償却の方法としては、定額法、定率法等があり、選択適用が可能となっていますので、採用した方法を記載します。

　固定資産の減価償却の方法の記載例は、図表134のとおりです。

【図表134　固定資産の減価償却の方法の記載例】

固定資産の減価償却の方法 有形固定資産……定率法（ただし、平成10年4月1日以降に取得した建物（附属設備を除く）については定額法）を採用しております。 無形固定資産……定額法を採用しております。なお、自社利用のソフトウェアについては、社内における利用可能期間（5年）に基づいております。

★繰延資産の処理方法の記載例は

繰延資産の処理方法の記載例は、図表135のとおりです。

【図表135　繰延資産の処理方法の記載例】

> 繰延資産の処理方法
> 社債発行費…支出時に全額費用として処理しております。

★外貨建の資産及び負債の本邦通貨への換算基準の記載例は

外貨建の資産及び負債の本邦通貨への換算基準の記載例は、図表136のとおりです。

【図表136　外貨建の資産及び負債の本邦通貨への換算基準の記載例】

> 外貨建の資産及び負債の本邦通貨への換算基準
> 外貨建金銭債権債務は、期末日の直物為替相場により円貨に換算し、換算差額は損益として処理しております。

★引当金の計上基準の記載例は

引当金とは、当期以前に生じた事象を原因として発生する将来の損失を見積もり計上したものであり、算定方法により金額が大きく変動する可能性があります。このため、どのような算定方法により計上したのかを会計方針として開示します。

引当金の計上基準の記載例は、図表137のとおりです。

【図表137　引当金の計上基準の記載例】

> 引当金の計上基準
> 貸倒引当金…………債権の貸倒に備えるため、一般債権については貸倒実績率により、貸倒懸念債権等特定の債権については個別に回収可能性を勘案し、回収不能見込額を計上しております。
> 賞与引当金…………従業員の賞与の支給に充てるため、賞与支給見込額の当期負担額を計上しております。
> 退職給付引当金……従業員の退職給付に備えるため、当事業年度末における退職給付債務及び年金資産の見込額に基づき計上しております。会計基準変更時差異（○○○百万円）については、10年による均等額を費用処理しております。数理計算上の差異は、各事業年度の発生時における従業員の平均残存勤務期間以内の一定の年数（○年）による定額法により按分した額をそれぞれ発生の翌期から費用処理することとしております。

★収益及び費用の計上基準の記載例は

割賦販売、長期請負工事等に係る収益及び費用の計上基準（工事完成基準、

工事進行基準)、業界特有の収益及び費用の計上基準等を記載します。

収益及び費用の計上基準の記載例は、図表138のとおりです。

【図表138　収益及び費用の計上基準の記載例】

> 割賦販売取引の割賦売上高および割賦原価の計上方法
> 　割賦販売契約実行時に、その債権総額を割賦債権に計上し、割賦契約による支払期日を基準として当該経過期間に対応する割賦売上高及び割賦原価を計上しております。
> 　なお、支払期日未到来の割賦債権に対応する未経過利益は、割賦未実現利益として繰延経理しております。

> 完成工事高の計上基準
> 　長期大型工事(工期×年以上かつ請負金○億円以上)については工事進行基準を、その他の工事については工事完成基準を適用しております。
> 　なお、工事進行基準による完成工事高は○○○百万円であります。

★リース取引の処理方法の記載例は

　所有権移転外ファイナンス・リース取引については、売買取引処理が原則ですが、賃貸借処理も容認されていますので、いずれの方法で処理したのかを記載します。

　リース取引の処理方法の記載例は、図表139のとおりです。

【図表139　リース取引の処理方法の記載例】

> リース取引の処理方法
> 　リース物件の所有権が借主に移転すると認められるもの以外のファイナンス・リース取引については、通常の賃貸借取引に係る方法に準じた会計処理によっております。

★ヘッジ会計の方法の記載例は

　繰延ヘッジ処理が原則的な方法ですが、ヘッジ対象である資産負債にかかる相場変動等を損益に反映させることができる場合には時価ヘッジ処理も認められているため(金融商品に係る会計基準六4)、いずれを採用しているのかを記載します。

　ヘッジ会計の方法の記載例は、図表140のとおりです。

【図表140　ヘッジ会計の方法の記載例】

> ヘッジ会計の方法
> 　繰延ヘッジ処理を採用しております。
> 　なお、為替予約及び通貨スワップについては振当処理の要件を満たしている場合は振当処理を、金利スワップについては特例処理の要件を満たしている場合は特例処理を採用しております。

★その他計算書類の作成のための基本となる重要事項の記載例は

その他計算書類の作成のための基本となる重要事項の記載例は、図表141のとおりです。

【図表141　その他計算書類の作成のための基本となる重要事項の記載例】

> 消費税等の会計処理は税抜方式によっております。

★会計方針の変更をしたときは

会計方針を変更した場合には、前事業年度との期間比較のため、次の①、②の項目を記載することとなっています（計算規則132②）。

①会計処理の原則又は手続を変更したときは、その旨、変更の理由及び当該変更が計算書類に与えている影響の内容を記載します（図表142、143）。

【図表142　会計処理の原則又は手続を変更したときの記載例】

> 工事進行基準を適用する長期大型工事については、従来、工期×年以上かつ請負金額○○億円以上の工事としておりましたが、受注工事の請負金額が従来に比べて小型化しており、今後もその傾向が継続すると見込まれることから、期間損益の一層の適正化を図るため、当期において、工事進行基準を適用する長期大型工事を工期×年以上かつ請負金額○○億円以上の工事に変更いたしました。
> 　その結果、従来と同様の方法によった場合と比較して、完成工事高は○○○千円、完成工事総利益、営業利益、経常利益及び税引前当期純利益はそれぞれ○○○千円増加しております。

【図表143　受取特許権使用料に関する記載例】

> 受取特許権使用料については、従来、営業外収益（雑益）として処理しておりましたが、生産拠点を国内から海外へ移転したことに伴い、同使用量の増加が見込まれ、また、当該収入が主たる営業活動の成果であることから、実態をより適切に表示するため、当期において営業活動（特許権使用料収入）として区分表示することといたしました。
> 　その結果、従来と同様の方法によった場合と比較して、売上高、売上総利益及び営業利益はそれぞれ○○○千円増加しておりますが、営業外収益が同額減少しているため、経常利益及び税引前当期純利益に与える影響はありません。

②表示方法を変更したときは、その内容を記載します（図表144）。

【図表144　表示方法を変更したときの記載例】

> 前期まで流動資産の「その他」に含めて表示していた「未収入金」は、金額的重要性が増したため区分掲記しております。
> 　なお、前期末の「未収入金」は○○○千円であります。

Q70　重要な会計方針に関する注記の作成・記載例は

Q71 連結計算書類作成の基本となる重要事項の注記の作成・記載例は

A 連結の範囲に関する事項、持分法の適用に関する事項、会計処理基準に関する事項、連結子会社の資産及び負債の評価に関する事項を記載します。

また、連結計算書類作成のための基本となる重要な事項を変更したときには、注記が必要です。

★連結計算書類作成の基本となる重要な事項というのは

連結計算書類作成の基本となる重要な事項としては、図表145の4項目を記載することとされています（計算規則133①）。

【図表145 連結計算書類作成の基本となる重要な事項】

連結計算書類作成の基本となる重要な事項
- ① 連結の範囲に関する事項
- ② 持分法の適用に関する事項
- ③ 会計処理基準に関する事項
- ④ 連結子会社の資産及び負債の評価に関する事項

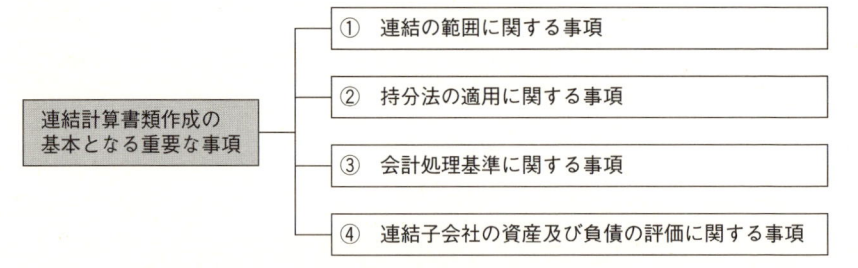

このほか、連結財規で要求されている事項（連結調整勘定の償却に関する事項等）を追加して記載することが望ましいと考えられます。

次に、連結計算書類作成の基本となる重要な事項の詳しい内容と記載例をみてみましょう。

★連結の範囲に関する事項の記載事項は

連結の範囲に関する事項（計算規則133①一）の記載事項は、図表146のとおりです。

連結の範囲に関する事項の記載例は、図表147のとおりです。

★持分法の適用に関する事項の記載事項は

持分法の適用に関する事項（計算規則133①二）の記載事項は、図表148のとおりです。

【図表146　連結の範囲に関する事項の記載事項】

連結の範囲に関する事項の記載事項
- ①　連結子会社の数及び主要な連結子会社の名称
- ②　非連結子会社がある場合
  - イ　主要な非連結子会社の名称
  - ロ　非連結子会社を連結の範囲から除いた理由
- ③　議決権の過半数を所有している会社等を子会社としなかったときは、当該会社等の名称及び子会社としなかった理由
- ④　支配が一時的又は連結することにより利害関係者の判断を著しく誤らせるおそれがあるため、連結の範囲から除かれた子会社（計算規則95①）の財産又は損益に関する事項で、当該企業集団の財産及び損益の状態の判断に影響を与えると認められる重要なものがあるときは、その内容

【図表147　連結の範囲に関する事項の記載例】

連結の範囲に関する事項
(1)　連結子会社の数　3社
　　主要な連結子会社の名称
　　　　○○○物産㈱、○○○製造㈱
(2)　主要な非連結子会社の名称等
　　主要な非連結子会社
　　　　○○販売㈱
　　連結の範囲から除いた理由
　　　　非連結子会社は、いずれも小規模であり、合計の総資産、売上高、当期純損益（持分に見合う額）及び利益剰余金（持分に見合う額）等は、いずれも連結計算書類に重要な影響を及ぼしていないためであります。

【図表148　持分法の適用に関する事項の記載事項】

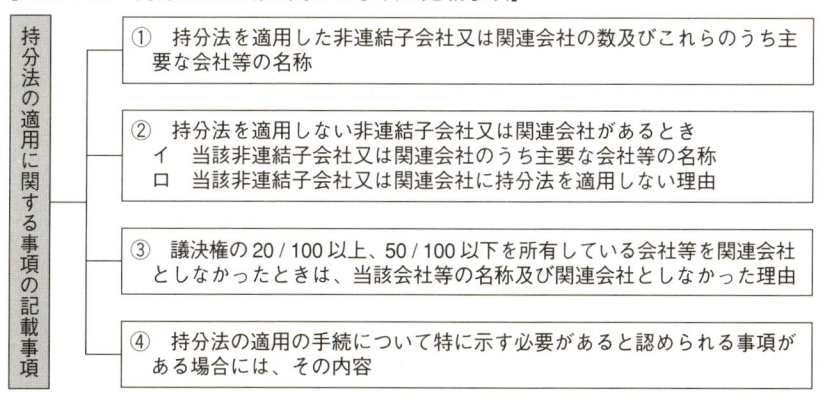

持分法の適用に関する事項の記載事項
- ①　持分法を適用した非連結子会社又は関連会社の数及びこれらのうち主要な会社等の名称
- ②　持分法を適用しない非連結子会社又は関連会社があるとき
  - イ　当該非連結子会社又は関連会社のうち主要な会社等の名称
  - ロ　当該非連結子会社又は関連会社に持分法を適用しない理由
- ③　議決権の20/100以上、50/100以下を所有している会社等を関連会社としなかったときは、当該会社等の名称及び関連会社としなかった理由
- ④　持分法の適用の手続について特に示す必要があると認められる事項がある場合には、その内容

持分法の適用に関する事項の記載例は、図表149のとおりです。

【図表149　持分法の適用に関する事項の記載例】

> 持分法の適用に関する事項
> (1)　持分法適用の関連会社数　3社
> 　　主要な会社名
> 　　　　○○○物産㈱
> 　　　　○○○製造㈱
> (2)　持分法を適用していない関連会社（×××物流㈱）は、当期純損益（持分に見合う額）及び利益剰余金（持分に見合う額）等からみて、持分法の対象から除いても連結計算書類に及ぼす影響が軽微であり、かつ、全体としても重要性がないため持分法の適用範囲から除外しております。

★会計処理基準に関する事項の記載事項は

親会社、子会社のそれぞれが採用している会計処理基準を記載します（計算規則133①三）。

会計処理基準に関する事項の記載例については、「Q70　重要な会計方針に関する注記の作成・記載例」を参照してください。

★連結子会社の資産及び負債の評価に関する事項の記載例は

子会社の支配獲得時における資本連結の手続については、部分時価評価法と全面時価評価法の2つの方法が認められています。このため、いずれの方法を適用したのかを記載します（計算規則133①四）。

記載例は、図表150のとおりです。

【図表150　連結子会社の資産及び負債の評価に関する事項の記載例】

> 連結子会社の資産及び負債の評価に関する事項
> 　連結子会社の資産及び負債の評価については、全面時価評価法を採用しております。

★連結調整勘定の償却に関する事項の記載例は

連結調整勘定の償却については、計上後20年以内に、定額法その他合理的な方法により償却することになっています。このため、採用した償却年数および償却方法を記載します（連結財規13①五）。

記載例は、図表151のとおりです。

【図表151　連結調整勘定の償却に関する事項の記載例】

> 連結調整勘定の償却については、5年間の均等償却を行っております。

★連結計算書類作成のための基本となる重要な事項を変更したときは

重要性のないものを除き、次の❶～❸の事項を連結計算書類作成のための基本となる重要な事項に記載します（計算規則133②）。

❶　連結の範囲・持分法の適用の範囲を変更したとき

連結の範囲・持分法の適用の範囲を変更したときは、その旨及び変更の理由を記載します。

連結の範囲・持分法の適用の範囲を変更したときの記載例は、図表152、153のとおりです。

【図表152　連結の範囲を変更したときの記載例】

```
連結の範囲に関する事項
  連結子会社の数　3社
  主要な連結子会社の名称
      ○○○物産㈱、○○○製造㈱
      上記のうち、○○○製造㈱については、当連結会計年度において新たに設立したため、連結の範囲に含めております。
      なお、前連結会計年度において連結子会社であった×××㈱は清算が結了したため連結の範囲から除いております。
```

【図表153　持分法の適用に関する事項の記載例】

```
持分法の適用に関する事項
(1)　持分法適用の関連会社数　2社
        ○○○物産㈱
        ○○○㈱
(2)　○○○㈱については、新たに株式を取得したことから、当連結会計年度より持分法適用の関連会社に含めております。
```

❷　会計処理の原則及び手続を変更したとき

会計処理の原則及び手続を変更したときは、その旨、変更の理由及び当該変更が連結計算書類に与えている影響の内容を記載します。

会計処理の原則及び手続を変更したときの記載例については、「Q70　重要な会計方針に関する注記の作成・記載例」を参照してください。

❸　表示方法を変更したとき

表示方法を変更したときは、その内容を記載します。

表示方法を変更したときの記載例については、「Q70　重要な会計方針に関する注記の作成・記載例」を参照してください。

Q71　連結計算書類作成の基本となる重要事項の注記の作成・記載例は

Q72 貸借対照表等に関する注記の作成・記載例は

A 計算規則134に列挙された項目のうち、該当事項のある項目を記載します。

なお、連結注記表では、関係会社に対する金銭債権債務・役員に対する金銭債務・親会社株式の金額の注記は記載しません。

★記載項目は

貸借対照表に関する注記は、図表154の事項となっています。

なお、図表153の⑥～⑧は、連結注記表では記載しません（計算規則134）。

【図表154　貸借対照表に関する注記】

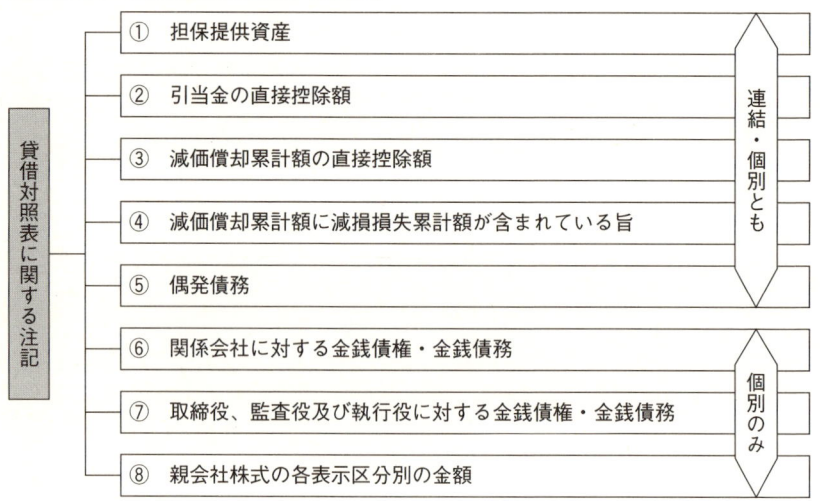

貸借対照表に関する注記
- ① 担保提供資産
- ② 引当金の直接控除額
- ③ 減価償却累計額の直接控除額
- ④ 減価償却累計額に減損損失累計額が含まれている旨
- ⑤ 偶発債務

（①～⑤：連結・個別とも）

- ⑥ 関係会社に対する金銭債権・金銭債務
- ⑦ 取締役、監査役及び執行役に対する金銭債権・金銭債務
- ⑧ 親会社株式の各表示区分別の金額

（⑥～⑧：個別のみ）

★担保提供資産の内容・記載例は

資産が担保に供されている場合は、図表155の事項を記載します。

【図表155　担保提供資産の記載事項】

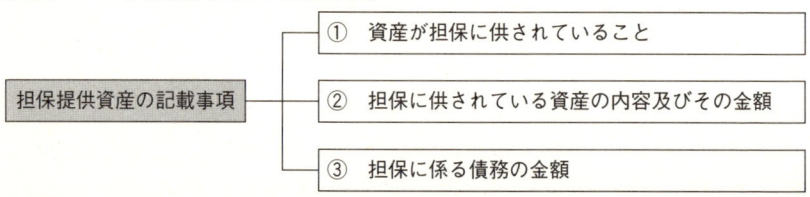

担保提供資産の記載事項
- ① 資産が担保に供されていること
- ② 担保に供されている資産の内容及びその金額
- ③ 担保に係る債務の金額

担保提供資産の記載例は、図表156のとおりです。

【図表156　担保提供資産の記載例】

担保に提供している資産	
担保提供資産	
建物	×××千円
機械及び装置	×××
土地	×××
計	×××
上記に対応する債務	
1年以内返済予定長期借入金	×××千円
長期借入金	×××
計	×××

★引当金の直接控除額の記載例は

　貸借対照表では、各資産に係る引当金については、資産に対する控除項目として、貸倒引当金その他当該引当金の設定目的を示す名称を付した項目をもって表示することが原則ですが、各資産から直接控除することも認められています（計算規則109）。

　引当金を資産の金額から直接控除した場合は、項目別の引当金の金額を記載します。

　なお、一括して注記することが適当な場合は、各資産について流動資産、有形固定資産、無形固定資産、投資その他の資産又は繰延資産ごとに一括した引当金の金額を記載します。

　引当金の直接控除額の記載例は、図表157のとおりです。

【図表157　引当金の直接控除額の記載例】

貸倒引当金直接控除額	流動資産	×××千円
	投資その他の資産	×××

★減価償却累計額の直接控除額の記載例は

　貸借対照表では、有形固定資産に対する減価償却累計額については、有形固定資産に対する控除項目として、減価償却累計額の項目をもって表示することが原則ですが、資産の金額から直接控除することも容認されています（計算規則110）。

　減価償却累計額を資産の金額から直接控除した場合、項目別の減価償却累計額を記載します。

　なお、一括して注記することが適当な場合は、各資産について一括した減

価償却累計額を記載します。

減価償却累計額の直接控除額の記載例は、図表158のとおりです。

【図表158　減価償却累計額の直接控除額の記載例】

| 減価償却累計額 | ×××千円 |

★減価償却累計額に減損損失累計額が含まれている旨の記載例は

貸借対照表では、有形固定資産に対する減損損失累計額については、直接控除する方法が原則ですが、有形固定資産の控除項目として表示することも容認されています（計算規則111）。

減損損失累計額を有形固定資産の控除項目として表示し、減価償却累計額に合算して表示した場合、減価償却累計額に減損損失累計額が含まれている旨を記載します。

減価償却累計額に減損損失累計額が含まれている旨の記載例は、図表159のとおりです。

【図表159　減価償却累計額に減損損失累計額が含まれている旨の記載例】

| 減価償却累計額には、減損損失累計額が含まれております。 |

★偶発債務の記載例は

保証債務、手形遡求債務（割引手形、裏書手形等）、重要な係争事件に係る損害賠償義務その他これらに準ずる債務があるときは、当該債務の内容及び金額を記載します。

偶発債務の記載例は、図表160のとおりです。

【図表160　偶発債務の記載例】

| 受取手形割引高 | ×××千円 |

保証債務等の残高
(1) 保証債務

保証先	金額（千円）	内容
従業員	×××××	借入金（住宅資金）の債務保証
○○○㈱	×××××	借入金（設備資金）の債務保証
○○販売㈱	××××××	借入金の債務保証
計	××××××	

(2) 保証予約

保証先	金額（千円）	内容
×××㈱	×××××	借入金の保証予約

★関係会社に対する金銭債権・金銭債務の記載例は

関係会社に対する金銭債権・債務を貸借対照表で独立掲記していない場合には、金銭債権又は金銭債務の金額を項目ごと又は一括して記載します。

なお、当該注記は、個別注記表のみで記載することになっています。

関係会社に対する金銭債権・金銭債務の記載例は、図表161のとおりです。

【図表161　関係会社に対する金銭債権・金銭債務の記載例】

関係会社に対する金銭債権・金銭債務は、下記のとおりであります。	
金銭債権	
受取手形	×××百万円
売掛金	×××
金銭債務	
買掛金	×××百万円

★取締役、監査役及び執行役に対する金銭債権・金銭債務の記載例は

取締役、監査役及び執行役との間の取引により生じた金銭債権・債務があるときは、その総額を記載します。

なお、当該注記は、個別注記表のみで記載することになっています。

取締役、監査役及び執行役に対する金銭債権・金銭債務の記載例は、図表162のとおりです。

【図表162　取締役、監査役及び執行役に対する金銭債権・金銭債務の記載例】

取締役、監査役及び執行役に対する金銭債権	×××千円
取締役、監査役及び執行役に対する金銭債務	×××

★親会社株式の各表示区分別の金額の記載例は

親会社株式を保有している場合、流動資産、投資その他の資産の表示区分別に金額を記載します。

なお、当該注記は、個別注記表のみで記載することになっています。

親会社株式の各表示区分別の金額の記載例は、図表163のとおりです。

【図表163　親会社株式の各表示区分別の金額の記載例】

親会社株式の金額	
流動資産	×××千円

Q73 損益計算書に関する注記の作成・記載例は

A 関係会社との取引につき、営業取引と営業取引以外の取引に分けて取引高の総額を記載します。
連結注記表には、記載しなくてもよいことになっています。

★損益計算書に関する注記の作成・記載例は

関係会社との取引につき、営業取引と営業取引以外の取引に分けて取引高の総額を記載します（計算規則135）。

なお、連結注記表には、記載しなくてもよいことになっています（計算規則129①、②三）。

損益計算書に関する注記の記載例は、図表164のとおりです。

【図表164　損益計算書に関する注記の記載例】

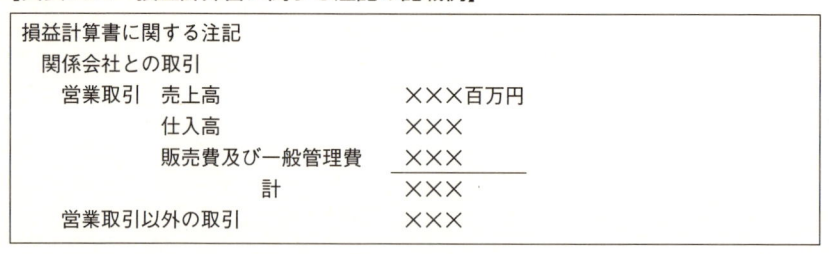

損益計算書に関する注記		
関係会社との取引		
営業取引	売上高	×××百万円
	仕入高	×××
	販売費及び一般管理費	×××
	計	×××
営業取引以外の取引		×××

なお、営業取引と営業外取引以外の取引を示すと、図表165のようなことが考えられます。

【図表165　営業取引と営業取引以外の取引のイメージ】

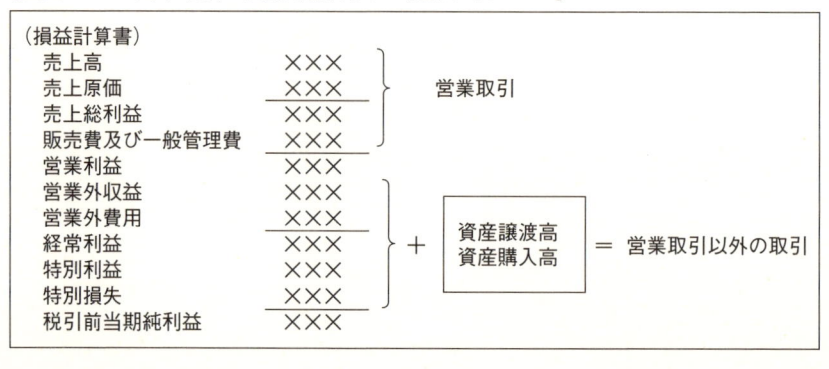

（損益計算書）
- 売上高　×××　┐
- 売上原価　×××　│
- 売上総利益　×××　├ 営業取引
- 販売費及び一般管理費　×××　│
- 営業利益　×××　┘
- 営業外収益　×××　┐
- 営業外費用　×××　│
- 経常利益　×××　├ ＋ 資産譲渡高／資産購入高 ＝ 営業取引以外の取引
- 特別利益　×××　│
- 特別損失　×××　│
- 税引前当期純利益　×××　┘

Q74 株主資本等変動計算書に関する注記の作成・記載例は

A 期末発行済株式数、期末自己株式数、当期の配当に関する事項、当期末において発行している新株予約権の目的となる株式数について記載します。

連結注記表を作成する場合、個別注記表では期末自己株式数の注記のみでかまいません。

★個別注記表の記載項目は

計算書類を個別のみ作成する場合と個別、連結の両方を作成する場合のいずれかにより、記載項目に違いがあります（計算規則136、137）。

記載項目をまとめると、図表166のとおりです。〇印のあるところは、記載が必要となります。

【図表166　株主資本等変動計算書に関する注記の記載項目】

項　目	個別のみ	個別と連結作成	
	個別注記表	個別注記表	連結注記表
① 当事業年度の末日における種類ごとの発行済株式の数	〇	省略可	〇 個別ベース
② 当事業年度の末日における種類ごとの自己株式の数	〇	〇	なし
③ 当事業年度中に行った剰余金の配当に関する事項 ※当該事業年度の末日後に行う剰余金の配当のうち、配当基準日が当該事業年度中のものを含みます。 イ．配当財産が金銭である場合 →当該金銭の総額 ロ．配当財産が金銭以外の財産である場合 →当該財産の帳簿価額 （当該剰余金の配当をした日においてその時の時価を付した場合は、当該時価を付した後の帳簿価額）の総額	〇	省略可	〇
④ 当事業年度の末日において発行している新株予約権の目的となる株式の数（種類及び種類ごとの数） ※権利行使期間が到来していないものを除きます。	〇	省略可	〇 個別ベース

★個別注記表の記載例は

個別注記表の記載例は、図表167のとおりです。

【図表167 個別注記表の記載例】

前提：平成○8年3月期における注記
　　　取締役会の決議により中間配当を実施

1. 当事業年度末における発行済株式数
    - 普通株式　20,000,000株
    - A種株式　15,000,000株
2. 当事業年度末における自己株式数
    - 普通株式　2,300,000株
3. 当事業年度中に行った剰余金の配当に関する事項
    ① 平成○7年6月○日の定時株主総会において、次のとおり決議しております。
    ・普通株式の配当に関する事項
        - 配当金の総額　　　212,400千円
        - 一株当たり配当額　　12円
        - 基準日　　平成○7年3月31日
        - 効力発生日　平成○7年7月○日
    ・A種株式の配当に関する事項
        - 配当金の総額　　　360,000千円
        - 一株当たり配当額　　24円
        - 基準日　　平成○7年3月31日
        - 効力発生日　平成○7年7月○日
    ② 平成○7年11月○日の取締役会において、次のとおり決議しております。
        - 配当金の総額　　　212,400千円
        - 一株当たり配当額　　12円
        - 基準日　　平成○7年9月30日
        - 効力発生日　平成○8年1月○日
    ③ 平成○8年6月○日開催予定の定時株主総会において、次の議案が付議されております。
    ・普通株式の配当に関する事項
        - 配当金の総額　　　177,000千円
        - 配当の原資利益剰余金
        - 一株当たり配当額　10円
        - 基準日　　平成○8年3月31日
        - 効力発生日　平成○8年7月○日
    ・A種株式の配当に関する事項
        - 配当金の総額　　　300,000千円
        - 配当の原資利益剰余金
        - 一株当たり配当額　　20円
        - 基準日　　平成○8年3月31日
        - 効力発生日　平成○8年7月○日
4. 事業年度の末日において発行している新株予約権の目的となる株式の数
    - 普通株式　3,000,000株

Q75 税効果会計に関する注記の作成・記載例は

A 税効果会計に関する注記は、繰延税金資産及び繰延税金負債の発生の主な原因を記載します。

★税効果会計に関する注記の作成・記載例は

　税効果会計に関する注記は、繰延税金資産及び繰延税金負債の発生の主な原因を記載します（計算規則138）。

　なお、繰延税金資産の算定に当たり、繰延税金資産から控除された金額がある場合における当該金額を含むとされています（計算規則138①一）。

　繰延税金資産の回収不能見込額を貸借対照表に計上していない場合であっても、当該金額を含めて繰延税金資産の総額の内訳を記載し、回収不能見込額を評価性引当額として差し引いて貸借対照表計上金額と一致させます。

　税効果会計に関する注記の記載例は、図表168のとおりです。

【図表168　税効果会計に関する注記の記載例】　　　　　　　　（単位：百万円）

繰延税金資産及び繰延税金負債の発生の主な原因	
繰延税金資産	
投資有価証券評価損否認	30
会員権評価損否認	10
貸倒引当金損金算入限度超過額	60
賞与引当金損金算入限度超過額	100
未払事業税	20
退職給付引当金損金算入限度超過額	550
役員退職慰労引当金損金算入限度超過額	40
その他	20
繰延税金資産小計	830
評価性引当額	△130
繰延税金資産合計	700
繰延税金負債	
固定資産圧縮積立金	△50
その他有価証券評価差額金	△50
繰延ヘッジ損益	△40
繰延税金負債合計	△140
繰延税金資産の純額	560

Q76 リースにより使用する固定資産に関する注記の作成・記載例は

A リースにより使用する固定資産に関する注記は借主側の所有権移転外ファイナンス・リース取引につき、通常の賃貸借取引に係る方法に準じた会計処理を行っている場合に記載します。

★注記の記載対象は

リースにより使用する固定資産に関する注記は、借主側の所有権移転外ファイナンス・リース取引につき、通常の賃貸借取引に係る方法に準じた会計処理を行っている場合におけるリース物件に関する事項とされています（計算規則139）。

★注記の記載内容は

記載すべき内容につき、条文上明記されていませんが、リース資産の物件を記載する方法、物件及び数量を記載する方法等が考えられます。

また、図表169の事項を記載してもよいこととされており（計算規則139）、財務諸表等規則に基づく注記と同等の記載としてもよいと考えられます。

【図表169　注記として記載してもよい事項】

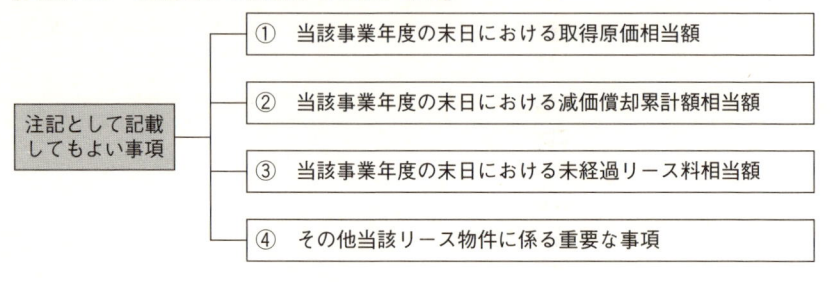

注記として記載してもよい事項		
	①	当該事業年度の末日における取得原価相当額
	②	当該事業年度の末日における減価償却累計額相当額
	③	当該事業年度の末日における未経過リース料相当額
	④	その他当該リース物件に係る重要な事項

★注記の記載例は

図表170は、物件を記載する方法の記載例です。

【図表170　物件を記載する方法】

リース契約により使用する固定資産
ファイナンス・リース取引により使用している資産として、自動車及び電子計算機並びにその周辺機器があります。

Q77 関連当事者との取引に関する注記の作成・記載例は

A まず、関連当事者の範囲を把握します。関連当事者ごとに会社との関係、取引の内容、金額等を記載しますので、事前の調査が必要です。

★関連当事者の範囲は

図表171のように広範囲に及びます（計算規則140④）。したがって、事前に対象となる人物及び会社等を把握しておく必要があります。

【図表171 関連当事者の範囲】

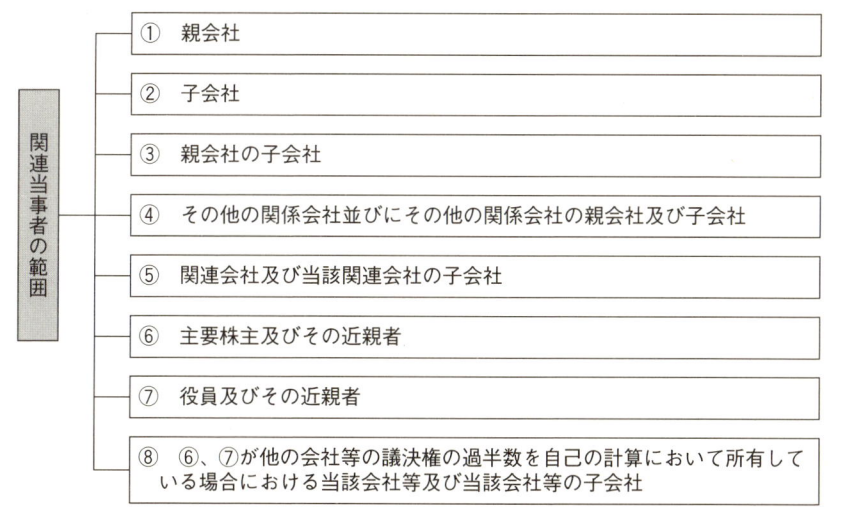

関連当事者の範囲
- ① 親会社
- ② 子会社
- ③ 親会社の子会社
- ④ その他の関係会社並びにその他の関係会社の親会社及び子会社
- ⑤ 関連会社及び当該関連会社の子会社
- ⑥ 主要株主及びその近親者
- ⑦ 役員及びその近親者
- ⑧ ⑥、⑦が他の会社等の議決権の過半数を自己の計算において所有している場合における当該会社等及び当該会社等の子会社

★主要株主というのは

主要株主とは、自己又は他人の名義で議決権の総数の100分の10以上の議決権を保有している株主をいいます。

★近親者というのは

近親者とは、二親等内の親族をいいます。

★その他の関係会社というのは

その他の関係会社とは、当該会社が他の会社の関連会社である場合における当該他の会社をいいます。例を示すと、図表172のようになります。

【図表172 ④その他の関係会社等の例】

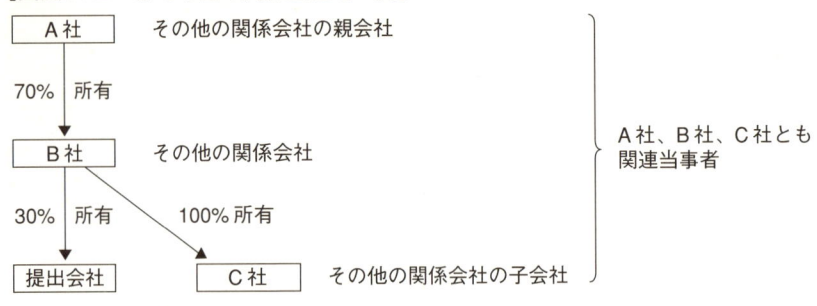

```
A社 ──── その他の関係会社の親会社
│
70% 所有
↓
B社 ──── その他の関係会社           A社、B社、C社とも
│        ＼                         関連当事者
30% 所有   100% 所有
↓          ↓
提出会社    C社 ──── その他の関係会社の子会社
```

　関連当事者を属性別に4つに分けると、図表173のようになります（監査委員会報告第62号「関連当事者との取引に係る情報の開示に関する監査上の取扱い」より）。

【図表173　関連当事者の範囲】

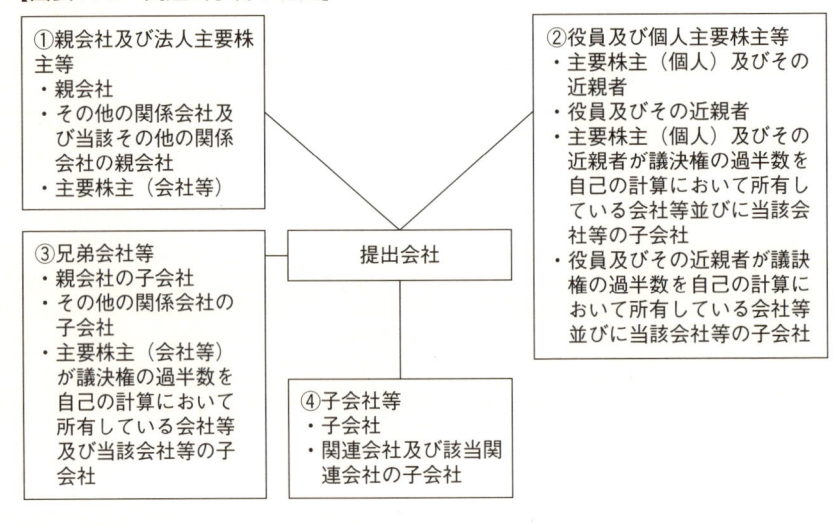

①親会社及び法人主要株主等
・親会社
・その他の関係会社及び当該その他の関係会社の親会社
・主要株主（会社等）

②役員及び個人主要株主等
・主要株主（個人）及びその近親者
・役員及びその近親者
・主要株主（個人）及びその近親者が議決権の過半数を自己の計算において所有している会社等並びに当該会社等の子会社
・役員及びその近親者が議決権の過半数を自己の計算において所有している会社等並びに当該会社等の子会社

③兄弟会社等
・親会社の子会社
・その他の関係会社の子会社
・主要株主（会社等）が議決権の過半数を自己の計算において所有している会社等及び当該会社等の子会社

④子会社等
・子会社
・関連会社及び該当関連会社の子会社

（中央：提出会社）

★注記項目は

　注記項目は、図表174の8項目となっています（計算規則140①）。関連当事者との取引に関する注記は、図表173の区分に従って関連当事者ごとに記載しなければならないこととなっています（計算規則140③）。

　なお、会計監査人設置会社以外の株式会社は、図表174の④〜⑥、⑧を省略することができます（計算規則140①ただし書）が、公開会社（株式譲渡制限のない会社）は省略した事項を附属明細書に記載する必要があります（計算規則145）。

【図表174 注記項目】

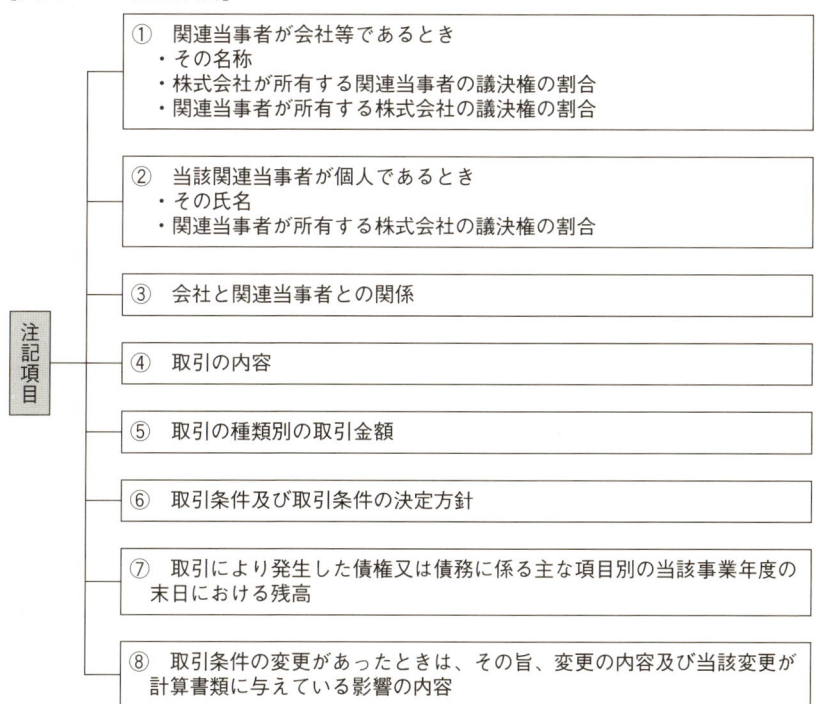

注記項目
- ① 関連当事者が会社等であるとき
  ・その名称
  ・株式会社が所有する関連当事者の議決権の割合
  ・関連当事者が所有する株式会社の議決権の割合
- ② 当該関連当事者が個人であるとき
  ・その氏名
  ・関連当事者が所有する株式会社の議決権の割合
- ③ 会社と関連当事者との関係
- ④ 取引の内容
- ⑤ 取引の種類別の取引金額
- ⑥ 取引条件及び取引条件の決定方針
- ⑦ 取引により発生した債権又は債務に係る主な項目別の当該事業年度の末日における残高
- ⑧ 取引条件の変更があったときは、その旨、変更の内容及び当該変更が計算書類に与えている影響の内容

★注記を要しない取引は

関連当事者との間の取引のうち図表175の取引については、注記しなくてもよいとされています（計算規則140②）。

【図表175 注記を要しない取引】

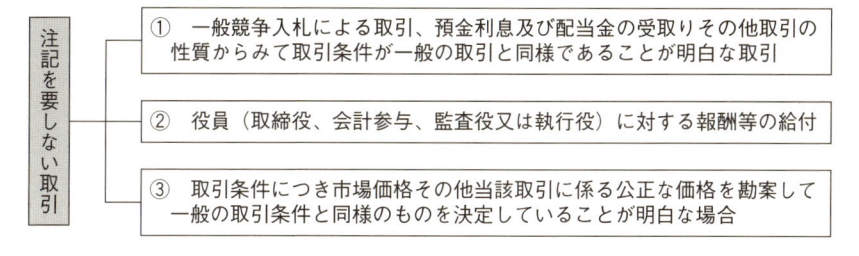

注記を要しない取引
- ① 一般競争入札による取引、預金利息及び配当金の受取りその他取引の性質からみて取引条件が一般の取引と同様であることが明白な取引
- ② 役員（取締役、会計参与、監査役又は執行役）に対する報酬等の給付
- ③ 取引条件につき市場価格その他当該取引に係る公正な価格を勘案して一般の取引条件と同様のものを決定していることが明白な場合

★注記例は

親会社及び法人主要株主等、役員及び個人主要株主等、子会社等並びに兄弟会社等の4つのグループごとに見出しをつけ、関連当事者ごとに区分して記載します（図表176）。

【図表176　記載例】

1．役員及び個人主要株主等

属性	会社等の名称	議決権等の所有(被所有)割合	関係内容 役員の兼任等	関係内容 事業上の関係	取引の内容	取引金額	科目	期末残高
主要株主（個人）及びその近親者	A	被所有直接15％	—	—	土地の賃借（注1）	×××	前払費用	×××
役員及びその近親者	B	被所有直接1％	—	—	債務保証（注2）	×××	—	—
					保証料の受入れ（注2）	×××	—	—
主要株主（個人）及びその近親者が議決権の過半数を有している会社等（当該会社の子会社等を含む）	△△㈱（注3）	なし	なし	なし	土地の購入（注4）	×××	未払金	×××

取引条件及び取引条件の決定方針等
（注1）福利厚生施設用地として使用しており、近隣の地代を参考にした価格によっております。
（注2）Bの銀行借入（×××百万円、期限××年）につき、債務保証を行ったものであり、年率××％の保証料を受領しております。
（注3）当社の主要株主Aが議決権の100％を直接所有しております。
（注4）〇〇支店の用地として予定しているもので、近隣の取引実勢等に基づいて決定しております。

2．子会社等

属性	会社等の名称	議決権等の所有(被所有)割合	関係内容 役員の兼任等	関係内容 事業上の関係	取引の内容	取引金額	科目	期末残高
子会社	〇〇㈱	所有直接60％間接40％	兼任〇人出向〇人転籍〇人	当社製品の加工	〇〇製品の加工（注1）	×××	支払手形買掛金	××××××

取引条件及び取引条件の決定方針等
（注1）〇〇製品の加工については、当社製品の市場価格から算定した価格、及び〇〇㈱から提示された総原価を検討のうえ、決定しております。

Q78 一株当たり情報に関する注記の作成・記載例は

A 　一株当たり純資産額、当期純利益金額（又は純損失金額）を記載します。

★一株当たり情報に関する注記の作成・記載例は

旧商計規では、一株当たり当期純利益金額の注記を損益計算書注記として記載するのみでしたが、計算規則では一株当たり純資産額が追加され、両方をまとめて一株当たり情報として記載することになりました。(計算規則141。計算方法についてはQ24参照)。

一株当たり情報に関する注記の記載例は、図表177のとおりです。

【図表177　一株当たり情報に関する注記の記載例】

一株当たり情報	
一株当たり純資産額	×××円××銭
一株当たり当期純利益金額	×××円××銭

★一株当たり情報に関する注記の記載にあたっての留意点は

計算書類の中で、一株当たり情報に関する注記の元となる数値がありますので、数値の整合性をチェックしておくとよいでしょう。

【図表178　一株当たり情報に関する数値の整合性チェック】

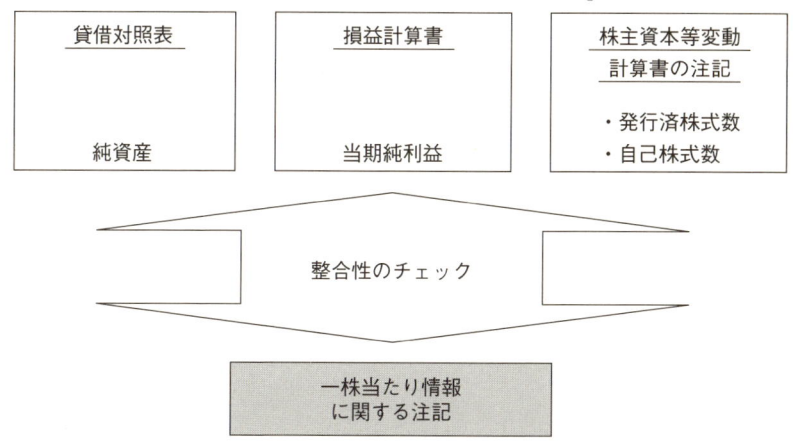

貸借対照表	損益計算書	株主資本等変動計算書の注記
純資産	当期純利益	・発行済株式数 ・自己株式数

整合性のチェック

↓

一株当たり情報に関する注記

Q79 重要な後発事象に関する注記の作成・記載例は

A 重要な後発事象に関する注記は、事業年度の末日後、翌事業年度以降の財産又は損益に重要な影響を及ぼす事象が発生した場合における、当該事象を記載対象とします。旧商計規では、営業報告書に記載することになっていましたが、注記表の記載項目となりました。

★記載の対象となる後発事象は

事業年度の末日後に発生した会社の財政状態及び経営成績に影響を及ぼす事象を後発事象といいます。

後発事象は、修正後発事象と開示後発事象に分けられ、注記表への記載対象は、開示後発事象のうち重要なものとなります。

後発事象の分類は、図表179のとおりです。

【図表179　後発事象の分類】

後発事象	修正後発事象	発生した事象の実質的な原因が期末日現在において存在	計算書類の修正が必要
	開示後発事象	発生した事象が翌事業年度以降の計算書類に影響を及ぼす	注記の対象

★開示後発事象の例は

開示後発事象には、図表180のような事象が該当します（財規ガ8の4、8の14-5）。

【図表180　開示後発事象の例】

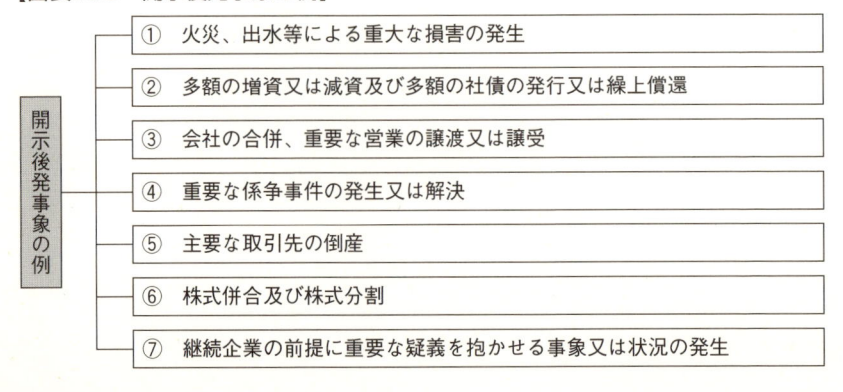

開示後発事象の例：
① 火災、出水等による重大な損害の発生
② 多額の増資又は減資及び多額の社債の発行又は繰上償還
③ 会社の合併、重要な営業の譲渡又は譲受
④ 重要な係争事件の発生又は解決
⑤ 主要な取引先の倒産
⑥ 株式併合及び株式分割
⑦ 継続企業の前提に重要な疑義を抱かせる事象又は状況の発生

★連結注記表での取扱いは

　連結注記表では、事業年度の末日後、連結会社、持分法を適用している非連結子会社及び関連会社の翌事業年度以降の財産又は損益に重要な影響を及ぼす事象が発生した場合に記載します。

　ただし、決算日の異なる子会社及び関連会社については、当該子会社及び関連会社の事業年度の末日後に発生した事象について記載します（計算規則142②）。

　開示後発事象（増資）の記載例は、図表181のとおりです。

【図表181　開示後発事象（増資）の記載例】

　当社は、平成○年○月○日開催の取締役会において、新株式発行に関して決議し、平成○年○月○日を払込期日とする公募増資（一般募集）を行いました。その概要は次のとおりです。

発行する株式の種類及び数	普通株式　○○○株
発行価額	1株につき○○円
発行価額総額	○○○百万円
資本組入総額	○○○百万円
配当起算日	平成○年○月○日
資金の使途	○○○○○

　開示後発事象（合併）の記載例は、図表182のとおりです。

【図表182　開示後発事象（合併）の記載例】

　当社は、当社グループ全体の再編成と経営効率化を図る一環として、当社の100％出資子会社である○○○㈱を平成○年○月○日付にて吸収合併いたしました。
　合併契約の概要は次のとおりです。

① 合併期日
　平成○年○月○日

② 合併の形式
　当社を存続会社とし、○○○㈱を解散会社とする吸収合併とし、合併による新株の発行及び資本金の増加は行いません。

③ 財産の引継
　合併期日において○○○㈱の資産・負債及び権利義務の一切を引き継ぎます。
　なお、○○○㈱の平成○年○月○日現在の財政状態は次のとおりです。
　資産合計　○○○百万円
　負債合計　○○○百万円
　資本合計　○○○百万円

Q80 連結配当規制適用会社に関する注記の作成・記載例は

A 剰余金の分配可能額の算定につき、連結配当規制を適用する旨を定めた会社を連結配当規制適用会社といいます。連結配当規制適用会社はその旨を注記します。

★連結配当規制適用会社というのは

　連結配当規制適用会社とは、会社の分配可能額の算定につき連結配当規制を適用する旨を計算書類の作成に際して定めた株式会社をいいます（計算規則２③七十二）。連結配当規制の適用は、会社の任意となっており、適用する場合には注記することになっています。

★連結配当規制適用会社に関する注記の記載例は

　当該事業年度の末日が最終事業年度の末日となる時後、連結配当規制適用会社となる旨を記載します（計算規則143）。
　連結配当規制適用会社に関する注記の記載例は、図表183のとおりです。

【図表183　連結配当規制適用会社に関する注記の記載例】

連結配当規制適用会社に関する注記
　当社は、当事業年度の末日が最終事業年度の末日となる時後、連結配当規制適用会社となることを定めております。

★連結配当規制適用会社の分配可能額は

　連結配当規制適用会社の場合、通常の分配可能額から図表184の金額（マイナスの場合はゼロ）が差し引かれます（計算規則186一四）。
　したがって、個別貸借対照表よりも連結貸借対照表の方が株主資本の小さい会社、資産の部に計上したのれん及び繰延資産が大きい会社は、配当可能額（309頁参照）が少なくなります。

【図表184　連結配当規制会社の分配可能額から差し引かれる金額】

個別貸借対照表		連結貸借対照表
株主資本 その他有価証券評価差額金 （マイナスのとき） 土地再評価差額金 （マイナスのとき）	マイナス	株主資本 その他有価証券評価差額金 （マイナスのとき） 土地再評価差額金 （マイナスのとき）
△のれん等調整額		△のれん等調整額

※のれん等調整額 ＝ （資産の部に計上したのれん÷2）＋ 繰延資産

Q81 その他の注記の作成・記載例は

A 注記すべきものとして具体的に規定されているもの以外で、財産又は損益の状態を正確に判断するために必要な事項を記載します。

★その他の注記というのは

計算規則で注記すべきものとして具体的に規定されているもの以外で、会社（又は企業集団）の財産又は損益の状態を正確に判断するために必要な事項を記載します（計算規則144）。これを追加情報といいます。

★追加情報の分類と記載例は

追加情報の分類と記載例「追加情報の注記について（監査委員会報告77号）」は、次のとおりです。

❶ 会計方針の記載に併せて記載すべきもの
　① 会計上の見積りの変更
　　例：固定資産の耐用年数の変更
　② 重要性が増したことによる本来の会計処理への変更
　　例：現金基準から発生基準への変更
　【記載例】

> 売上割戻は、従来支出時に売上高から控除する処理を採用しておりましたが、金額的重要性が増してきたため、当連結会計年度より売上割戻発生見積額を未払計上することとしました。
> この結果、従来の方法によった場合に比較して、営業利益、経常利益、及び税金等調整前当期純利益がそれぞれ○○百万円並びに当期純利益が○○百万円少なく計上されています。

　③ 新たな事実の発生に伴う新たな会計処理への変更
　　例：新たな事業を開始し、当該事業で使用する有形固定資産につき既存事業とは異なる減価償却方法を採用する場合
❷ 特定の科目との関連を明らかにして注記すべき事項
　① 資産の使用・運用状況の説明
　　例：重要な遊休又は一時休止の固定資産がある場合
　　例：販売用不動産の保有目的の変更があった場合

② 特殊な勘定科目の説明

例：特別損益項目

業界特有の科目の説明

収用に伴い圧縮記帳を行った場合

【記載例】

> 土地収用法を受けて有形固定資産の取得価額から控除している圧縮記帳額は○○百万円であり、その内訳は、次のとおりであります。
> 　建物　　○○百万円　　機械及び装置　　○○百万円

③ 会計基準の適用に係る実務指針等で注記を求めている事項

❸ 連結計算書類固有の事項

例：連結手続上、親子会社間の会計処理の統一を図るために親会社の個別計算書類を連結計算書類で修正している場合

❹ その他

① 期間比較上説明を要する場合

例：期末日が休日のため、財政状態が通常の期末日の状況と異なる場合

【記載例】

> 期末日満期手形の会計処理については、満期日に決済が行われたものとして処理しております。
> 　なお、当期末日が金融期間の休日であったため、次の期末日満期手形を満期日に決済が行われたものとして処理しております。
> 　　受取手形　　○○○百万円　　支払手形　　○○○百万円

② 後発事象に該当しないが説明を要する場合

例：事業年度中に行われた意思決定又は発生した事象につき、決算日後監査報告書作成日までに当該意思決定に基づく行為又は取引が終結していない場合

【記載例】

> 当社とA社は平成××年1月10日に、平成××年7月1日を合併期日とする合併契約書に調印いたしました。合併の承認は平成××年3月31日開催の当社とA会社の臨時株主総会において承認されました。
> 　合併契約の要旨は、次のとおりです。（以下省略）

③ その他

6 事業報告の作成実務Q&A

6では、会社法施行前の営業報告書に代わる事業報告作成の実務ポイントをまとめています。

Q82　事業報告ってどういう書類のこと　204
Q83　公開会社の事業報告の記載事項は　206
Q84　営業報告書との違いは　208
Q85　事業報告の作成資料は　210
Q86　事業報告の様式は　211
Q87　会社の現況に関する事項の作成・記載例は　213
Q88　役員に関する事項の作成・記載例は　216
Q89　公開会社の社外役員に関する事項の作成・記載例は　218
Q90　株式に関する事項の作成・記載例は　220
Q91　新株予約権等に関する事項の作成・記載例は　221
Q92　会社の支配に関する基本方針の作成・記載例は　223
Q93　内部統制に関する事項の作成・記載例は　224
Q94　会計監査人設置会社の事業報告に関する特例は　227
Q95　連結計算書類作成会社の事業報告の作成・記載例は　229

Q82 事業報告ってどういう書類のこと

A 事業報告は、会社法施行前の営業報告書に代わるものです。
事業報告には、株式会社の状況に関する重要な事項（計算書類及びその附属明細書並びに連結計算書類の内容となる事項を除きます。施行規則118①一）等が記載されます。

★事業報告というのは

事業報告とは、当期の企業活動及び決算期末日現在の会社の状況を株主に報告するための書類です。

事業報告には、会社の当期の概況等を文章や表を用いて、当期どのような経済環境の中で経営活動を行ったのか、事業部門別の業績はどうであったか、設備投資、資金調達として特筆すべき項目はなかったか、経営者が現状の会社の課題として考えている点は何か、その他に株主の状況や主要な事業所等の情報も記載されます。

なお、事業報告の「会社の現況に関する事項」については、連結計算書類提出会社の場合は、当該企業集団の現況に関する事項とすることができます（施行規則120②）。

事業報告に記載される項目は、図表185のとおりです。

【図表185　事業報告に記載される項目】

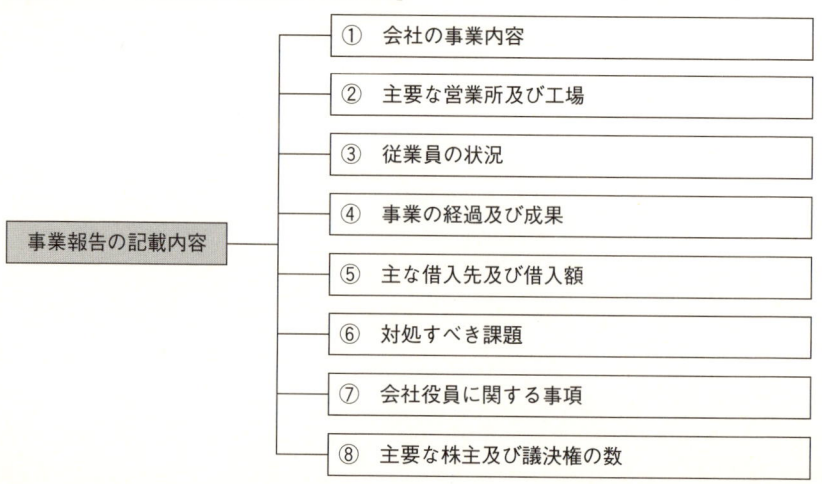

事業報告の記載内容
- ① 会社の事業内容
- ② 主要な営業所及び工場
- ③ 従業員の状況
- ④ 事業の経過及び成果
- ⑤ 主な借入先及び借入額
- ⑥ 対処すべき課題
- ⑦ 会社役員に関する事項
- ⑧ 主要な株主及び議決権の数

★**事業報告は計算書類から外される**

事業報告は、会社法施行前の営業報告書にあたるものです。

施行前は、取締役は貸借対照表、損益計算書、営業報告書、利益処分案の計算書類とその附属明細書を作成し、取締役会の承認を受けることが義務づけられていました（旧商法281①）が、施行後は、これらを「計算書類及び事業報告並びにこれらの附属明細書」として整理し、事業報告は計算書類から除かれています（会社法435②）。

営業報告書のうち、会計に関する部分は計算書類に移行され、その他の部分が事業報告とされているため、会計監査人設置会社では、計算書類及びその附属明細書は監査役及び会計監査人の監査対象となりますが、事業報告及びその附属明細書については、会計監査人監査の対象外となります。

また、施行後は、図表186のように、計算書類、事業報告それぞれに附属明細書が規定されていますが、実務上の煩雑さを考えて、両者を別々に作成すべきなのか、あるいは、まとめて1表とされるのかは、記載例等を参考にしながら各社で検討されることをお勧めします。

【図表186　施行前と施行後の計算書類の関係】

区分	施行前	施行後
計算書類	貸借対照表 損益計算書 営業報告書 利益処分案（損失処理案）	貸借対照表 損益計算書 株主資本等変動計算書 注記表
その他	附属明細書	事業報告 附属明細書

★**事業報告には内部統制システム構築の基本方針も記載**

会社法では、取締役及び取締役会の内部統制の構築責任について明文化されています。例えば、取締役は「取締役の職務の執行が法令及び定款に適合することを確保するための体制その他株式会社の業務の適正を確保するために必要なものとして法務省例で定める体制の整備」についての決定を各取締役に委任することはできない（会社法348③）とされています。

事業報告では、これら内部統制に関する体制の整備についての決定または決議があるときは、その決定または決議の内容、すなわち「内部統制システム構築の基本方針」について記載することが要求されています（施行規則108①）。

Q83 公開会社の事業報告の記載事項は

A 事業報告には、株式会社の状況に関する重要な事項を記載します。公開会社である場合は、株式会社の現況に関する事項等についても記載が要求されています。

さらに、「社外役員等設置会社」「会計参与設置会社」「会計監査人設置会社」及び「財務及び事業の方針の決定を支配する者のあり方に関する基本方針を定めている会社」は、それに加えて事業報告に記載する特別開示項目が要求されています。

··

★事業報告の記載事項は

事業報告には、①株式会社の状況に関する重要な事項（計算書類、その附属明細書、連結計算書類の内容となる事項を除きます。施行規則118①一、二）②内部統制に関する体制の整備（会社法348③、362④、416①）についての決定又は決議があるときは、その決定・決議の内容（施行規則118①二）を記載しなければなりません。

特に、②の内部統制に関する体制の整備についての決定及び決議の記載が要求されたことは、今回の会社法の制定で重要な事項と考えられます。

従来は、取締役の善管注意義務（旧商法260①）の中に取締役及び取締役会等の内部統制に関する体制の整備に関する義務が定められていたと解釈されていますが、内部統制の整備に関しての重要性の高まりから、会社法において明文化され、その記載（施行規則98、100、112）が要求されています。

なお、公開会社である場合は、多数の株主他のステークホルダー（利害関係者）が、当該事業報告の読者として想定されるため、株式会社の状況や内部統制等の体制の整備に関する事項だけでなく、図187に掲げるように株式会社の事業内容や支店・工場の場所、重要な子会社の資本金や事業内容に関する事項、役員の氏名、地位や担当、及び大株主に関する事項にいたるまで記載が求められています。

いずれも、旧商法における営業報告書において記載されていたもので、大幅に変更されたというよりは、営業報告書の内容がそのまま事業報告に移行されたといえます。一方で、非公開会社は記載内容が大幅に簡略化されたことになります。

【図表187　公開会社の記載事項】

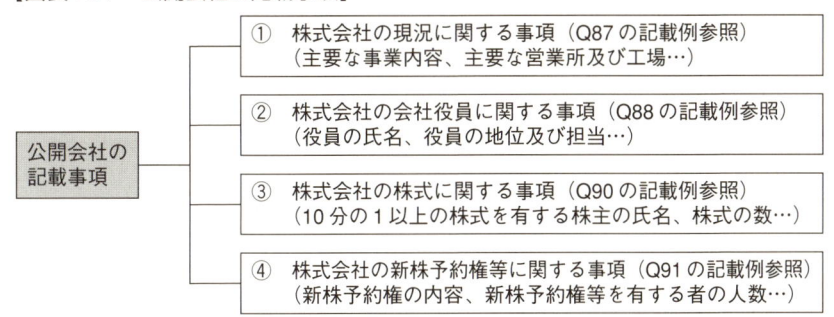

公開会社の記載事項
- ① 株式会社の現況に関する事項（Q87の記載例参照）
（主要な事業内容、主要な営業所及び工場…）
- ② 株式会社の会社役員に関する事項（Q88の記載例参照）
（役員の氏名、役員の地位及び担当…）
- ③ 株式会社の株式に関する事項（Q90の記載例参照）
（10分の1以上の株式を有する株主の氏名、株式の数…）
- ④ 株式会社の新株予約権等に関する事項（Q91の記載例参照）
（新株予約権の内容、新株予約権等を有する者の人数…）

★その他の記載事項の追加は

そのほか、図表188のとおり、会計監査人設定会社・社外役員等設置会社などの場合は、特別に開示項目が要求されています。

【図表188　特別開示項目としての記載事項】

項　目	記　載　事　項
① 社外役員等設置会社の場合	会社役員のうち社外役員であるものが存する場合には、「株式会社の会社役員に関する事項」に加えて、他の会社の業務執行取締役である事実、他の株式会社の社外役員の兼務状況、及び当該事業年度の主な活動状況及び社外役員の当該事業年度に係る報酬の総額等を記載します（施行規則124）（Q89の記載例参照）。
② 会計参与設置会社の場合	株式会社が会計参与設置会社である場合には、会計参与と当該株式会社との間で責任限定契約（会社法427①）を締結しているときは、その契約の内容の概要（当該契約によって会計参与の職務の適正性が損なわれないようにするための措置を講じている場合は、その内容を含む）を事業報告に記載します（施行規則125）。
③ 会計監査人設置会社の場合	株式会社が会計監査人設置会社である場合には、会計監査人の氏名又は名称、当該事業年度の報酬等の額、及び解任または不再任の決定方針、会計監査人と当該株式会社との間で責任限定契約（会社法427条1項を締結しているときは、その契約の内容の概要。上記②に同じ）等を事業報告に記載します（施行規則126）（Q94の記載例参照）。
④ 株式会社が財務及び事業の方針の決定を支配する者のあり方に関する基本方針の定めがある場合	株式会社が当該株式会社の財務及び事業の方針の決定を支配する者のあり方に関する基本方針を定めている場合は、基本方針の内容、会社財産の有効な活用や適切な企業集団の形成等に関する具体的な取組み内容、及び取組みの要件を事業報告に記載します（施行規則127）（Q92の記載例参照）。

Q84 営業報告書との違いは

A 事業報告は、営業報告書に代わるものです（会社法435②）が、計算書類からは外されています。
新たに開示が求められた項目があります。

★営業報告書と事業報告の相違点は

会社法施行前でも同様の規定はあったものの、内容が変更及び省略された項目として、図表189の事項があります。

【図表189　営業報告書と事業報告の相違点】

項目	営業報告書	事業報告
① 計算書類の範囲	・計算書類の1つ	・計算書類以外の書類（会社法435②）
② 記載の範囲	・会計の数値に関する部分も記載 ・会計監査人の監査対象	・会計の数値に関する部分を除外 ・会計監査人の監査対象から除外
③ その他の変更点	・主要借入先が有する作成会社の株式数の開示 ・大株主の状況は上位7名以上の大株主についての開示	・開示項目から削除 ・発行済株式数の10％以上の株主に変更 ・附属明細書の作成

　大会社の営業報告書は「会計に関する部分に限り」会計監査人の監査対象とされていましたが、どの部分が会計に関する部分であるかは不明瞭でした。
　事業報告が会計に関する数値の部分を除いて作成されることになり、会計監査人の監査対象から除外されたこと、この点が明確にされました。

★コーポレートガバナンス重視を反映した記載事項

　企業のコーポレートガバナンスに対する姿勢が重要視されている昨今の状況を受け、図表190に掲げる事項について詳細に記載が求められることとなりました。
　図表190の社外役員設置会社の記載事項をみても、社外役員が会社経営にどの程度関与しているのか、その発言や会社の法令違反行為に対する対応等かなりの内容が要求されていることがわかります。

【図表190　新たに求められている情報開示のための記載事項】

項　　目	記　載　事　項
① 社外役員設置会社の特則	社外役員を設置している会社については、役員の氏名や担当だけでなく、各社外役員の当該事業年度における主な活動内容、すなわち、取締役会への出席状況やその発言の状況、会社の意思決定に与えた事項及び当該事業年度中に当該会社において法令違反等の行為が行われた場合には、その事実の発生予防のために行った行為や発生後に行った行為等まで記載することが要求されています（施行規則124）。 社外役員の企業経営への参加状況が厳しく株主及び利害関係者に監視されることになったといえます。
② 会計監査人設置会社の特則	企業における会計監査人の役割は年々重要視されていますが、その流れを受け、会計監査人に対する情報も開示されるようになります。 会計監査人の氏名又は名称だけでなく、監査報酬等の額や監査業務以外の業務の対価、会計監査人が業務停止の処分を受けた場合は、それに関する事項が求められています（施行規則126）。 さらに、大会社であって有価証券報告書を提出している会社（会社法444③）においては、当該会社の子会社を含めた企業集団の監査報酬の総額や、子会社の会計監査人が当該会社の会計監査人と相違する場合はその事実を開示することとされました。
③ 株式会社の支配に関する基本方針	株主等へ敵対的買収等のM&Aの防衛策に対する会社の基本方針を示すために、当該株式会社の財務及び事業の方針の決定を支配する者のあり方に関する基本方針を定めている場合には、それに関する事項について記載が求められています（施行規則127）。

★附属明細書の作成も要求

　事業報告には、事業報告の内容を補足するためその附属明細書の作成も要求されています（会社法435②）。このため、原則として計算書類及び事業報告それぞれに附属明細書を作成することになります。この点も、旧商法では附属明細書は1表であったことからの相違点ですが、実務的には1表にまとめられることも考えられます。

　なお、公開会社である場合の事業報告の附属明細書には、①他の会社の業務執行役、執行役、業務を執行する社員等についての兼務の状況の明細や、②第三者との間の取引であって、会社と会社役員または支配株主との利益が相反するものの明細を記載することになります（施行規則128）。

Q85 事業報告の作成資料は

A 事業報告の作成資料の大部分は、社内資料で作成できます。外部資料については、直近のものを事前に入手しておくことが必要です。

★記載事項作成のための資料は

記載事項の作成の基礎となる資料は、図表191のものが考えられます。

【図表191 記載事項作成のための資料】

①	内部資料	定款、組織図、社内規程、契約書、計算書類（貸借対照表、損益計算書、株主資本等変動計算書）、連結計算書類、資金収支表、取締役会議事録、監査役会議事録、稟議書、設備投資計画、役員名簿、社員名簿、総勘定元帳、補助元帳、諸勘定内訳書、固定資産台帳、有価証券台帳
②	外部資料	会社登記簿、株主名簿、監査概要書

いずれも、通常、会社として存在している限り必要となる資料ばかりであり、特に事業報告作成のために必要となるものではありません。

★記載事項と作成資料の関係は

事業報告への記載事項と事業報告作成のための資料との関係は、図表192のとおりです。

【図表192 事業報告作成のための資料】

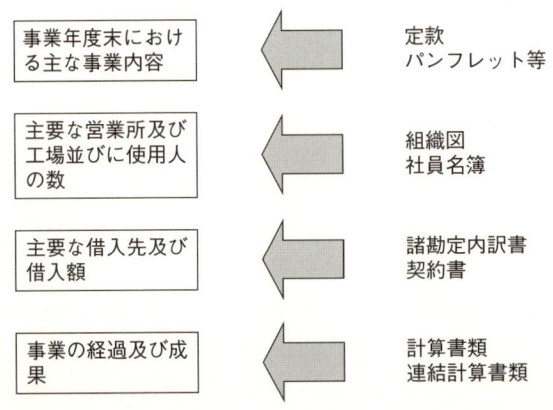

記載事項	作成資料
事業年度末における主な事業内容	定款 パンフレット等
主要な営業所及び工場並びに使用人の数	組織図 社員名簿
主要な借入先及び借入額	諸勘定内訳書 契約書
事業の経過及び成果	計算書類 連結計算書類

Q86 事業報告の様式は

A 会社法施行前の営業報告書のひな型が参考になると考えられます。具体的なひな型は、全国株懇連合会や日本経団連等から示されると思います。

★事業報告の様式は

事業報告の様式は、法律上特に定められているわけではなく、施行規則第117条以下の記載事項が記載されていれば、特に問題にはなりません。

またその構成順序についても、実務上、施行前の営業報告書に関して旧商法施行規則の条文（旧商規則84）ごとに、その順番で記載されていないことから、その項目及び順番は各社の実情に合わせて適宜記載することになると考えられます。

★待たれる標準ひな型の公表

営業報告書では、作成にあたっての参考となるひな型として、「全国株懇連合会」「日本経団連」及び「日本公認会計士協会」から、標準ひな型が公表されています。

参考までに、図表194に「全国株懇連合会」及び「日本経団連」の標準ひな型の構成を示します。

おそらく、今後、事業報告に関してもこれらの団体から標準的なひな型が例示されるものと考えられますが、残念ながら、現在のところ公表されていません。

なお、事業報告はQ84で述べたように、施行前の営業報告書の会計に関する部分を除き作成されるわけですから、基本的に営業報告書の様式と大きく異なることはないと考えられます。

参考までに、平成18年6月14日付で、日本公認会計士協会より「会計監査人設置会社における会計監査人に関する事項に係る事業報告の記載例（中間報告）（法規委員研究報告第5号）」が公表されています。

その中で施行規則第126条において記載が求められている、①会計監査人の氏名又は名称、②当該事業年度に係る各会計監査人の報酬等の額、③会計監査人に対して非監査業務に対する対価を支払っている場合の非監査業務の

内容等に関して一例が示されています。

【図表193　標準ひな型の作成】

標準的なひな型？？　→　全国株懇連合会
　　　　　　　　　　　　日本経団連？
　　　　　　　　　　　　日本公認会計士協会？

【図表194　標準ひな型の構成】

日本経団連	「全国株懇連合会」モデル
1．営業の概況 　(1)　営業の経過及び成果 　　①　全般的状況 　　②　部門別状況（「主要な事業内容」を含む） 　　③　設備投資・資金調達の状況 　(2)　会社が対処すべき課題 　(3)　業績及び財産の状況の推移並びにその説明	1．営業の概況 　(1)　営業の経過及び成果 　　①　営業の状況（以下を含む） 　　　・会社が対処すべき課題 　　　・決算期後に生じた計算書類作成 　　　・会社の状況に関する重要な事実 　　　・部門別の営業の経過及び成果 　　　・主要な事業内容 　　②設備投資の状況 　　③資金調達の状況 　(2)　過去3年間の業績の推移
2．会社の概況 　(1)　主要な営業所及び工場 　(2)　従業員の状況 　(3)　株式の状況（発行済株式総数、「大株主」「新株予約権」「自己株式」を含む） 　(4)　重要な企業結合の状況（その経過及び成果を含む） 　(5)　主要な借入先 　(6)　役員 　(7)　取締役の報酬（責任免除に関する定款の規定をおいた場合）	2．会社の概況 　(1)　株式の状況（大株主の状況を含む） 　(2)　自己株式の取得、処分等及び保有 　(3)　従業員の状況 　(4)　企業結合の状況 　(5)　主要な借入先 　(6)　主要な営業所及び工場 　(7)　取締役及び監査役 　(8)　取締役及び監査役に支払った報酬の額 　(9)　株主以外の者に対し特に有利な条件で発行した新株予約権の状況

Q87 会社の現況に関する事項の作成・記載例は

A 会社の現況に関する事項については、施行前の営業報告書の様式とほぼ同様の作成手順になると考えられます。

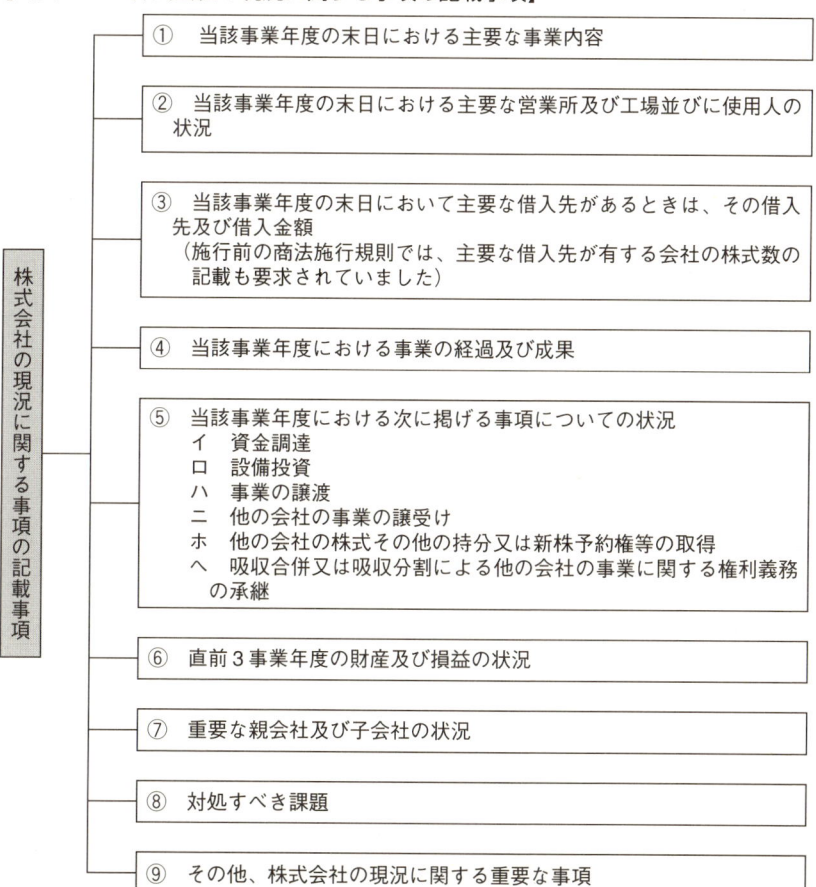

★会社の現況に関する事項の記載事項は

事業報告には「株式会社の現況に関する事項」として、図表195に掲げる項目を部門別に記載することが要求されています（施行規則120②）。

【図表195　株式会社の現況に関する事項の記載事項】

株式会社の現況に関する事項の記載事項
- ①　当該事業年度の末日における主要な事業内容
- ②　当該事業年度の末日における主要な営業所及び工場並びに使用人の状況
- ③　当該事業年度の末日において主要な借入先があるときは、その借入先及び借入金額
　（施行前の商法施行規則では、主要な借入先が有する会社の株式数の記載も要求されていました）
- ④　当該事業年度における事業の経過及び成果
- ⑤　当該事業年度における次に掲げる事項についての状況
　イ　資金調達
　ロ　設備投資
　ハ　事業の譲渡
　ニ　他の会社の事業の譲受け
　ホ　他の会社の株式その他の持分又は新株予約権等の取得
　ヘ　吸収合併又は吸収分割による他の会社の事業に関する権利義務の承継
- ⑥　直前3事業年度の財産及び損益の状況
- ⑦　重要な親会社及び子会社の状況
- ⑧　対処すべき課題
- ⑨　その他、株式会社の現況に関する重要な事項

★会社の現況に関する事項の記載例は

　株式会社の現況に関する事項の記載例は、図表196のとおりです。

【図表196　株式会社の現況に関する事項の記載例】

1．営業の概況
　(1)　営業の経過及び成果
　　　当期におけるわが国経済は・・・・・。
　　　このような状況のもと、当社は・・・・・に向けてまい進し・・・・・取り組んでまいりました。
　　　この結果、当期の業績につきましては、売上高○○,○○○百万円となりました。利益につきましては、・・・・・・・・・・・・・・・の効果があり、営業利益○,○○○百万円となり、経常利益は○○,○○○百万円となりました。
　　　　部門別売上については、以下のとおりです。
　　　①　○○事業部
　　　②　○○事業部
　　　③　○○事業部
　(2)　設備投資の状況
　　　当期おける設備投資につきましては、・・・・・・・
　(3)　資金調達の状況
　　　当期におきましては、・・・・・のため、○○転換社債○,○○○百万円を発行し・・・・・
　(4)　対処すべき課題
　　　今後の見通しにつきましては・・・・・・と予想されます。
　　　このような状況の下、当社は以下のように・・・・・・
　　　・・・・・に取り組んでまいります。
　(5)　部門別の売上高

部門	金額	構成比	前年度比
○○部門			
××部門			
△△部門			
合計			

　(6)　営業成績及び財産の状況の推移

	第○○期 (平成○年 ○月期)	第○○期 (平成○年 ○月期)	第○○期 (平成○年 ○月期)	第○○期 (平成○年 ○月期)
売上高（百万円）	7,878	8,354	8,054	8,293
経常利益（百万円）	376	462	415	432
当期純利益（百万円）	228	267	250	260
一株当たり当期純利益（円）	26.87	28.30	27.15	30.84
純資産（百万円）	4,095	4,283	4,500	4,880
総資産（百万円）	9,700	9,650	10,699	10,330

(注) 1. ・・・・・・・・・・・・
2. ・・・・・・・・・・・・

2．当社の概況
(1) 主要な事業内容
　　下記の製品の製造及び販売
　　　・・・・・・・・・・・
(2) 主要な営業所及び工場

東京本社	東京都〇〇区
工　場	〇〇工場（〇〇県〇〇市）
	〇〇工場（〇〇県〇〇市）・・・
営業所	〇〇支店（〇〇県〇〇市）
	〇〇支店（〇〇市〇〇区）

(3) 従業員の状況

従業員数	前期末比増減	平均年齢	平均勤続年数
〇,〇〇〇名	〇〇〇名減	〇〇.〇歳	〇〇.〇年

（注）従業員数は就業人員であり、臨時従業員数は含まれておりません。

(4) 重要な子会社の状況
　① 重要な子会社の状況

会社名	資本金	当社の議決権比率	主要な事業内容
〇〇株式会社	1,000百万円	100%	〇〇の販売
株式会社〇〇	3,000百万円	100%	〇〇の製造
ABC CORP.	50,000千米＄	90%	不動産事業

　② 企業結合の経過
　　　株式会社〇〇は、平成〇年〇月〇日設立したため、当期より重要な子会社として記載しております。
　③ 企業結合の成果
　　　当社の連結子会社等は上記の重要な子会社〇社を含む〇〇社であり、持分法適用会社は〇社であります。当連結会計年度の概要は、次のとおりです。

区分	当年度	前年度	前年度比
売上高			
経常利益			
当期純利益			
一株当り当期純利益			

Q88 役員に関する事項の作成・記載例は

A 会社役員について、氏名、地位及び担当等を記載します。
会社役員の報酬等については、取締役、会計参与、監査役又は執行役ごとに、総額で記載します。
会社役員の報酬等の開示は、個人ごとの開示も可能です。
事業年度中に辞任又は解任された会社役員の氏名を記載します。

★**会社役員に関する事項の記載は**

株式会社の会社役員に関する事項には、図表197に掲げる項目を記載します（施行規則121）。

【図表197　株式会社の会社役員に関する事項の記載事項】

株式会社の会社役員に関する事項の記載事項
- ① 会社役員の氏名
- ② 会社役員の地位及び担当
- ③ 会社役員が他の法人等の代表者その他これに類する者であるときは、その重要な事実
- ④ 当該事業年度に係る取締役、会計参与、監査役又は執行役ごとの報酬等の総額（会社役員の全部又は一部につき当該会社役員ごとの報酬等の額を揚げることとする場合にあっては、当該会社役員ごとの報酬等の額及びその他の会社役員の報酬等の総額）
- ⑤ 当該事業年度に係る各会社役員の報酬等の額又はその算定方法に係る決定に関する方針を定めているときは、その方針の決定方法及びその方針の内容の概要
- ⑥ 当該事業年度中に辞任し、又は解任された会社役員（株主総会の決議による解任の場合は除く）があるときは、次の事項
  - イ　当該会社役員の氏名
  - ロ　監査役が株主総会において会計参与の選任若しくは解任又は辞任について意見がある場合はその意見の内容
  - ハ　辞任した監査役が辞任後最初に招集される株主総会に出席して辞任した旨及びその理由を述べた場合はその理由
  - ※　ロ、ハについては会計参与についても同様です。
- ⑦ 当該事業年度に係る当該株式会社の会社役員の重要な兼職の状況
- ⑧ 監査役又は監査委員が財務及び会計に関する相当程度の知見を有しているものであるときは、その事実
- ⑨ 上記のほか、株式会社の会社役員（当事業年度の末日後に就任したものを含む）に関する重要な事項

★会社役員に関する事項の記載例は

会社役員に関する事項の記載例を示すと、図表198のとおりです。

【図表198　会社役員に関する事項の記載例】

会社役員に関する事項

地　位	担　当	氏　名	他の法人の代表者等又は重要な兼職の状況
取締役社長（代表取締役）		○○○○	○○株式会社代表取締役
常務取締役	営業本部長	○○○○	
取　締　役	製造本部長	○○○○	
取　締　役	財務本部長	○○○○	
取　締　役		○○○○	
会　計　参　与		○○○○	税理士（○○税理士事務所）
監査役（常勤）		○○○○	弁護士（○○弁護士事務所）
監査役（常勤）		○○○○	
監査役		○○○○	公認会計士（○○会計事務所）
監査役		○○○○	

注1　当該事業年度に係る会社役員の報酬等の額は、次のとおりです。
　　取締役　　　　百万円
　　会計参与　　　百万円
　　監査役　　　　百万円
　　合計　　　　　百万円
注2　監査役○○○○は、公認会計士です。
注3　平成○年○月○日に常務取締役○○○○氏及び監査役○○○○氏が、辞任しました。
注4　当社は執行役員制度を採用しており、平成○年○月○日現在の執行役員は、次のとおりであります。

地　位	担　当	氏　名
執行役員		○○○○
執行役員		○○○○
執行役員		○○○○
執行役員		○○○○

注5　平成○年○月○日付をもって、以下の取締役の「地位」または「担当」が変更となりました。

地　位	担　当	氏　名
常務取締役		○○○○
取締役		○○○○

Q89 公開会社の社外役員に関する事項の作成・記載例は

A 公開会社の場合は、Q88にあげる項目のほか、社外取締役に関する記載が必要です。

取締役会への出席状況や報酬等の総額についてだけでなく、社外役員の意見によって会社の事業方針等が変更された場合は、その内容の記載が必要です。

なお、法令又は定款違反があった場合は、各社外役員がその発生の予防のために行った行為等について記載が必要です。

★会社役員に関する事項にプラスする記載事項は

会社役員に社外役員がいる場合は、Q88の「株式会社の会社役員に関する事項」に加えて、図表199に掲げる事項を記載します（施行規則124）。

【図表199　社外役員がいる場合の記載事項】

社外役員がいる場合の記載事項
① 社外役員が他の会社の業務執行取締役、執行役、業務を執行する社員、法人が業務を執行する社員である場合のその職務を行うべき者、または使用人であるときはその事実及び当該株式会社と当該他の会社との関係
② 社外役員が他の株式会社の社外役員を兼任しているときは、その事実
③ 社外役員が当該株式会社又は当該株式会社の特定関係事業者の業務執行役員、執行役若しくは業務を執行する社員若しくは法人が業務を執行する社員である場合のその職務を行うべき者、又は使用人の３親等内の親族その他これに準ずるものであることを当該会社が知っているときは、その事実
④ 次の事項を含む各社外役員の当該事業年度における主な活動状況 　イ　取締役会への出席状況 　ロ　取締役会における発言の状況 　ハ　当該社外役員の意見により当該株式会社の事業の方針又は事業その他の事業に係る決定が変更されたときはその内容 　ニ　当該事業年度中に当該株式会社において法令又は定款に違反する事実その他不当な業務の執行が行われた事実があるときは、各社外役員が当該事実の発生の予防のために行った行為及び当該事実の発生後の対応として行った行為の概要
⑤ 社外役員と当該株式会社との間で責任限定契約（会社法427①）を締結しているときは、当該契約の内容の概要
⑥ 社外役員の当該事業年度に係る報酬等の総額
⑦ 当該社外役員が当該株式会社の親会社又は当該親会社の子会社から当該事業年度において役員としての報酬等その他財産上の利益を受けているときは、当該財産上の利益の総額
⑧ 社外役員についての上記に掲げる事項の内容につき、当該社外役員の意見があるときは、その意見

★社外役員設置会社の役員の状況の記載例は

社外役員設置会社の役員の状況の記載例は、図表200のとおりです。

【図表200　社外役員設置会社の役員の状況の記載例】

会社役員に関する事項

地　位	担　当	氏　名	他の法人の代表者等又は重要な兼職の状況
取締役社長 （代表取締役）		○○○○	株式会社○○○ ○○株式会社代表取締役
常務取締役	営業本部長	○○○○	
取　締　役	製造本部長	○○○○	株式会社○○社外取締役
取　締　役	財務本部長	○○○○	
取締役（社外）		○○○	
会　計　参　与		○○○○	税理士（○○税理士事務所）
監査役（常勤）		○○○○	弁護士（○○弁護士事務所）
監査役（常勤）		○○○○	
監査役		○○○○	公認会計士（○○会計事務所）
監査役		○○○○	

注1　当該事業年度に係る会社役員の報酬等の額は、次のとおりです。
　　取締役　　　　百万円（内　社外取締役　百万円）
　　会計参与　　　百万円
　　監査役　　　　百万円（内　社外監査役　百万円）
　　合計　　　　　百万円

注2　監査役○○○○は、公認会計士です。

注3　平成○年○月○日に常務取締役○○○○氏及び監査役○○○○氏が、辞任しました。

注4　社外役員に関する事項
　・社外役員は、毎月開催される当社取締役会に出席しています。
　・当社と社外取締役との間では、会社法第427条第1項に基づく契約を締結しています。
　・社外取締役である○○○○氏は、当社の親会社である株式会社○○○から役員報酬○○百万円を受け取っています。
　・社外取締役○○○氏は、当社の監査役○○○○氏の長男です。

注5　当社は執行役員制度を採用しており、平成○年○月○日現在の執行役員は、次のとおりであります。

地　位	担　当	氏　名
執行役員		○○○○
執行役員		○○○○
執行役員		○○○○
執行役員		○○○○

Q90 株式に関する事項の作成・記載例は

A 発行済株式総数の10分の1以上の株式を有する株主について記載が必要です。

施行前の営業報告書の内容とほぼ同じ記載になると考えられます。

★株式に関する事項の記載事項は

事業報告には「株式に関する事項」として、図表201に掲げる項目を記載することが要求されています（施行規則122④）。

【図表201　株式に関する事項の記載事項】

株式に関する事項の記載事項
- ① 当該事業年度の末日において発行済株式（自己株式を除く）の総数の10分の1以上の数の株式を有する株主の氏名又は名称及び当該株主の有する当該株式会社の株式の数（種類株式発行会社にあっては、株式の種類及び種類ごとの数）
- ② その他、株式会社の株式に関する重要な事項

★株式に関する事項の記載例は

会社の株式に関する事項の記載例は、図表202のとおりです。

【図表202　株式に関する事項の記載例】

株式に関する事項
① 会社が発行する株式の総数　　〇〇〇,〇〇〇,〇〇〇株
　（注）平成〇年〇月〇日に第三者割当増資を行っているため、発行済株式総数は、〇〇,〇〇〇株、前期末に比べて増加しました。
② 発行済株式の総数　　　　　　〇〇〇,〇〇〇,〇〇〇株
③ 株主数　　　　　　　　　　　〇,〇〇〇名
④ 大株主

株主名	持株数	持株比率
〇〇〇〇株式会社	千株	％
株式会社〇〇銀行		
〇〇信託銀行株式会社		
〇〇〇〇		
〇〇〇〇		

Q91 新株予約権等に関する事項の作成・記載例は

A 事業年度の末日に会社役員が有する新株予約権等について記載が必要です。
　当期に交付した新株予約権等について記載が必要です。

★新株予約権等に関する事項の記載事項は

　新株予約権とは、新株予約権者が会社に対してこれを行使した場合に、会社が新株予約権者に新株を発行し、またはその代わりに会社の有する自己の株式を移転する義務を負うものをいいます（旧商法280の19、会社法2①二十二）。

　新株予約権には、ストック・オプションのために単独で発行されるもののほか、新株予約権付社債に付されるものがあります。新株予約権については、発行の決議に際して、①新株予約権の目的である株式の数、②その行使に際して出資される財産の価格、③新株予約権を行使することができる期間等をその内容としなければならない（会社法236）とされていますが、事業報告書においては、それを有する会社は新株予約権等に関する事項として、図表203に掲げる事項を記載することが必要です（施行規則123）。

【図表203　新株予約権等に関する事項の記載事項】

新株予約権等に関する事項の記載事項
- ① 当該事業年度の末日において当該株式会社の会社役員が当該株式会社の新株予約権等を有しているときは、次に掲げる者の区分ごとの当該新株予約権等の内容の概要及び新株予約権等を有する者の人数
  - イ　当該株式会社の取締役（社外役員を除き、執行役を含む）
  - ロ　当該株式会社の社外取締役（社外役員に限る）
  - ハ　当該株式会社の取締役（執行役を含む）以外の会社役員
- ② 当該事業年度中に次に掲げるものに対して当該株式会社が交付した新株予約権等があるときは、次に掲げる者の区分ごとの当該新株予約権等の内容の概要及び交付した者の人数
  - イ　当該株式会社の使用人（当該株式会社の会社役員を兼ねている者を除く）
  - ロ　当該株式会社の子会社の役員及び使用人（当該株式会社の会社役員又はイに揚げる者をかねている者は除く）
- ③ その他、当該株式会社の新株予約権等に関する重要な事項

★新株予約権に関する事項の記載例は

新株予約権に関する事項の記載例を示すと、図表204のとおりです。

【図表204　新株予約権等に関する事項の記載例】

会社役員が有する新株予約権

区　分	人数	新株予約権の数	目的となる株式の種類、数	発行価格	行使の条件等
取締役	5名	50個			
社外取締役	2名	20個			
監査役	4名	40個			
合　計		110個			

当期に交付した新株予約権等

区　分	人数	新株予約権の数	目的となる株式の種類、数	発行価格	行使の条件等
使用人	20名	100個			
子会社の役員及び使用人	5名	10個			
その他	2名	4個			
合　計		114個			

その他新株予約権に関する重要な事項
　①新株予約権の行使の条件
　　・新株予約権者は、権利行使時において、当社または当社子会社の取締役または従業員の地位にあることを要する。
　　・新株予約権者が死亡した場合、その相続人は新株予約権を行使することはできない。
　　・その他の条件については、「新株予約権割当契約書」に定める。
　②新株予約権の償却事由及び条件
　　・当社が消滅会社となる合併契約書が承認された場合、または当社が完全子会社となる株式交換若しくは株式移転の議案につき株式総会で承認された場合には、取締役会の決議に従い、新株予約権者の有する新株予約権の全部を無償で消却することができる。
　　・対象者が新株予約権を権利行使する前に死亡し、または上記に定める条件を充たさなくなったことにより、新株予約権を行使できないこととなった場合は、新株予約権者の有する新株予約権の全部を無償で消却することができる。

Q92 会社の支配に関する基本方針の作成・記載例は

A 基本方針、取組みの具体的内容、取締役の判断及びその判断に係る理由を記載します

敵対的買収の防衛策等の取組み及び基本方針について、株主や投資家に情報を提供することとなります。

★会社の支配に関する基本方針の記載事項は

株式会社が財務及び事業の方針の決定を支配する者のあり方に関する基本方針を定めている場合には、図表205に掲げる事項を事業報告に記載します（施行規則127）。

【図表205　会社の支配に関する基本方針の記載事項】

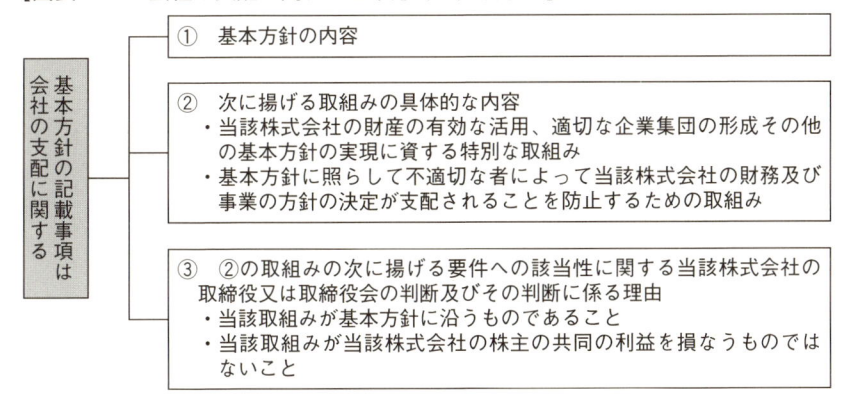

会社の支配に関する基本方針の記載事項は	
①	基本方針の内容
②	次に掲げる取組みの具体的な内容 ・当該株式会社の財産の有効な活用、適切な企業集団の形成その他の基本方針の実現に資する特別な取組み ・基本方針に照らして不適切な者によって当該株式会社の財務及び事業の方針の決定が支配されることを防止するための取組み
③	②の取組みの次に掲げる要件への該当性に関する当該株式会社の取締役又は取締役会の判断及びその判断に係る理由 ・当該取組みが基本方針に沿うものであること ・当該取組みが当該株式会社の株主の共同の利益を損なうものではないこと

★会社の支配に関する基本方針の記載例は

会社の支配に関する基本方針の記載例は、図表206のとおりです。

【図表206　会社の支配に関する基本方針の記載例】

> 当社は、・・・・・製造メーカーとして・・・・。当社の企業価値を最大化するためには・・・、中長期的に安定した企業経営が確保されることが必要と考えます。・・・・したがって、経営の安定を阻害するような、M&Aや弊社株の大量買付行為は不適切と考えます。また、・・・・・も不適切な行為と考えます。当社はこれらの基本方針にしたがい、株式の大量買付が行われた場合は、社外取締役等からなるプロジェクトチームが・・・・。

Q93 内部統制に関する事項の作成・記載例は

A 会社法では、内部統制に関する取締役の責任について明文化されています。

取締役会非設置会社、取締役会設置会社及び委員会設置会社の区分に応じ、決定又は決議の概要を記載します。

★内部統制に関する事項の記載事項は

事業報告では、内部統制に関する体制の整備について記載することになります（会社法348③、362④、416①）。

例えば、取締役及び取締役会については、職務執行に係る情報の保存及び管理に関する体制、損失の危険の管理に関する規程その他の体制、職務執行が効率的に行われることを確保するための体制等に関する事項です（施行規則98、100、112）。

内部統制に関する事項は、会社の区分に応じて、図表207から210に掲げる事項についての決定又は決議の概要を事業報告に記載しなければなりません。

【図表207　取締役会非設置会社の記載事項】

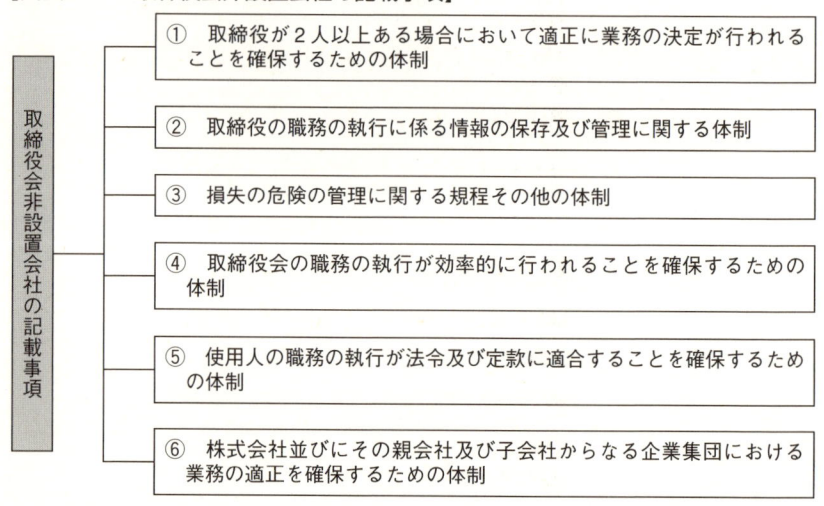

取締役会非設置会社の記載事項
- ① 取締役が2人以上ある場合において適正に業務の決定が行われることを確保するための体制
- ② 取締役の職務の執行に係る情報の保存及び管理に関する体制
- ③ 損失の危険の管理に関する規程その他の体制
- ④ 取締役会の職務の執行が効率的に行われることを確保するための体制
- ⑤ 使用人の職務の執行が法令及び定款に適合することを確保するための体制
- ⑥ 株式会社並びにその親会社及び子会社からなる企業集団における業務の適正を確保するための体制

監査役非設置会社では、図表207の体制には、取締役が株主に報告すべき事項の報告をするための体制を含みます。

【図表208　監査役設置会社の記載事項】

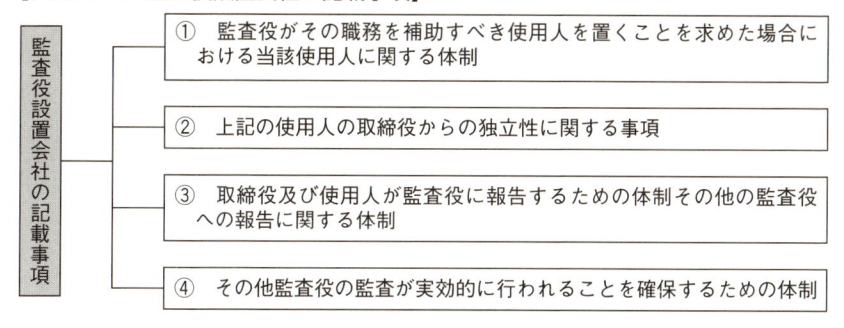

監査役設置会社の記載事項
- ① 監査役がその職務を補助すべき使用人を置くことを求めた場合における当該使用人に関する体制
- ② 上記の使用人の取締役からの独立性に関する事項
- ③ 取締役及び使用人が監査役に報告するための体制その他の監査役への報告に関する体制
- ④ その他監査役の監査が実効的に行われることを確保するための体制

【図表209　取締役会設置会社の記載事項】

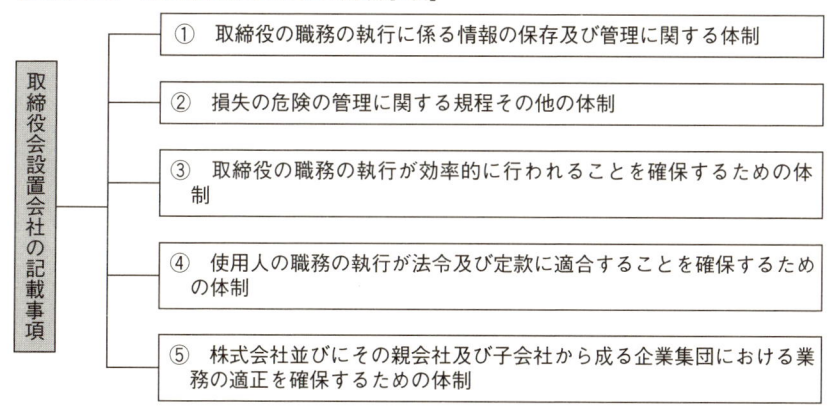

取締役会設置会社の記載事項
- ① 取締役の職務の執行に係る情報の保存及び管理に関する体制
- ② 損失の危険の管理に関する規程その他の体制
- ③ 取締役の職務の執行が効率的に行われることを確保するための体制
- ④ 使用人の職務の執行が法令及び定款に適合することを確保するための体制
- ⑤ 株式会社並びにその親会社及び子会社から成る企業集団における業務の適正を確保するための体制

なお、監査役非設置会社及び監査役設置会社に関する規定は、取締役会非設置会社の場合と同様です。

【図表210　委員会設置会社の職務の執行のために必要な事項】

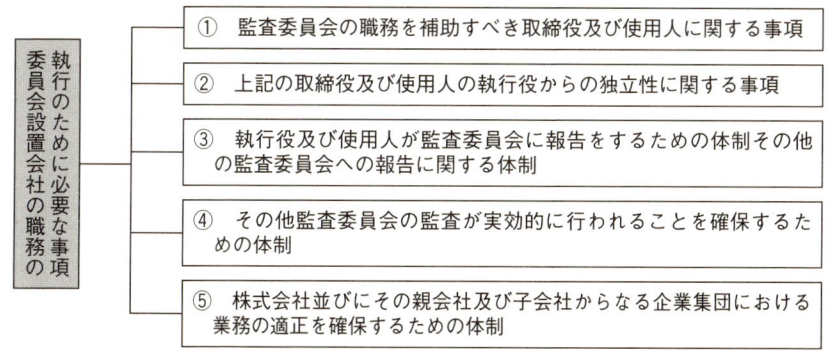

執行のために必要な事項（委員会設置会社の職務）
- ① 監査委員会の職務を補助すべき取締役及び使用人に関する事項
- ② 上記の取締役及び使用人の執行役からの独立性に関する事項
- ③ 執行役及び使用人が監査委員会に報告をするための体制その他の監査委員会への報告に関する体制
- ④ その他監査委員会の監査が実効的に行われることを確保するための体制
- ⑤ 株式会社並びにその親会社及び子会社からなる企業集団における業務の適正を確保するための体制

執行役の職務の執行に必要な事項は、図表211のとおりです。

【図表211　執行役の職務の執行に必要な事項】

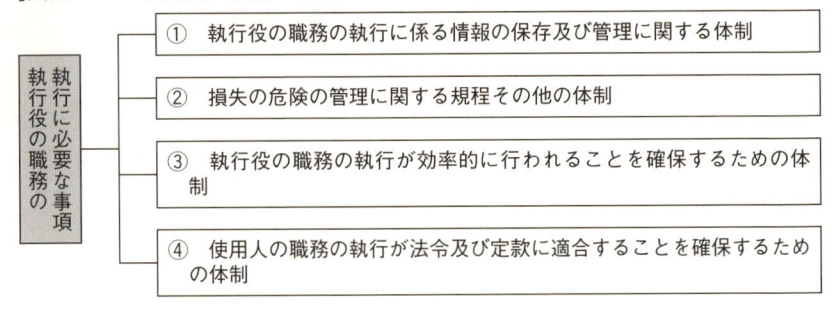

執行役の職務に必要な事項
- ① 執行役の職務の執行に係る情報の保存及び管理に関する体制
- ② 損失の危険の管理に関する規程その他の体制
- ③ 執行役の職務の執行が効率的に行われることを確保するための体制
- ④ 使用人の職務の執行が法令及び定款に適合することを確保するための体制

★監査委員会の職務遂行に必要な事項の取締役会決議の記載例は

　監査委員会の職務執行に必要な事項の取締役会決議の記載例は、図表212のとおりです。

【図表212　監査委員会の職務遂行に必要な事項の取締役会決議の記載例】

1．監査委員会の職務を補助すべき使用人に関する事項
　　監査委員は、その職務の執行に必要な場合は、○○○室所属員に監査委員会の職務の執行の補助を委嘱することができる。
2．上記記載の使用人の執行役からの独立性の確保に関する事項
　　○○○室所属員についての任命、評価、異動・・・・・は、監査委員会の意見を徴し、これを尊重するものとする。
3．執行役及び使用人が監査委員会に報告すべき事項その他の監査委員会に対する報告に関する体制
　　執行役が監査委員会及び監査委員会の委嘱を受けた監査委員に報告すべき事項は次のとおりとする。
　　　　① ・・・・・・・・・・・
　　　　② ・・・・・・・・・・・
　　　　③ ・・・・・・・・・・・
　　また、使用人が監査委員会及び監査委員会の委嘱を受けた監査委員に報告すべき事項は次のとおりとする。
　　　　① ・・・・・・・・・・・
　　　　② ・・・・・・・・・・・
　　　　③ ・・・・・・・・・・・
　　執行役及び使用人は、監査委員会の要求があった場合には、監査委員会に出席して、必要な書類を添えて説明または意見陳述をしなければならない。
4．執行役の職務の執行に係る情報の保存及び管理に関する事項
　　執行役会議事録、稟議書、各種契約書等の重要な書類について保存するものとし、詳細については、情報の保存及び管理に関する規程による。
5．損失の危険の管理に関する規程その他の体制に関する事項
　　信用・投資等に関するリスク、災害等に関するリスク、○○に関するリスクについては、別途定める社内規程に基づいて対応する体制を備えている。

Q94 会計監査人設置会社の事業報告に関する特例は

A 会計監査人設置会社については、会計監査人に関する事項を事業報告に記載しなければなりません。

　会計監査人に関する事項として、氏名又は名称のほか、報酬・業務停止処分の内容・責任限定契約（会社法427）等の記載が必要です。

★会計監査人設置会社の記載事項は

　会社が会計監査人設置会社である場合には、図表213に掲げる事項を事業報告に記載します（施行規則126）。

【図表213　会計監査人設置会社の記載事項】

会計監査人設置会社の記載事項
① 会計監査人の氏名又は名称
② 当該事業年度に係る各会計監査人の報酬等の額
③ 会計監査人に対して監査報酬以外の業務（公認会計士法2①以外の業務）の対価を支払っているときはその非監査業務の内容
④ 会計監査人の解任または不再任の決定の方針
⑤ 会計監査人が現に業務の停止の処分を受け、その停止の期間を経過しない者であるときは、その当該処分に係る事項
⑥ 会計監査人が過去2年間に業務の停止の処分を受けた者である場合における当該処分に係る事項のうち、当該株式会社が事業報告の内容とすることが適切であると判断した事項
⑦ 会計監査人と当該株式会社との間で責任限定契約（会社法427①）を締結しているときは当該契約の内容の概要
⑧ 株式会社が大会社（会社法444③）であるときは次に掲げる事項
　イ　当該株式会社の会計監査人である公認会計士又は監査法人に当該株式会社及びその子会社が支払うべき金銭その他の財産上の利益の合計額
　ロ　当該株式会社の会計監査人以外の公認会計士又は監査法人が当該株式会社の子会社の計算関係書類の監査をしているときは、その事実
⑨ 当該事業年度中に辞任した会計監査人又は解任された会計監査人があるときは、次に掲げる事項
　イ　当該会計監査人の氏名又は名称
　ロ　会計監査人が監査役により解任された場合はその理由（会社法340③）
　ハ　会計監査人が株主総会において会計監査人の選任若しくは解任又は辞任について意見があったときはその内容
　ニ　辞任した会計監査人が辞任後最初に招集される株主総会に出席して辞任した旨及びその理由を述べた場合はその理由

★会計監査人に関する事項の記載例は

会計監査人に関する事項の記載例は、図表214のとおりです。

【図表214　会計監査人に関する事項の記載例】

1．会計監査人　　　　　　○○○監査法人
2．会計監査人の報酬等
　　当社
　　　　公認会計士法第2条第1項の業務に関する報酬　　　　○○百万円
　　　　上記以外の業務に関する報酬　　　　　　　　　　　　○○百万円
　　　　　　　　　　　　　　　　　　　　　　　　　合計　　○○百万円
　　当社の子会社
　　　　公認会計士法第2条第1項の業務に関する報酬　　　　○○百万円
　　　　上記以外の業務に関する報酬　　　　　　　　　　　　○○百万円
　　　　　　　　　　　　　　　　　　　　　　　　　合計　　○○百万円

3．当社に対する会計監査人の非監査業務の内容
　　当社は、会計監査人に対して、公認会計士法第2条第1項の業務以外の業務である財務調査業務及び株価鑑定業務に関して委託し報酬を支払っております。

4．当社は、当社の会計監査人が職務上の義務に違反し、又は職務を怠ったとき、会計監査人としてふさわしくない非行があったとき及び心身の故障のため、職務の執行に支障があった場合に、解任又は不再任を決定する方針であります。

5．当社と会計監査人である監査法人○○○との間では、会社法427条第1項に基づき、・・・・・・に関して責任限定契約を締結しております。その内容は、以下のとおりであります。
　　・・・・・・

6．以下の当社の子会社では、当社以外の会計監査人が監査を行っております。

株式会社○○○○	○○○監査法人
○○株式会社	監査法人○○○
○○○株式会社	○○○監査法人
株式会社○○○	○○○会計事務所

なお、平成18年6月14日付で、日本公認会計士協会より「会計監査人設置会社における会計監査人に関する事項に係る事業報告の記載例（中間報告）（法規委員会研究報告第5号）」が公表されています。同中間報告では「記載例及び記載上の注意」が公表されていますので、参考にしてください。

Q95 連結計算書類作成会社の事業報告の作成・記載例は

A 株式会社の現況に関する事項について企業集団の現況に関する事項とすることができます（施行規則120②）。
記載すべき項目は、単独の会社の場合と概ね同様となります。

★株式会社の現況に関する事項というのは

株式会社が連結計算書類を作成している場合には、「株式会社の現況に関する事項」（施行規則120①）について、当該株式会社及びその子会社からなる企業集団の現況に関する事項とすることができます。

この場合、当該事項に相当する事項が連結計算書類の内容となっているときは、当該事項を事業報告の内容としないことができます。

「株式会社の現況に関する事項」とは、図表215の事項をいいます。

【図表215　株式会社の現況に関する事項】

株式会社の現況に関する事項
- ① 当該事業年度の末日における主要な事業内容
- ② 当該事業年度の末日における主要な営業所及び工場並びに使用人の状況
- ③ 当該事業年度の末日において主要な借入先があるときはその借入先及び借入金額
- ④ 当該事業年度における事業の経過及び成果
- ⑤ 当該事業年度における次に掲げる事項についての状況
  - イ　資金調達
  - ロ　設備投資
  - ハ　事業の譲渡
  - ニ　他の会社の事業の譲受
  - ホ　他の会社の株式その他の持分又は新株予約権等の取得
  - ヘ　吸収合併又は吸収分割による他の法人等の事業に関する権利義務の承継
- ⑥ 直前3事業年度の財産及び損益の状況
- ⑦ 重要な親会社及び子会社の状況
- ⑧ 対処すべき課題
- ⑨ その他、株式会社の現況に関する重要な事項

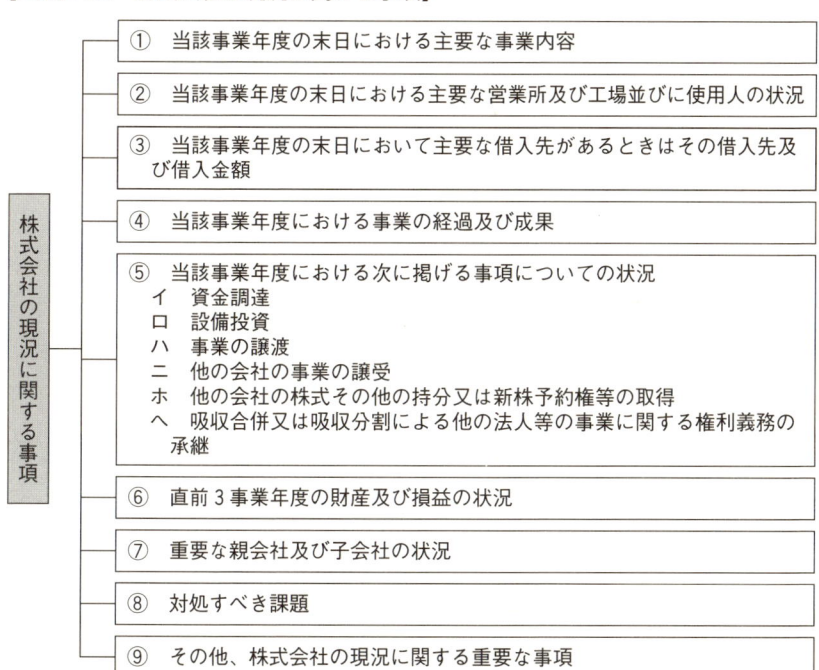

旧商法における営業報告書においても、同様の規定があり、連結計算書類を作成している多くの会社が既に「企業集団」ベースで「株式会社の現況に関する事項」を開示しているため、実務上、特に混乱はないと考えられます。

★会社の現況に関する事項の開示例は
　会社の現況に関する事項の開示例は、図表216のとおりです。

【図表216　会社の現況に関する事項の開示例】

１．営業の概況
　(1)　企業集団の営業の経過及び成果
　　　当連結会計年度におけるわが国経済は・・・・・。
　　　このような状況のもと、当社グループは・・・・・に向けてまい進し・・・・・取り組んでまいりました。
　　　この結果、当連結会計年度の業績につきましては、売上高○○,○○○百万円となりました。利益につきましては、・・・・・・・・・・・・・・・の効果があり、営業利益○,○○○百万円となり、経常利益は○○,○○○百万円となりました。
　　　部門別売上については以下のとおりです。
　　　　①　○○事業部
　　　　②　○○事業部
　　　　③　○○事業部
　(2)　企業集団の設備投資の状況
　　　当連結会計年度の設備投資につきましては、・・・・・・・
　(3)　企業集団の資金調達の状況
　　　当連結会計年度におきましては、・・・・・のため、○○転換社債○,○○○百万円を発行し・・・・・
　(4)　企業集団が対処すべき課題
　　　今後の見通しにつきましては・・・・・・・と予想されます。
　　　このような状況の下、当社グループは以下のように・・・・・
　　　・・・・・・に取り組んでまいります。
　(5)　部門別の売上高（Q87参照）
　(6)　企業集団及び当社の営業成績及び財産の状況の推移
　　①　企業集団の営業成績及び財産の状況の推移

	第○○期 （平成○年 ○月期）	第○○期 （平成○年 ○月期）	第○○期 （平成○年 ○月期）	第○○期 （平成○年 ○月期）
売上高（百万円）	8,970	9,580	9,310	9,625
経常利益（百万円）	467	539	493	526
当期純利益（百万円）	280	331	295	310
一株当たり当期純利益(円)	30.89	33.75	32.40	36.80
純資産（百万円）	4,750	4,896	5,147	5,510
総資産（百万円）	11,254	11,176	12,395	11,970

(注) 1. ・・・・・・・・・・・・
　　 2. ・・・・・・・・・・・・

② 当社の営業成績および財産の状況の推移

	第○○期 (平成○年 ○月期)	第○○期 (平成○年 ○月期)	第○○期 (平成○年 ○月期)	第○○期 (平成○年 ○月期)
売上高（百万円）	7,878	8,354	8,054	8,293
経常利益（百万円）	376	462	415	432
当期純利益（百万円）	228	267	250	260
一株当たり当期純利益(円)	26.87	28.30	27.15	30.84
純資産（百万円）	4,095	4,283	4,500	4,880
総資産（百万円）	9,700	9,650	10,699	10,330

(注) 1. ・・・・・・・・・・・・
　　 2. ・・・・・・・・・・・・

2．企業集団及び当社の概況
 (1) 企業集団の主要な事業内容

 (2) 企業集団の主要な営業所及び工場
  ① 当　社

東京本社	東京都○○区
営業所	○○支店（○○県○○市） ○○支店（○○市○○区）
工　場	○○工場（○○県○○市） ○○工場（○○県○○市）・・・

  ② 子会社等

国内販売会社	○○株式会社（○○県○○市） ○○株式会社（○○県○○市）・・・
国内製造子会社	株式会社○○（○○県○○市） ○○株式会社（○○市○○区）
海外販売会社	○○CORP.（アメリカ） ○○,LTD.（カナダ）
海外製造子会社	○○,INC.（アメリカ） ○○有限公司（中国）

(3) 企業集団の従業員の状況
　① 企業集団の従業員

事業セグメント	従業員数	前期末比増減
A事業	○,○○○名	○○○名増
B事業	○,○○○名	○○○名増
C事業	○,○○○名	○○○名増
全社（共通）	○,○○○名	○○○名増
合　計	○○,○○○名	○○○名増

（注）従業員数は就業人員であり、臨時従業員数は含まれておりません。

　② 当社の従業員

従業員数	前期末比増減	平均年齢	平均勤続年数
○,○○○名	○○○減	○○.○歳	○○.○年

（注）従業員数は就業人員であり、臨時従業員数は含まれておりません。

(4) 重要な親会社及び子会社の状況
　① 重要な子会社の状況

会社名	資本金	当社の議決権比率	主要な事業内容
○○株式会社	1,000百万円	100％	○○の販売
株式会社○○	3,000百万円	100％	○○の製造
ABC CORP.	50,000千米＄	90％	不動産事業

　② 企業結合の経過
　　株式会社○○は、平成○年○月○日設定のため、当期より重要な子会社として記載しております。
　③ 企業結合の成果
　　当社の連結子会社等は上記の重要な子会社○社を含む○○社であり、持分法適用会社は○社であります。
　　当連結会計年度の概要は、企業集団の営業成績及び財産の状況の推移に記載のとおりであります。

7 附属明細書の作成実務Q&A

7では、計算書類の内容を補足する重要な事項を記載する附属明細書作成の実務ポイントをまとめています。

Q96　附属明細書ってどういう書類のこと　234
Q97　有形固定資産・無形固定資産の明細の記載例は　235
Q98　引当金の明細の記載例は　238
Q99　販売費及び一般管理費の明細の記載例は　240
Q100　事業報告の附属明細書の記載例は　242

Q96 附属明細書ってどういう書類のこと

A 附属明細書には、計算書類に係る附属明細書（計算規則145）と事業報告の附属明細書（施行規則128）があります。

計算書類の附属明細書には、計算書類の主要な科目の内訳や計算書類の内容を補足する重要な事項を記載します。事業報告の附属明細書には、事業報告の内容を補足する重要な事項を記載します。

★附属明細書の作成義務は

株式会社は、各事業年度の計算書類及び事業報告の附属明細書を作成しなければなりません（会社法435②）。

附属明細書は、電磁的記録による作成が可能です（会社法435③）。

さらに株式会社は、計算書類を作成したときから10年間、附属明細書を保存する義務があります（会社法435④）。この規定は、大会社・中小会社に関係なく、すべての株式会社に適用されます。

なお、旧有限会社法第44条の2第2項の規定による定款の定めがある特例有限会社は、附属明細書の作成が免除されます（整備法26②）。

★計算書類の附属明細書の記載内容は

図表217に掲げる事項のほか、貸借対照表、損益計算書、株主資本等変動計算書及び個別注記表の内容を補足する重要な事項を記載します。

【図表217　附属明細書の記載内容（計算規則145）】

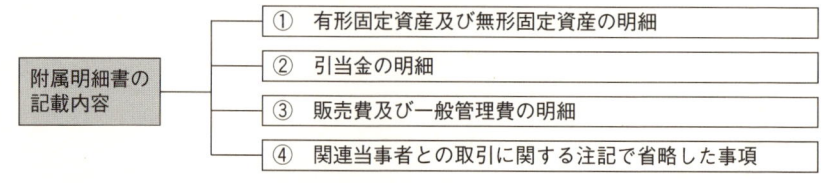

附属明細書の記載内容	
①	有形固定資産及び無形固定資産の明細
②	引当金の明細
③	販売費及び一般管理費の明細
④	関連当事者との取引に関する注記で省略した事項

★事業報告の附属明細書の記載内容は

公開会社の場合、会社役員の兼務の状況の明細、株式会社と会社役員や支配株主との利益相反取引の明細の記載が義務づけられていること以外は、事業報告の内容を補足する重要な事項を記載すると定められているだけで、その他に具体的な定めはありません（施行規則128）。

Q97 有形固定資産・無形固定資産の明細の記載例は

A 有形固定資産と無形固定資産は、一般的に金額が重要な場合が多いので、わかりやすく、かつ十分に詳しい説明が求められます。

「固定資産の減損に係る会計基準」が適用されました。有形固定資産と無形固定資産の明細に減損損失の影響がわかるように記載する必要があります。

★明細書の様式は

有形固定資産の表示には、大きく分けて、①取得原価ベースで表示する方法（減価償却累計額を有形固定資産の控除項目として表示する方法）と、②帳簿価額ベースで表示する方法（減価償却累計額を有形固定資産から直接控除し、減価償却累計額は注記する方法）があります。

附属明細書も、取得原価ベースと帳簿価額ベースの2種類の表示方法が考えられます。

様式としては、図表218に示す旧附属明細書のひな型の「固定資産の取得及び処分並びに減価償却費の明細（会計制度委員会研究報告第9号）」が参考になるでしょう。

また、有価証券報告書の附属明細表の有形固定資産等明細表（図表219）も参考にするとよいでしょう。

無形固定資産は貸借対照表に帳簿価額ベースで表示します。したがって、附属明細書も帳簿価額ベースとなります。

また、平成18年6月15日に日本公認会計士協会から公表された「計算書類に係る附属明細書のひな型（会計制度委員会研究報告第9号）」改正については、投資その他の資産（長期前払費用）の項目が削除されています。

★記載内容は

重要な増加及び減少について説明する必要があります。特に合併、会社分割、営業の譲受け又は譲渡、贈与、災害による廃棄、滅失等の特殊な理由による重要な増減があった場合には、その理由、設備等の具体的な内容・金額を記載すべきです。

また、土地再評価法のような特別の法律の規定により資産の再評価が行わ

れた場合、その他特別の理由により取得原価の修正が行われた場合には、その旨、理由及び増減額を記載すべきです。

　固定資産の減損に係る会計基準の適用により固定資産の減損損失を認識した場合には、脚注や減損損失累計額といった項目を設けるなどして減損損失を認識した科目と金額が明らかになるように記載する必要があります。

　さらに、事業報告に「株式会社の現況に関する事項」の設備投資（施行規則120①五ロ）の記載があるため、附属明細書上の有形固定資産及び無形固定資産の増加内容との整合性にも留意する必要があります。

【図表218　固定資産の取得及び処分並びに減価償却費の明細】

(1) 帳簿価額による記載

区分	資産の種類	期首帳簿価額	当期増加額	当期減少額	当期償却額	期末帳簿価額	減価償却累計額	期末取得原価
有形固定資産	建物	百万円 761	百万円 170	百万円 86	百万円 45	百万円 800	百万円 260	百万円 1,060
	構築物	394	40	4	30	400	290	690
	機械及び装置	660	200	70	140	650	900	1,550
	車両運搬具	200	20	90	10	120	100	220
	工具器具備品	243	30	17	16	240	120	360
	土地	146	200	46	―	300	―	300
	建設仮勘定	―	180	―	―	180	―	180
	計	2,404	840	313	241	2,690	1,670	4,360
無形固定資産	電話加入権	140	10	―	―	150	―	150
	借地権	280	―	―	―	280	―	280
	計	420	10	―	―	430	―	430

(注) 1　当期増加額の主なものは次のとおりであります。
　　　建物　　　　　　本社の増築100百万円ほか
　　　機械及び装置　　千葉工場の電子部品製造設備150百万円ほか
　　2　当期減少額の主なものは次のとおりであります。
　　　建物　　　　　　岡山支店閉鎖による除却59百万円ほか
　　　機械及び装置　　千葉工場の旧電子部品製造設備除却55百万円ほか
　　　土地　　　　　　岡山支店閉鎖による売却46百万円

(2) 取得原価による記載

区分	資産の種類	期首残高	当期増加額	当期減少額	期末残高	期末減価償却累計額又は償却累計額	当期償却額	差引期末帳簿価額
有形固定資産	建物	百万円 1,148	百万円 170	百万円 258	百万円 1,060	百万円 260	百万円 45	百万円 800
	構築物	666	40	16	690	290	30	400
	機械及び装置	1,630	200	280	1,550	900	140	650

	車両運搬具	150	100	30	220	100	10	120
	工具器具備品	398	30	68	360	120	16	240
	土　　　地	146	200	46	300	―	―	300
	建設仮勘定	―	180	―	180	―	―	180
	計	4,138	920	698	4,360	1,670	241	2,690
無形固定資産	電話加入権	140	10	―	150	―	―	150
	借　地　権	280	―	―	280	―	―	280
	計	420	10	―	430	―	―	430

(注)　1　当期増加額の主なものは次のとおりであります。
　　　　　建　　物　　　本社の増築100百万円ほか
　　　　　機械及び装置　千葉工場の電子部品製造設備150百万円ほか
　　　2　当期減少額の主なものは次のとおりであります。
　　　　　建　　物　　　岡山支店閉鎖による除却238百万円ほか
　　　　　機械及び装置　千葉工場の旧電子部品製造設備除却221百万円ほか
　　　　　土　　地　　　岡山支店閉鎖による売却46百万円

【図表219　有形固定資産等明細表】

資産の種類	期首残高	当期増加額	当期減少額	期末残高	期末減価償却累計額又は償却累計額	当期償却額	差引期末帳簿価額
	百万円	百万円	百万円	百万円	百万円	百万円	百万円
有形固定資産							
建　　　物	1,148	170	258	1,060	260	45	800
構　築　物	666	40	16	690	290	30	400
機械及び装置	1,630	200	280	1,550	900	140	650
車両運搬具	150	100	30	220	100	10	120
工具器具備品	398	30	68	360	120	16	240
土　　　地	146	200	46	300	―	―	300
建設仮勘定	―	180	―	180	―	―	180
有形固定資産合計	4,138	920	698	4,360	1,670	241	2,690
無形固定資産							
電話加入権	140	10	―	150	―	―	150
借　地　権	280	―	―	280	―	―	280
無形固定資産合計	420	10	―	430	―	―	430

(注)　1　当期増加額の主なものは次のとおりであります。
　　　　　建　　物　　　本社の増築100百万円ほか
　　　　　機械及び装置　千葉工場の電子部品製造設備150百万円ほか
　　　2　当期減少額の主なものは次のとおりであります。
　　　　　建　　物　　　岡山支店閉鎖による除却238百万円ほか
　　　　　機械及び装置　千葉工場の旧電子部品製造設備除却221百万円ほか
　　　　　土　　地　　　岡山支店閉鎖による売却46百万円

Q97　有形固定資産・無形固定資産の明細の記載例は

Q98 引当金の明細の記載例は

A 引当金は見積もりの要素があるため、恣意性の介入する余地があります。

計上根拠や見積もり方法について明確な説明が求められます。

「役員賞与に関する会計基準」が公表され、今後は役員賞与引当金が記載されるケースが増加すると思われます。

★引当金明細の様式は

引当金ごとに期首残高、当期増加額、当期減少額、期末残高という並びで記載します。

当期減少額は、取崩事由によって目的取崩と目的外取崩に分けて記載します。

様式としては、図表220に示す旧附属明細書のひな型の「引当金の明細」が参考になるでしょう。

なお、平成18年6月15日に日本公認会計士協会から公表された「計算書類に係る附属明細書のひな型（会計制度委員会研究報告第9号）」の改正についても、特に大幅な修正はありませんでした。

有価証券報告書の附属明細表の引当金明細表も、ほぼ同様の内容になっています。

★引当金明細の記載内容は

記載対象となる引当金は、企業会計原則注解18の引当金であり、法的債務性の有無を問いません。

法的債務性のない引当金とは、将来の費用又は損失の発生に備えて、その合理的な見積額のうち当該事業年度の負担に属する金額を費用又は損失として計上すべき引当金をいいます（計算規則6②一）。

引当金の計上基準のうち、重要な会計方針に係る事項に関する注記（計算規則132①三）に記載したものは、附属明細書で記載を省略できます。

退職給付引当金については、退職給付に関する注記（財規8の13）を計算書類に注記している場合、附属明細書にその旨を記載することで足ります。

当期減少は目的使用とその他、すなわち目的外取崩に分けて記載する必要があります。

★役員賞与引当金の計上

「役員賞与に関する会計基準(企業会計基準第4号)」が公表されました。

従来、役員賞与は利益処分で処理しましたが、当期の職務に係る役員賞与を当期末後に開催される株主総会の決議事項とする場合、その支給は株主総会決議が前提となるため、当該決議事項とする額(当期の職務に係る額に限る)を、原則として引当金に計上することになりました。

この引当金は、会社計算規則第6条第2項第1号に規定する引当金(法的債務性のない引当金)です。

【図表220　引当金の明細】

区分	期首残高	当期増加額	当期減少額		期末残高
			目的使用	その他	
貸倒引当金	百万円 70	百万円 60	百万円 21	百万円 49	百万円 60
賞与引当金	95	100	95	―	100
役員退職慰労引当金	30	10	―		40
役員賞与引当金	―	16			16
製品補証引当金	20	20	10	―	30

(注)　1　貸倒引当金の当期減少額その他の欄の金額は、洗替えによる戻入れ額です。
　　　2　引当金の計上の理由及び額の算定の方法は個別注記表に記載しています。

★記載上の留意点は

期首あるいは期末に残高がある場合に記載することとなっており、残高がない場合は記載する必要はありません。

当期増加額と当期減少額は相殺せずに総額で記載する必要があります。

実務上、貸倒引当金や賞与引当金など短期の引当金については、当期増加額と当期減少額を正確に把握することが困難であることが多いことから、前期末残高の全額を当期減少とし、当期末残高の全額を当期増加額にしている例が多数見受けられます。

ただし、当期減少額の目的使用とその他については、当期増加額と当期減少額を正確に把握して記載します。したがって、役員の退任がないとか、役員退職慰労金が支払われなかった場合などは、当期減少額はなし、すなわち「-」となる場合もあります。

Q99 販売費及び一般管理費の明細の記載例は

A 損益計算書の内容を補足する重要な事項です。販売費及び一般管理費には様々な内容の費目が含まれており、その内容を示す適当な科目で記載する必要があります。

計算書類作成会社が無償でした財産上の利益の供与があれば、摘要等に記載する明文規定（旧商規則108③）はなくなりましたが、法の趣旨は当然に引き継がれています。

★様式は

販売費及び一般管理費は、株式会社によって様々な内容のものが存在すると考えられるため、画一的には決められていません。

財務諸表等規則ガイドライン84により、販売費及び一般管理費に属する費用の例示や他社の事例等を参考にして適切な科目を用いるべきです。

様式としては、図表221に示す旧附属明細書のひな型の「販売費及び一般管理費の明細（会計制度委員会研究報告第9号）」が参考になるでしょう。

なお、平成18年6月15日に日本公認会計士協会から公表された「計算書類に係る附属明細書のひな型（会計制度委員会研究報告第9号）」の改正についても、特に大幅な修正はありませんでした。

★記載内容は

事業年度中に発生した販売費及び一般管理費を記載します。損益計算書の内容を補足することが目的なので、販売費及び一般管理費の中に重要な事項があれば、十分に内容を説明する必要があります。

また、旧商法施行規則では、無償でした財産上の利益の供与があれば、摘要等に記載するなど、監査役又は監査委員が監査をするについて参考となるよう記載するよう規定されていましたが、監査役又は監査委員は、販売費及び一般管理費だけでなく、売上原価や営業外費用についても監査する必要があります。

さらにいえば、本来は無償でする財産上の利益の供与が行われる前にチェックをする体制を構築して監査の実効性を高めることが法の趣旨であると考えられます。

このような観点から、販売費及び一般管理費の明細に限定して無償でした財産上の利益の供与に関する記載を求める明文規定が削除されたものと考えられます。

【図表221　販売費及び一般管理費の明細】

科　　　目	金　　額	摘　　要
販 売 手 数 料	415万円	
広 告 宣 伝 費	139	
交　　　際　　　費	19	＊
役 　員 　報 　酬	59	
役 　員 　賞 　与	16	
従 業 員 給 料	378	
従 業 員 賞 与	56	
賞与引当金繰入額	6	
退 職 給 付 費 用	33	
旅 費 ・ 交 通 費	16	
福 利 厚 生 費	15	
賃 　　借 　　料	95	
減 価 償 却 費	13	
通 　　信 　　費	16	
消 　耗 　品 　費	3	
租 　税 　公 　課	2	
貸倒引当金繰入高	11	
合　　　　計	1,292	

（注）＊には無償の利益供与が含まれています。

しかしながら、「計算書類に係る附属明細書のひな型」においては、株式会社が無償でした財産上の利益の供与があれば、該当科目についてその旨を「摘要」の欄に記載するなど、監査役又は監査委員が監査をするについて参考となるように記載することが望ましいとされています。

実務上は、附属明細書を作成するにあたり多くの会社が従来どおり当該事項を記載するものと思われます。

また、従来は利益処分項目であった役員賞与は、販売費及び一般管理費の明細に含まれることとなります。

Q100 事業報告の附属明細書の記載例は

A 附属明細書には、事業報告の内容を補足する重要な事項を記載します。公開会社には、会社役員の兼務の状況の明細、会社と会社役員又は支配株主との利益相反取引の記載が義務づけられています。

★様式は

現在のところ、特にひな型等は公表されていません。

公開会社の場合に記載が求められる会社役員の兼務の状況の明細、株式会社と会社役員又は支配株主との利益相反取引については、図表223及び図表224に示す旧附属明細書のひな型の「取締役・監査役（執行役）・支配株主との間の取引の明細（会計制度委員会研究報告第9号）」並びに「取締役及び監査役（特例会社の場合には執行役）の兼務の状況の明細（会計制度委員会研究報告第9号）」が参考になるでしょう。

★附属明細書の記載内容は

公開会社の場合は、図表222の内容を記載します。

【図表222　附属明細書の記載内容】

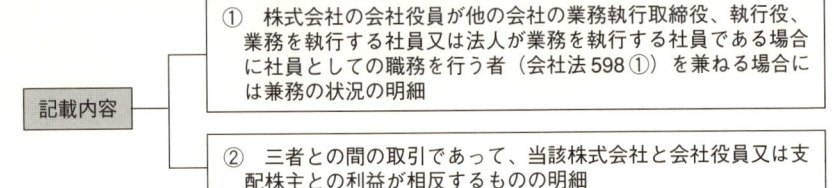

記載内容	① 株式会社の会社役員が他の会社の業務執行取締役、執行役、業務を執行する社員又は法人が業務を執行する社員である場合に社員としての職務を行う者（会社法598①）を兼ねる場合には兼務の状況の明細
	② 三者との間の取引であって、当該株式会社と会社役員又は支配株主との利益が相反するものの明細

図表222のほかに記載を要するものとしては、特段の規定はなく、事業報告の内容（施行規則118～127）を補足する重要な事項を記載することとなっています。

事業報告においてコーポレートガバナンスに関する開示事項が充実している点からみて、それらを補足する重要な事項を記載することが求められるかもしれません。

内部統制に関する体制の整備についての決定又は決議の内容も開示事項となっており、事業報告の附属明細書においてそれらを補足する重要な事項の

記載が求められる可能性があるかもしれません。

いずれにせよ、具体的な記載内容については経団連等から何らかのひな型が公表されるのを待たなければなりません。

【図表223　取締役・監査役（執行役）・支配株主との間の取引の明細】

区　分	氏名又は名　称	取引の内容		取引金額	摘　要
取締役	○○○	（取引の種類）土地の譲受 （物件の種類）A市B町1丁目2番3号所在の土地328m^{2}を工業用地として譲受 （取引の条件）引渡時に一括現金払い		100,000千円	
	△△△	（取引の種類）土地の譲受 （物件の種類）C市D町1丁目2番3号所在の土地220m^{2}を工業用地として譲受 （取引の条件）引渡時に現金と手形による支払い（*1）		60,000千円	譲受した財産の帳簿価額 建物 18,000千円 土地 25,000千円
	×××	（取引の種類）同氏が取締役を兼ねるA会社の債務を担保するための当社土地建物に対する抵当権の設定で、利益相反取引である。 （取引の条件）上記の債務の内容は平成19年8月までの期限10年、期日一括返済の証書貸付50,000千円であり、利率は4.5％である。		50,000千円	抵当権を設定した物件の帳簿価額 建物 38,000千円 土地 48,000千円
監査役（又は執行役）	□□□	（取引の種類）同氏の銀行借入のための債務保証であり、利益相反取引である。 （取引の条件）上記の債務の内容は平成18年3月までに毎月10千円返済する借入金1,200千円であり、利率は5.5％である。		3,200千円	
	○○○	（取引の種類）金銭の貸付 （取引の条件）平成18年11月までの間、毎月末に100千円返済し、利率は年利6％。		2,000千円	（*2）
支配株主	㈱△△商会	営業取引	（取引の種類） 製品の販売 （取引の条件） 市場価格による販売であり、通常の決済条件による。	（*3） 158,725千円	
		営業取引以外の取引	（取引の種類）土地・建物の賃借 （物件の種類）G市H町2丁目5番地8号所在の土地480m^2、建物320m^2	120,000千円	

（注）*1　△△△氏から受取った手形（満期日平成17年7月31日）60,000千円が期末残高としています。
　　　*2　○○○氏に対する貸付金の期末残高は15,000千円です。
　　　*3　㈱△△商会に対する期末売掛金残高は12,513千円です。

【図表224　取締役及び監査役（委員会設置会社の場合は執行役）の兼務の状況の明細】

区　分	氏　名	兼務する他の会社名	兼務の内容	摘　要
取締役	○○○	A株式会社	取締役	当社と同一の営業の部類に属する取引（電子部品の販売）を行っていることにより、競業取引の関係にある。
		B株式会社	監査役	B株式会社の非常勤監査役である。
監査役（又は執行役）	×××	C株式会社	取締役	C株式会社の代表取締役である。
	△△△	D株式会社	監査役	D株式会社の非常勤監査役である。

★記載上の留意点は

　計算書類の作成会社（以下、ここでは会社といいます）と取締役、監査役又は支配株主との利益が相反する取引とは、取締役、監査役又は支配株主がその立場や権限を利用して、会社との取引により、会社に不利益を与え、自己又は第三者に利益をもたらす取引のことをいいます。

　取締役・監査役・支配株主との間の取引は、このように会社に損害を与えるおそれがあることから、会社法はこれらの取引について事業報告に詳細な記載を求めています。

　会社と第三者との間の取引で、会社と取締役、監査役又は支配株主との利益が相反する取引については、そのことがわかるように取引内容を記載します。取締役、監査役又は支配株主が第三者のためにする会社との間の取引は、その旨を取引の内容に記載します。

　取引の内容の欄には、取引の種類、物件の種類、取引の条件を記載します。これらは具体的に、かつ、わかりやすく記載する必要があります。

　例えば、取引の種類については、不動産の譲受、金銭の貸付、製品の販売というような内容を記載します。

　物件の種類については、不動産の譲受であれば、その所在地を記載します。

　取引の条件については、不動産の譲受であれば決済条件、金銭の貸付であれば返済条件や金利、製品の販売であれば販売価格の決定方法などを記載します。

　また、当期末に上記取引によって発生した債権債務残高がある場合には、当該金額を脚注するか、摘要欄に記載します。当期中に取引がなかったとしても、債権債務残高がある場合には同様に脚注または摘要欄への記載が求められます。

　さらに当期中において取引条件が変更された場合には、その旨及び変更内容を脚注するか、摘要欄に記載します。

8 株主総会の招集・決議Q&A

8では、計算書類等の承認手続に不可欠の株主総会の招集や決議等の実務ポイントをまとめています。

Q101　計算書類等の承認・報告は　246
Q102　株主総会の計算書類承認手続・日程は　250
Q103　株主総会開催のための手続は　254
Q104　株主総会の種類は　258
Q105　株主総会の招集通知・記載例は　260
Q106　定時株主総会招集通知の添付書類は　262
Q107　株主総会の参考書類・議決権行使書面・記載例は　265
Q108　株主総会の決議事項・要件は　270
Q109　株主総会に出席できないときの議決権行使は　274

Q101 計算書類等の承認・報告は

A 計算書類は定時株主総会の承認事項、事業報告及び連結計算書類は株主総会の報告事項です。

計算書類の承認決議は、普通決議です。

取締役会設置会社で会計監査人設置会社の場合、承認特則規定の要件を満たすときは、計算書類は株主総会の報告事項となります。

なお、従来の利益処分案又は損失処理案は廃止されました。

......

★計算書類は原則的に定時株主総会の承認が必要

計算書類（臨時計算書類を含みます。以下、計算書類等といいます）は、原則として、定時株主総会（臨時計算書類に係る株主総会を含みます）の承認を得なければなりません（会社法438①②・441④）。

また、事業報告の内容は、定時株主総会で報告しなければなりません（会社法438③）。ただし、取締役会設置会社で会計監査人設置会社では、後述の承認特則規定（会社法439・441④、計算規則163）の要件を満たした場合、計算書類等の内容を定時株主総会に報告することで足り、承認は不要です。

さらに、会計監査人設置会社で連結計算書類作成会社は、連結計算書類の内容と監査役（委員会設置会社にあっては、監査委員会）、会計監査人の監査の結果を定時株主総会に報告しなければなりません（会社法444④⑦）。

計算書類等の株主総会における手続は、図表225のとおりです。

【図表225　計算書類等の株主総会における手続】

	原則的手続	例外的手続（承認特則規定）
計算書類	承認	株主総会における報告
事業報告	報告	―
連結計算書類	報告	―

★機関設計による計算書類等の承認・報告の手続の流れは

計算書類等の確定までの手続の流れは、図表226のとおり、会社の機関設計により異なります。

取締役会設置会社では、会計監査人監査又は監査役等監査を受けた計算書類及び事業報告について、必ず取締役会の承認が必要です。

なお、会社の機関設計により、図表226のとおり、株主総会添付書類の内容も異なります。

【図表226　機関設計別の計算書類等の承認・報告の手続の流れ】

❶監査役設置会社

① 計算書類 → 監査役監査 → 株主総会承認

② 事業報告 → 監査役監査 → 株主総会報告

株主総会添付書類	計算書類等添付不要

❷監査役or監査役会or監査委員会＋会計監査人設置会社

① 計算書類 → 会計監査人監査 → 監査役等監査 → 株主総会承認

② 事業報告 ─────────────→ 監査役等監査 → 株主総会報告

③ 連結計算書類 → 会計監査人監査 → 監査役等監査 → 株主総会報告

株主総会添付書類	計算書類等添付不要

❸監査役or監査役会or監査委員会＋取締役会設置会社

① 計算書類 → 監査役等監査 → 取締役会承認 → 株主総会承認

② 事業報告 → 監査役等監査 → 取締役会承認 → 株主総会報告

株主総会添付書類	計算書類、事業報告、監査報告を添付

❹監査役or監査役会or監査委員会＋取締役会＋会計監査人設置会社

① 計算書類 → 会計監査人監査 → 監査役等監査 → 取締役会承認

→ 株主総会承認（＊）

② 事業報告 ─────────────→ 監査役等監査 → 取締役会承認

→ 株主総会報告

② 連結計算書類 → 会計監査人監査 → 監査役等監査 → 取締役会承認

→ 株主総会報告

＊取締役会と会計監査人の両方を設置している会社で、下記の「会計監査人設置会社の承認特則規定」の要件をすべてを満たした場合は、計算書類は株主総会での承認は不要であり、報告することで足ります（会社法439、441④、計算規則163）。

株主総会添付書類	計算書類、事業報告、監査報告、会計監査報告を添付

★会計監査人設置会社の承認特則規定の要件は

　会計監査人設置会社については、監査終了後、取締役会の承認を受けた計算書類が法令及び定款に従い株式会社の財産及び損益の状況を正しく表示しているものとして、図表227のすべての要件に該当する場合、計算書類の株主総会における承認は必要なく、計算書類の内容を株主総会に報告することで足ります（会社法439・441④、計算規則163）。

　なお、会計監査人設置会社であっても取締役会が設置されていない株式会社においては、取締役会の承認が得られないため株主総会の承認が必要です。

【図表227　会計監査人設置会社の承認特則規定の要件】

会計監査人設置会社の承認特則規定の要件

① 会計監査報告が無限定適正意見（計算規則154①二イ）であること

② 監査役、監査役会または監査委員会の監査報告の内容として、会計監査人の監査の方法又は結果を相当でないと認める意見がないこと（＊1）

③ 監査役会又は監査委員会の監査報告の付記事項に会計監査人の監査の方法又は結果を相当でないと認める意見が無いこと（＊2）

④ 会計監査人設置会社において、監査役等の監査報告の内容が通知すべき日に通知されず、計算関係書類が監査役等の監査を受けたものとみなされたものでないこと

⑤ 取締役会を設置していること

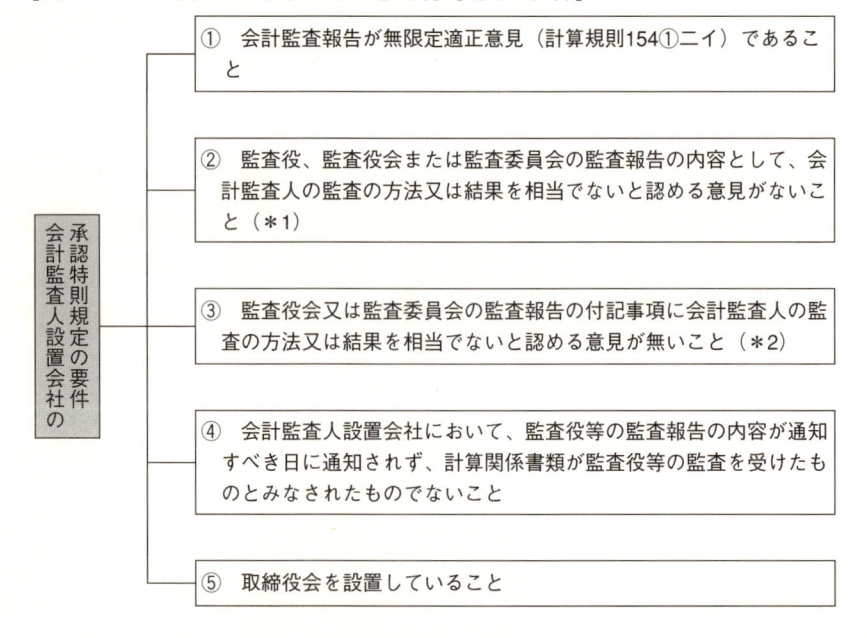

＊1　監査役会設置会社では、監査役会の監査報告に限ります。
＊2　監査役（又は監査委員）は、監査役の監査役監査報告書（又は監査委員の意見）と監査役会監査報告（又は監査委員会の監査報告）の内容が異なる場合には、各監査役の監査役監査報告の内容を監査役会監査報告に付記することができます（計算規則156②・157①）。

★計算書類の承認決議は普通決議

通常の計算書類の承認決議は、定時株主総会の普通決議（総株主の議決権の過半数を有する株式が出席し、かつその議決権の過半数の賛成）で行われます。

★施行前の利益処分案・損失処理案は個別議案に吸収

施行前の利益処分案・損失処理案は、廃止され、その内容が個別の議案（剰余金の分配、資本の部の係数変動、役員賞与等）に吸収されました。

また、個別の議案については、定時株主総会に限定されることなく、いつでも株主総会の決議により決定することができるようになりました。

なお、委員会設置会社における役員賞与は、従来どおり報酬委員会で決定されます。

★取締役等の説明責任は

取締役、会計参与、監査役及び執行役は、株主総会で株主から計算書類等について説明を求められた場合には、必要な説明を行わなければなりません（会社法314）。

ただし、当該事項が株主総会の目的である事項に関しないものである場合、その説明をすることにより、株主の共同の利益を著しく害する場合、そのほか、正当な理由がある場合として、施行規則第71条で定める場合には、説明を行う必要はありません。

★株主総会での会計監査人の意見陳述は

計算書類及びその附属明細書、臨時計算書類、連結計算書類が法令や定款に適合するかどうかについて、会計監査人が監査役（又は監査役会、委員会設置会社では監査委員会、監査委員）と意見を異にする場合は、会計監査人は、定時株主総会に出席して意見を述べることができます（会社法398①）。

なお、定時株主総会で会計監査人の出席を求める決議があった場合は、会計監査人は、定時株主総会に出席して意見を述べなければなりません（会社法398②）。

Q102 株主総会の計算書類承認手続・日程は

A 計算書類等の承認又は報告は、事業年度終了後３か月以内に開催する定時株主総会で行います。

定時株主総会開催日程の制約は、開催日より一定期間前に計算書類等を備え置くことと、一定期間前に招集通知を発送することのみです。

なお、取締役会非設置会社の株主総会については、特則が規定されています。

・・

★定時株主総会の開催時期は

定時株主総会は、事業年度の終了後、一定の時期に招集しなければなりません（会社法296）。株主総会を開催するにあたっては、議決権を行使できる株主を特定する必要があり、株式会社は一定の日（基準日）を定めて、基準日に株主名簿に記載されている株主（基準日株主といいます）を、議決権を行使できる者と定めることができます（会社法124①）。

定時株主総会では、計算書類等の承認又は報告があるため、議決権を行使できる株主は事業年度末日の株主であるのが合理的であり、実務上、定款で基準日を事業年度末日に定めることが多くなっています。

この場合、基準日株主の権利は、基準日から３か月以内にしか行使できないため（会社法124②）、結果として、定時株主総会は、事業年度終了後３か月以内に開催することになります。

★定時株主総会の早期開催は可能

旧商法又は旧商特法では、定時株主総会の一定期間までに監査役、会計監査人等に貸借対照表等を提出しなければならないという規制があり、監査が速やかに終了したとしても、一定期間を経なければ定時株主総会を開催できませんでした。

会社法では、貸借対照表等の一定の備置きの期間（会社法442①②）と株主総会招集通知の期間（会社法299①）を確保できれば、定時株主総会を早期に開催することが可能です。

★決算手続の流れは

事業年度末日の株主名簿の閉鎖から公告までの主な手続をまとめると、図

表228のとおりです。

【図表228　決算手続の主な流れ】

手続	関連条文	時期	備考
① 株主名簿の閉鎖	会社法124	通常は事業年度末日	・基準日を定めて基準株主を決定 ・行使可能な権利の内容を決定（＊1） ・基準日の２週間前までに、基準日及び行使可能な権利の内容を公告（定款に定めがある場合は不要）
② 計算書類等の作成	会社法435②・444①③ 計算規則91①・93	事業年度末日後	（作成書類） ・計算書類及びその附属明細書（＊2） ・事業報告及びその附属明細書 ・連結計算書類（＊3・4）
③ 計算書類等の監査	会社法436①②・444④	（会計監査の期間）計算書類受領日から４週間か附属明細書受領日から１週間または特定取締役・特定監査役・会計監査人が合意した日のいずれか遅い日 （監査役等監査の期間）会計監査報告受領日から１週間または特定取締役と特定監査役が合意した日のいずれか遅い日	（会計監査人設置会社における会計監査人監査） ・計算書類及びその附属明細書 ・連結計算書類 （監査役又は監査委員会の監査） ・計算書類及びその附属明細書 ・事業報告及びその附属明細書 ・連結計算書類
④ 取締役会の承認	会社法436③・444⑤		（取締役会設置会社のみ） ・計算書類及びその附属明細書 ・事業報告及びその附属明細書 ・連結計算書類
⑤ 計算書類等の株主への提供（Q106参照）	会社法437・444⑥、施行規則133、計算規則161、162	株主総会の日の２週間前まで（＊5）	（取締役会設置会社のみ） ・計算書類（監査報告又は会計監査報告を含む） ・事業報告（監査報告を含む） ・連結計算書類（＊6）

手続	関連条文	時期	備考
⑥ 計算書類等の備置き及び閲覧等	会社法442①②	株主総会の日の1週間前（取締役会設置会社は2週間前）の日から5年間（支店は3年間）	（備置書類） ・計算書類及びその附属明細書（監査報告又は会計監査報告を含む） ・事業報告及びその附属明細書（監査報告を含む）
⑦ 計算書類等の定時株主総会への提出等	会社法438①・444⑦	株主名簿閉鎖後3か月以内（通常は、事業年度末日より3か月以内）	（提出書類） ・計算書類 ・事業報告 ・連結計算書類
⑧ 定時株主総会での承認（Q101参照）	会社法438②	〃	（承認事項） ・計算書類（承認特例規定に該当する場合を除く）
⑨ 定時株主総会での報告（Q101参照）	会社法438③・439・444⑦	〃	（報告事項） ・事業報告の内容 ・連結計算書類の内容および監査の結果 ・計算書類の内容（承認特例規定に該当する場合）
⑩ 計算書類の公告（10章各節参照）	会社法440①④・	定時株主総会の終結後遅滞なく	（有価証券報告書提出会社等以外） ・貸借対照表 ・損益計算書（大会社のみ）

＊1 行使可能な権利が株主総会での議決権の場合は、基準日後に株式を取得した者の全部または一部に権利行使を認めることが可能です。
＊2 計算書類とは、貸借対照表・損益計算書・株主資本等変動計算書及び個別注記表をいいます。
＊3 会計監査人設置会社の場合のみ連結計算書類を作成することができます。また、事業年度の末日において大会社であって有価証券報告書を提出する会社は、連結計算書類を作成しなければなりません。
＊4 連結計算書類とは、連結貸借対照表・連結損益計算書・連結株主資本等変動計算書及び連結注記表をいいます。
＊5 計算書類等は、招集通知の添付書類として株主に提供されますが、公開会社以外の会社では、機関設計の方法によって提供時期が異なります。
＊6 連結計算書類の監査報告及び会計監査報告については、招集通知に添付することを義務づけられていませんが、施行前は、添付している企業が大半を占めていたため、施行後も多くの場合、添付されるものと考えます。

★取締役会非設置会社の株主総会の特則というのは

　施行前は、すべての株式会社で取締役会が必要とされていましたが、施行後は、旧有法で規律されていた旧有限会社も株式会社として統合して規律しているため、旧有限会社のように比較的小規模な会社の実体に即した機関設

計を認め、株式譲渡制限会社については取締役会非設置会社を認めています（会社法326、327、328）。

取締役会非設置会社の株主総会の特則をまとめると、図表229のとおりです。

【図表229　取締役会非設置会社の株主総会の特則】

項　　目	内　　容
① 株主総会の権限	法定事項や会社の組織、運営、管理その他会社に関する一切の事項について決議をすることができます（会社法295①）。
② 招集通知期間の短縮	株主総会の招集通知は、会日の1週間前までに発送すれば足りますが、定款で1週間を下回る期間を定めることができます（会社法299①）。
③ 招集通知の方法	株主総会の招集通知は、書面や電磁的方法によらず、口頭や電話でも構いません（会社法299②）。 取締役会設置会社では、招集通知は書面や電磁的方法でなければなりません。
④ 招集通知の目的事項等の記載	株主総会招集通知に、株主総会の目的事項等を記載や記録する必要がありません（会社法299④）。 取締役会設置会社では、記載が必要です。
⑤ 株主提案権	株主は、単独株主権として議決権を行使することができる事項について、株主総会の目的とすることを請求する（議題提案権）ことができます（会社法303①）。
⑥ 計算書類等の株主への提供	取締役会非設置会社では、計算書類等の株主への提供が不要です。 取締役会設置会社では、招集通知に際して、計算書類及び事業報告、連結計算書類の株主への提供が必要です（会社法437・446⑥）。
⑦ 議決権の不統一行使	取締役会非設置会社は、株主総会の目的事項が招集通知に記載されておらず通知が不可能なため、通知は不要です。 取締役会設置会社では、議決権の不統一行使をする株主は、株主総会の日の3日前までに会社に対して議決権を統一しないで行使する旨及びその理由を通知しなければなりません（会社法313②）。

Q103 株主総会開催のための手続は

A 通常の株主総会は、取締役が招集します。また、株主総会招集のための決定事項が具体的に規定されるとともに、株主総会の招集場所が選択可能となりました。

なお、株主の数が1,000人以上のすべての会社に、書面による議決権制度が必要となりました。

★通常の株主総会の招集権者は

株主総会の招集権者は、株主が招集の請求・招集をする場合を除いて、通常、取締役（取締役会設置会社では取締役会）が株主総会を招集します（会社法296③）。

★株主総会の招集に関する決定事項は

取締役又は取締役会設置会社の取締役会（会社法298④）は、株主総会を招集する場合には、図表230の事項を定めなければなりません（会社法298①、施行規則63）。

　注　会社法第298条第1項第5号については、原則的事項のみ記載していますので、詳細は会社法施行規則第63条で確認してください。

★株主総会の開催場所は

施行前は、定款に定めがある場合を除き、株主総会の場所が本店の所在地あるいはこれに隣接する場所に限定されていました（旧商法233）が、施行後は、この制限が廃止され、株主の地域的構成の変化等により招集地を弾力的に決定できることとなりました。

なお、定款に招集地を定めておくことにより招集地を限定し、株主による招集が行われた場合に、会社にとって不都合な場所とされないようにすることも可能です。

★公開会社が定時株主総会を集中日に開催するときは

公開会社が、他の公開会社の株主総会の集中日に定時株主総会を開催する場合、その日時を決定した理由を招集通知に記載しなければなりません（会

社法298①四・299②③)。

これにより、株主が株主総会に出席することを阻害する可能性がある株主総会の集中日開催については、会社が正当な理由を説明しなければならなく

【図表230　株主総会の招集に関する決定事項】

株主総会の招集に関する決定事項
- ① 株主総会の日時及び場所
- ② 株主総会の目的である事項
- ③ 書面投票制度を定めた場合は、その旨
- ④ 電子投票制度を定めた場合は、その旨
- ⑤ 株主総会の日時が前事業年度の定時株主総会の日時と著しく離れた日である場合、あるいは公開会社の場合に、同一の日に定時株主総会を開催する他の公開会社が著しく多い場合は、その日時を決定した理由
- ⑥ 株主総会の場所が過去に開催した場所と著しく離れた場所であるときは、その場所を決定した理由
- ⑦ 書面又は電磁的方法による議決権行使を定めた場合
  - イ．「施行規則第4章第1節第2款　株主総会参考書類」の規定により株主総会参考書類に記載すべき事項（Q107参照）
  - ロ．特定のときをもって書面による議決権の行使の期限とする旨を定めるときは、その特定のとき
  - ハ．特定の時をもって電磁的方法による議決権の行使の期限とする旨を定めるときは、その特定のとき
  - ニ．賛否の記載がない議決権行使書面が会社に提出されたときにおける取扱いを定めるときは、その取扱いの内容
- ⑧ 書面及び電磁的方法による議決権行使を定めた場合
  - イ．招集通知を電磁的方法により発すること（会社法299③）の承諾をした株主の請求があったときに当該株主に対して議決権行使書面（会社法301①）の交付（電磁的方法による提供（会社法301②）を含む）をすることとするときは、その旨
  - ロ．一株主が書面による議決権の行使（会社法311①）と電磁的方法による議決権の行使（会社法312①）により重複して議決権を行使した場合における取扱いに関する事項を定めるときは、その事項
- ⑨ 代理人による議決権の行使（会社法310①）について、代理人（資格を含む）を証明する方法、代理人の数等を定めるときは、その事項
- ⑩ 取締役会設置会社において、株主が議決権の不統一行使を行う場合にその旨及びその理由を会社へ通知する（会社法313②）方法を定めるとき（定款に定めが有る場合を除く）は、その方法
- ⑪ 書面又は電磁的方法による議決権行使を定めていない場合において、次に掲げる事項が株主総会の議題であるときは、その議案の概要
  イ）役員等の選任、ロ）役員等の報酬等、ハ）新株の募集における払込金額等が引受者に特に有利な金額である場合（会社法199③又は200②）の引受者の募集、ニ）新株予約権の募集において、金銭の払込みを要しないこととする場合又は払込金額等が引受者に特に有利である場合（会社法238③又は239②）における引受者の募集、ホ）事業譲渡等、ヘ）定款の変更、ト）合併、チ）吸収分割、リ）吸収分割による他の会社の権利義務の全部又は一部の承継、ヌ）新設分割、ル）株式交換、ヲ）株式交換による他の株式会社の発行済株式全部の取得、ワ）株式移転

Q103　株主総会開催のための手続は

なりました。

★招集手続の省略は
　株主の全員の同意があるときは、招集の手続を経ることなく株主総会を開催することができます。
　ただし、書面での議決権行使及び電磁的方法での議決権行使を認めた場合は省略できません（会社法300）。

★少数株主による招集の請求は
　総株主の議決権の100分の3（これを下回る割合を定款で定めた場合は、その割合）以上の議決権を6か月（これを下回る期間を定款で定めた場合はその期間、なお非公開会社は保有期間の制限はありません）前から引き続き所有する株主は、取締役に対し、株主総会の議題（当該株主が議決権を行使することができる事項に限ります）及び招集の理由を示して、株主総会の招集を請求することができます（会社法297①）。
　なお、株主による招集の請求後、遅滞なく招集の手続が行われない場合、あるいは、請求日より8週間以内の日を株主総会の日とする招集通知が発せられない場合は、株主は裁判所の許可を得て、株主総会を招集できることとなっています（会社法297④）。

★株主総会の招集手続等に関する検査役の選任は
　株式会社又は総株主の100分の1（これを下回る割合を定款で定めた場合は、その割合）以上の議決権を有する株主は、株主総会の招集手続及び決議方法を調査させるため、株主総会に先立ち、裁判所に対し、検査役の選任の申立ができます（会社法306①）。
　なお、公開会社である取締役会設置会社では、6か月前から引き続き議決権を有する株主に限られます（会社法306②）。
　　注　株式会社も総会検査役の選任が可能となったのは、招集手続の公正性を株式会社として担保しておく必要があるためです。

★株主総会の株主提案権は
　株主提案権には、図表231のとおり、議題提案権（会社法303）と、議案提案権（会社法304）があります。
　　注　施行前は、株主提案権の行使期限は8週間とされていました（旧商法

232ノ2①）が、施行後は、定款をもって短縮することが可能（会社法303②）となりました。

また、取締役会非設置会社における単独株主権については、施行前は特に規定が設けられていませんでした。施行後は、単独株主権の行使の可否を法定することにより、その権利行使を保証しました。

【図表231　株主総会の株主提案権】

項　目		説　　明
❶ 議題提案権		株主は、議決権を行使することができる事項について、株主総会の目的とすることを請求する権利があります。これを議題提案権と呼びます。 　議題提案権については、取締役会を設置しているか否かによって行使できる権利をもつ株主が異なります。
	取締役会非設置会社 （会社法303①）	株主は、単独株主権として、すべての株主に議題提案権が認められています。
	取締役会設置会社 （会社法303②③）	公開会社では、総株主の議決権の100分の1又は300個以上の議決権を6か月前から引き続き有する株主は、議題提案権が認められます。 　この場合、その請求は、株主総会の8週間前までに行う必要があります（要件は、定款で緩和可能）。 　非公開会社の場合は、議決権の保有期間の制限はありません。
❷ 議案提案権		株主は、株主総会で、株主総会の目的である事項（議題）につき議案を提出することができます。これを議案提案権と呼びます。 　ただし、当該議案が法令や定款に違反する場合、又は実質的に同一の議案につき株主総会で総株主（当該議案について議決権を行使することができない株主を除きます）の議決権の10分の1（これを下回る割合を定款で定めた場合はその割合）以上の賛成を得られなかった日から3年を経過していない場合は、認められません（会社法304）。
❸ 議案要領の通知請求		株主は、取締役に対し、株主総会の日の8週間（これを下回る期間を定款で定めた場合はその期間）前までに、議案の要領を株主に通知することを請求できます。 　また、当該議案が法令や定款に違反する場合、又は実質的に同一の議案につき株主総会において総株主（議案について議決権を行使することができない株主を除きます）の議決権の10分の1（これを下回る割合を定款で定めることができます）以上の賛成を得られなかった日から3年を経過していない場合は認められません（会社法305）。

Q104 株主総会の種類は

A 株主総会には、定時株主総会、臨時株主総会、種類株主総会があります。

自己株式の取得及び任意積立金の積立・取崩、利益の資本組入は、臨時株主総会でも決議可能となりました。

種類株主総会を要する「定款の変更」の内容が法定されました。

なお、定款変更以外の事項については、定款により種類株主総会の決議を要しない旨を定めることができます。

……………………………………………………………………

★株主総会の種類は

株主総会の種類には、図表232のとおり、定時株主総会、臨時株主総会及び種類株主総会があります。

なお、決算計算書類の承認は、定時株主総会で行われます。

【図表232 株主総会の種類】

❶	定時株主総会	毎事業年度の終了後一定の時期に招集される株主総会（会社法296①）
❷	臨時株主総会	必要がある場合に、いつでも招集できる株主総会（会社法296②） 注　施行前に、定時株主総会の決議事項となっていた自己株式の取得及び任意積立金の積立・取崩、利益の資本組入は、臨時株主総会でも決議可能
❸	種類株主総会	種類株式発行会社（＊）における特定の種類の株式の株主総会（会社法２十四） ＊　種類株式発行会社とは、剰余金の配当その他の事項（会社法108①）について、内容の異なる複数の種類の株式を発行する株式会社をいいます（会社法２十三）。

★種類株主総会というのは

種類株主総会とは、剰余金の配当その他の事項（会社法108①）について、内容の異なる複数の種類の株式を発行する株式会社の株主総会のことです。

将来は、ベンチャー企業の投資契約の内容を明確にするもの、又は企業買収の防衛策として活用されることが考えられます。

図表233のような権限や決議内容が定められています。

【図表233　種類株主総会の決議】

項　目	説　明
❶ 種類株主総会の権限	種類株主総会では、①会社法で規定する事項と、②定款で定めた事項に限り、決議することができます（会社法321）。
❷ 種類株主総会の決議が必要な場合	種類株式発行会社が下表の行為を行う場合に、特定の種類株主に損害を及ぼすおそれがあるときは、その種類株主を構成員とする種類株主総会の決議がなければ、その効力を生じません（会社法322①）。 | (1) 下記事項の定款変更	(2) (1)以外の事項
① 株式の種類の追加 ② 株式の内容の変更 ③ 発行可能株式総数又は発行可能種類株式総数の増加	① 株式の併合、株式の分割 ② 株主に対する株式の無償割当 ③ 株主に株式の割当を受ける権利を与える株式の募集 ④ 株主に新株予約権の割当を受ける権利を与える新株予約権の募集 ⑤ 株主に対する新株予約権の無償割当 ⑥ 合併 ⑦ 吸収分割 ⑧ 吸収分割による他の会社がその事業に関する有する権利義務の全部 ⑨ 新設分割 ⑩ 株式交換 ⑪ 株式交換による他の株式会社の発行済株式全部の取得 ⑫ 株式移転 | なお、ある種類の株式の内容として、「定款変更（322条①一）以外については、種類株主総会の決議を要しない旨」を定款で定めることができます（会社法322②）。 　ある種類の株式の発行後に定款を変更してこの旨の定款の定めを設けようとするときは、当該種類の種類株主全員の同意を得なければなりません（会社法322④）。
❸ 種類株主総会の決議を必要とする旨の定めがある場合	ある種類の株式の内容として、株主総会又は取締役会において決議すべき事項について、その決議のほか、種類株主総会の決議が必要である旨の定めがあるときは、種類株主総会の決議がなければ、その効力を生じません（会社法323）。これを拒否権付種類株式と呼びます。 　実務上の利用方法としては、企業買収防衛策として、友好的な株主に拒否権付種類株式を発行し、さらに当該種類株式に譲渡制限を定める場合等が考えられます。
❹ 種類株主総会の決議	種類株主総会の決議には、通常の株主総会と同じく、普通決議（会社法324①）、特別決議（会社法324②）、特殊決議（会社法324③）があります。

Q105 株主総会の招集通知・記載例は

A 招集通知の発送・発信期限や方法は、機関設計の方法、書面投票制度・電子投票制度の採用の有無によって異なります。

招集通知の発送・発信期限は、公開会社のほか、譲渡制限会社で書面又は電子投票による議決権行使制度を採用している会社は、株主総会の２週間前までとされています。

取締役会設置会社で、書面又は電子投票による議決権行使制度を採用していない株式譲渡制限会社は、株主総会の１週間前までとされています。

なお、取締役会非設置会社については、口頭や電話による招集も可能です。

★招集通知の発送・発信期限は

招集通知の発送・発信期限は、図表234のとおりです（会社法299①）。

【図表234　招集通知の発送・発信期限】

	書面又は電磁的方法による議決権行使制度	取締役会	招集通知の発送・発信期限
公開会社	－	－	株主総会の２週間前まで
譲渡制限会社	採用	－	株主総会の２週間前まで
譲渡制限会社	不採用	設置	株主総会の１週間前まで
譲渡制限会社	不採用	非設置	定款で１週間を下回る期間を定めることが可能

★招集通知の方法は

書面又は電磁的方法による議決権行使を定めている会社（Ｑ109参照）や取締役会設置会社は、招集通知は書面によらなければなりません（会社法299②）。

ただし、これに代えて、株主の承諾を得て、電磁的方法により通知を発することができます。この場合、書面による通知を行ったものとみなされます（会社法299③）。

取締役会非設置会社については、口頭や電話による招集もできます（会社法299②参照）。

これは、施行前の有限会社と同じ規律となっています。

★招集通知の記載・記録の内容は
　招集通知には、株主総会の招集に関する決定事項を記載又は記録しなくてはならないとされています（会社法299④。Q103参照）。

★招集通知書の例を示すと
　株主総会の招集通知の例（書面による議決権行使制度を採用の場合）を示すと、図表235のとおりです。

【図表235　株主総会の招集通知の例】

```
                                                    平成○年○月○日
 株主各位
                                              東京都○区○丁目○番○号
                                              取締役社長○○○○


                      第○回定時株主総会招集ご通知

 拝啓　ますますご清栄のこととお喜び申し上げます。
 　さて、当社第○回定時株主総会を下記により開催いたしますので、ご出席ください
 ますようご通知申し上げます。
 　なお、当日ご出席願えない場合は、議決権行使書により議決権を行使することがで
 きますので、お手数ながら参考書類をご検討の上、議決権行使書用紙に賛否をご表示
 になり、ご押印のうえ、ご返送下さいますようお願い申し上げます。
                                                              敬具

                                 記

 1　日時　平成○年○月○日（○曜日）　午前○時
 2　場所　東京都○区○丁目○番○号　○○○○
 3　会議の目的事項
 　報告事項　　1．第○期（平成○年○月○日から平成○年○月○日まで）事業報
 　　　　　　　　　告、貸借対照表、損益計算書、株主資本等変動計算書及び個別注
 　　　　　　　　　記表報告の件
 　　　　　　　2．第○期（平成○年○月○日から平成○年○月○日まで）連結貸
 　　　　　　　　　借対照表、連結損益計算書、連結株主資本等変動計算書及び連結
 　　　　　　　　　注記表報告の件
 　決議事項
 　　（会社提案）
 　　第1号議案　　剰余金の分配の件
 　　　　　　　議案の要領は、後記「議決権の行使についての参考書類」に記載
 　　　　　　　の通りであります。
 　　（株主提案）
 　　第○号議案　　○○の件
 　　　　　　　議案の要領は、「議決権の行使についての参考書類」に記載の通り
 　　　　　　　であります。
                                                              以上
```

Q106 定時株主総会招集通知の添付書類は

A 招集通知の添付書類は、機関設計の方法や投票制度の方法によって、異なります。添付書類は、原則として、招集通知と同様の方法で株主へ提供します。

事業報告と計算書類等をインターネットを介して一定期間公示した場合は、それらを所定の方法で株主に提供したとみなされます。

★添付書類の種類は

招集通知の発送に際して、株主に提供する添付書類の種類には、図表236のものがありますが、機関設計の方法や書面投票制度や電子投票制度採用の有無により、実際に添付しなければならない書類は異なります。

【図表236　添付書類の種類】

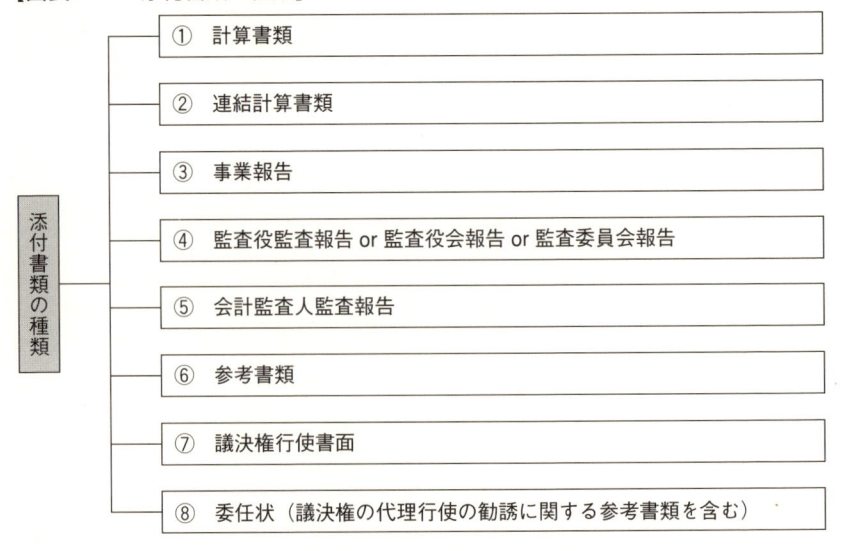

添付書類の種類
- ① 計算書類
- ② 連結計算書類
- ③ 事業報告
- ④ 監査役監査報告 or 監査役会報告 or 監査委員会報告
- ⑤ 会計監査人監査報告
- ⑥ 参考書類
- ⑦ 議決権行使書面
- ⑧ 委任状（議決権の代理行使の勧誘に関する参考書類を含む）

★計算書類・連結計算書類・事業報告・監査報告の提供は

取締役会設置会社は、図表237の添付書類を提供しなければなりません（会社法437・444⑥、施行規則133、計算規則161・162）。

なお、取締役会非設置会社は、計算書類や監査報告書の添付を要しません。

【図表237　取締役会設置会社の添付書類】

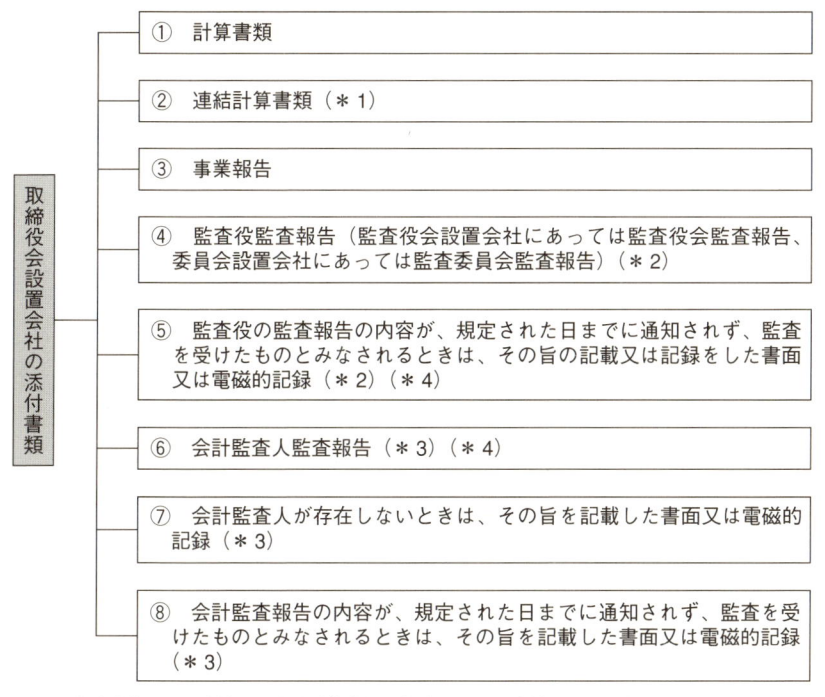

取締役会設置会社の添付書類
- ① 計算書類
- ② 連結計算書類（＊1）
- ③ 事業報告
- ④ 監査役監査報告（監査役会設置会社にあっては監査役会監査報告、委員会設置会社にあっては監査委員会監査報告）（＊2）
- ⑤ 監査役の監査報告の内容が、規定された日までに通知されず、監査を受けたものとみなされるときは、その旨の記載又は記録をした書面又は電磁的記録（＊2）（＊4）
- ⑥ 会計監査人監査報告（＊3）（＊4）
- ⑦ 会計監査人が存在しないときは、その旨を記載した書面又は電磁的記録（＊3）
- ⑧ 会計監査報告の内容が、規定された日までに通知されず、監査を受けたものとみなされるときは、その旨を記載した書面又は電磁的記録（＊3）

＊1　会計監査人設置会社で、連結計算書類を作成している会社に限ります。
＊2　監査役設置会社（監査役会や監査委員会含みます）に限ります。
＊3　会計監査人設置会社に限ります。
＊4　連結計算書類の監査報告は、添付が義務づけられていませんが、実務上、施行前は多くの会社が添付しています。

★計算書類等の提供方法は

　計算書類等の株主への提供方法は、招集通知を書面で発送する場合は書面、招集通知を電磁的方法で発送する場合は電磁的方法で、それぞれ行わなければなりません（施行規則133②、計算規則161②・162①）。

　なお、計算書類等と同様の情報を、招集通知を発送するときから定時株主総会の日から3か月が経過する日までの間、定款の規定により不特定多数の人がインターネットを介して閲覧でき、また、その情報を記録できる方法で開示した場合は、書面や電磁的方法により株主に対して提供したものとみなされます（施行規則133③、計算規則161④・162④）。

　なお、インターネット等で開示した場合は、当該情報が開示されるウェブサイトのアドレスを株主に対して通知しなければなりません（施行規則133④、計算規則161⑤・162⑤）。

Q106　定時株主総会招集通知の添付書類は

★参考書類・議決権行使書面・委任状の提供は

　書面による議決権行使（書面投票制度）や、電磁的方法による議決権行使（電子投票制度）を定めた場合は、上述の計算書類等の添付に加えて、図表238のとおり、参考書類や議決権行使書面の添付が必要となります。

　ただし、上場会社が、株主に委任状を提供する場合は、議決権行使書面は提供する必要はありません（Q109参照）。

【図表238　書面投票制度・電子投票制度を定めた場合の添付書類】

採用する制度	添付書類	備　　考
❶　書面投票制度（会社法301①）	株主総会参考書類	＊1（会社法301②）
	議決権行使書面	＊1（会社法301②）
❷　電子投票制度（会社法302）	株主総会参考書類	＊1（会社法301②）
	議決権行使書面	＊2（会社法301③） ＊3（会社法301④）

＊1　電磁的方法による招集通知の承諾をした株主に対しては、電磁的方法で提供できます。ただし、株主からの請求があれば、書類を交付しなければなりません。
＊2　電磁的方法による招集通知の承諾をした株主に対しては、電磁的方法で提供しなければなりません。
＊3　電磁的方法による招集通知の承諾をしていない株主から、株主総会の日の1週間前までに、議決権行使書面に記載すべき事項の電磁的方法による提供の請求があった場合には、電磁的方法により提示しなければなりません。

★委任状の例を示すと

　参考までに委任状の例を示すと、図表239のとおりです。

【図表239　委任状の例】

```
                    委　任　状                       ご所有株式数
                        議決権行使株式数○○株        ○○株
  私は株主○○○○を代理人と定め、下記の事項を委任します。
  1．平成○年○月○日                                 お願い
     開催の○○株式会社  ┌────┬─────────┐
     第○回定時株主総会  │議　案│原案に対する賛否│  ○　株主総会
     に出席し、右の各議  ├────┼─────────┤    にご出席の
     案につき私の指示    │第1号議案│  賛　否  │    場合は、……。
     （○印で表示）に従っ├────┼─────────┤  ○　株主総会
     て議決権を行使すること。ただし、議案に対して賛否の表│    にご出席願
     示の無い場合及び原案に対して修正案又は動議が提出され│    えない場合
     た場合は、いずれも白紙委任いたします。              │    は、……。
  2．復代理人の件
                           平成○年○月○日
                                    ○
                                  お届印
```

Q107 株主総会の参考書類・議決権行使書面・記載例は

A 参考書類の記載内容には、通則で定められているものに加え、取締役が議案を提案するときの記載事項と株主が議案を提案するときの記載事項があります。

参考書類に記載すべき事項を、書面に代えて、一定期間インターネットにより開示することができます。

書面投票と電子投票による議決権の重複行使が行われた場合、いずれの議決権行使を有効なものとして取り扱うかについて定めることができますが、この定めをしたときは、議決権行使書面への記載が義務づけられています。

★参考書類というのは

株主総会の参考書類とは、議決権の行使について参考となるべき事項を記載した書面です。

書面や電磁的方法による議決権行使を定めた場合は、招集の通知に際して、参考書類を書面か電磁的方法で発する必要があります（会社法301・302）（Q106参照）。

★参考書類の記載内容は

参考書類には、図表240に掲げる事項を記載しなければなりません（施行規則73①）。また、図表240以外にも株主の議決権の行使に参考となる事項を記載することができます（施行規則70②）。

記載を要するもののうち、他の書類に記載している事項や電磁的方法により提供する事項がある場合は、記載を要しませんが、他に記載があることを

【図表240　参考書類の記載事項】

参考書類の記載事項	① 議案
	② 議案につき監査役が議案を調査し、法令若しくは定款に違反し、又は著しく不当な事項があると認められる場合（会社法384）又は、公開会社でない株式会社（監査役会設置会社及び会計監査人設置会社を除く）が監査役の監査の範囲を会計に関するものに限定する旨を定款で定めた場合で、監査役が議案・書類その他の法務省令で定めるものを調査した場合（会社法389③）に、株主総会に報告すべき調査の結果があるときは、その結果の要旨

明らかにしなければなりません（施行規則70③）。

なお、招集通知や事業報告の内容とすべき事項を参考書類に記載する場合には、招集通知又は事業報告の記載は不要です（施行規則70④）。

★取締役が議案を提案する場合の記載事項は

取締役が議案を提案する場合は、参考書類に図表241の事項を記載します（施行規則74-92）。

【図表241　取締役が提案するときの参考書類の記載事項】

項　目	議案内容	施行規則
①　役員の選任	取締役の選任に関する議案（＊）	第74条
	会計参与の選任に関する議案	第75条
	監査役の選任に関する議案（＊）	第76条
	会計監査人の選任に関する議案	第77条
②　役員の解任等	取締役の解任に関する議案	第78条
	会計参与の解任に関する議案	第79条
	監査役の解任に関する議案	第80条
	会計監査人の解任又は不再任に関する議案	第81条
③　役員の報酬等	取締役の報酬等に関する議案	第82条
	会計参与の報酬等に関する議案	第83条
	監査役の報酬等に関する議案	第84条
④　計算関係書類の承認	会計監査人又は取締役の意見がある場合のその意見の内容	第85条
⑤　合併契約等の承認	吸収合併契約の承認に関する議案	第86条
	吸収分割契約の承認に関する議案	第87条
	株式交換契約の承認に関する議案	第88条
	新設合併契約の承認に関する議案	第89条
	新設分割計画の承認に関する議案	第90条
	株式移転計画の承認に関する議案	第91条
	事業譲渡等に係る契約の承認に関する議案	第92条

＊　図表241は、参考書類に記載すべき議案の種類のみを記載しています。詳細は、施行規則第74条から第92条で確認してください。

★株主が議案を提案するときの記載事項は

株主が議案を提案する場合は、参考書類に図表242の事項を記載します

（施行規則93①）。

　複数の株主から同じ趣旨の議案が提出されている場合には、その議案やこれに対する取締役（取締役会設置会社である場合には取締役会）の意見の内容は各別に記載する必要はありません。

　ただし、複数の株主から同じ趣旨の提案があった旨を記載しなければなりません（施行規則93②）。

　なお、複数の株主から同じ趣旨の提案の理由が提出されている場合には、その提案の理由は、各別に記載することを要しません（施行規則93③）。

【図表242　株主提案の場合の参考書類の記載事項】

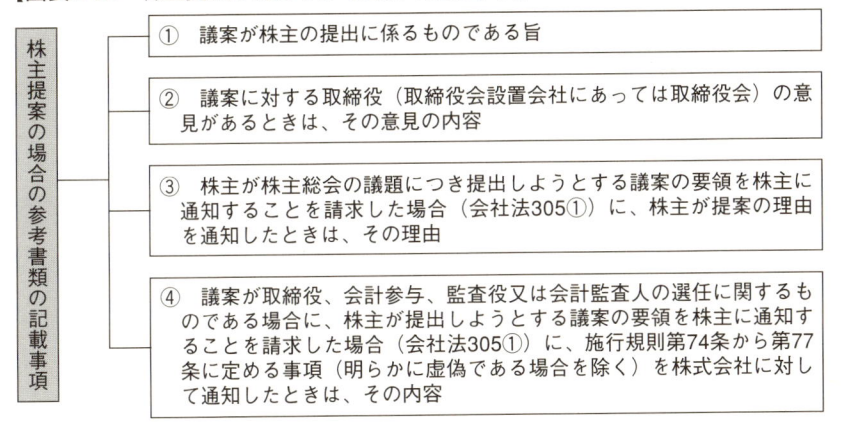

株主提案の場合の参考書類の記載事項
- ① 議案が株主の提出に係るものである旨
- ② 議案に対する取締役（取締役会設置会社にあっては取締役会）の意見があるときは、その意見の内容
- ③ 株主が株主総会の議題につき提出しようとする議案の要領を株主に通知することを請求した場合（会社法305①）に、株主が提案の理由を通知したときは、その理由
- ④ 議案が取締役、会計参与、監査役又は会計監査人の選任に関するものである場合に、株主が提出しようとする議案の要領を株主に通知することを請求した場合（会社法305①）に、施行規則第74条から第77条に定める事項（明らかに虚偽である場合を除く）を株式会社に対して通知したときは、その内容

★参考書類記載の特則は

　参考書類に記載すべき事項を、招集通知を発送するときから定時株主総会の日から3か月を経過するまでの間、継続して不特定多数の人がインターネットを介して閲覧でき、その情報を記録できる方法で開示する場合には、当該事項を記載した参考書類を株主に対して提供したものとみなされます。ただし、図表243に掲げる事項を除きます（施行規則94①）。

　なお、この場合、参考書類に、当該情報が開示されるウェブサイトのアドレスを記載しなければなりません。

★参考書類の記載例を示すと

　議決権行使についての参考書類の例を示すと、図表244のとおりです。

★株主総会の議決権行使書面というのは

　議決権行使書面とは、議決権を行使するための書類のことをいいます。

【図表243 参考書類上、省略できないもの】

省略できない参考書類上、省略できないもの
- ① 議案
- ② 施行規則第133条第3項第1号に掲げる事項を参考書類に記載することとしている場合における当該事項
- ③ インターネット上で当該情報が開示されるウェブサイトのアドレス
- ④ 参考書類に記載すべき事項についてインターネットで開示することにより、参考書類の記載を省略することについて監査役又は監査委員会が異議を述べている場合の当該事項

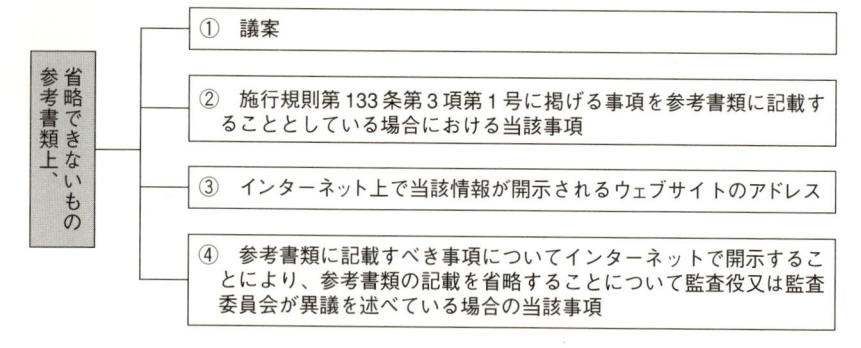

【図表244 議決権行使についての参考書類の例】

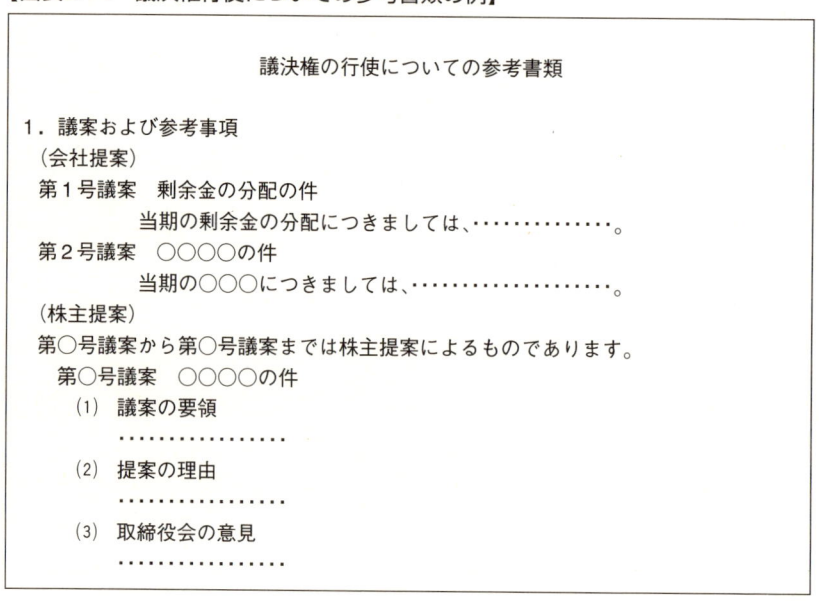

議決権の行使についての参考書類

1．議案および参考事項
（会社提案）
　第1号議案　剰余金の分配の件
　　　　　　当期の剰余金の分配につきましては、……………。
　第2号議案　○○○○の件
　　　　　　当期の○○○につきましては、………………。
（株主提案）
第○号議案から第○号議案までは株主提案によるものであります。
　第○号議案　○○○○の件
　　(1) 議案の要領
　　　　………………
　　(2) 提案の理由
　　　　………………
　　(3) 取締役会の意見
　　　　………………

　書面投票制度や電子投票制度を定款で定めた場合は、招集の通知に際して、議決権行使書面を書面又は電磁的方法で発する必要があります（会社法301・302。Q106参照）。

★議決権行使書面の記載内容は
　議決権行使書面に記載すべき事項は、図表245のとおりです（施行規則66①）。
　会社法施行前と比べ、大きな変更はありません。

【図表245　議決権行使書面に記載すべき事項】

①	賛否の記載	各議案についての賛否を記載する欄 （役員の選任等、複数の候補者が提案されているときは、それぞれの候補者ごとに賛否を記載できるものでなければなりません。）
②	賛否の記載がない場合の取扱い	賛否の記載がない場合の取扱いを定めた場合には、その内容
③	書面投票と電子投票による議決権の重複行使の取扱い	同一の株主が同一の議案について書面投票及び電子投票を重複して行った場合の取扱いを定めた場合には、その内容 注　施行前は、書面投票及び電子投票による議決権の重複行使の場合の取扱いが定められていませんでしたが、施行後は、いずれの議決権行使を有効なものとして取り扱うかについて、株式会社があらかじめ合理的な定めを設けることができることとされ、その定めは、議決権行使書面への記載が義務づけられています。
④	議決権の行使の期限	書面投票の期限及び電子投票の行使期限
⑤	株主の氏名等	議決権を行使すべき株主の氏名又は名称及び行使することができる議決権の数

★議決権行使書面の例を示すと

　議決権行使書面の例を示すと、図表246のとおりです。

【図表246　議決権行使書面の例】

議決権行使書　株主番号○○　行使できる議決権の数○○個

　私は、平成○年○月○日開催の○○株式会社第○回定時株主総会に提出される各議案につき、下記（賛否を○印で表示）のとおり議決権を行使します。

　　　　　　　　　　　　　　　　　　平成○年○月○日

賛否の記載のない場合の取扱い
・・・・・・・
書面及び電磁的方法による議決権の重複行使の取扱い・・・・・

第1号議案	賛	否	第3号議案	賛	否
第2号議案	賛	否			

〒○○　○○市○○町○丁目○番地
（氏名又は名称）○○○○

議決権の行使期限は・・・

お届印

ご所有株式数

○○株

お願い

○　株主総会にご出席の場合は、……。
○　株主総会にご出席願えない場合は、……。
○　第3号議案の各候補者のうち、一部の候補者を否とする場合は……。

Q108 株主総会の決議事項・要件は

A 取締役会設置会社の株主総会では、法定事項及び定款で定めた事項で、かつ、招集通知で通知した目的事項しか決議できません。一方、取締役会非設置会社の株主総会では、法定事項及び株式会社に関する一切の事項が決議できます。

株主総会の決議の方法には、決議要件の違いにより、普通決議、特別決議及び特殊決議があります。

なお、相互保有株式の概念が、株式会社のみならず組合等も含めた実質的に支配可能である株主が所有する株式と変わりました。

....

★株主総会の原則的決議事項は

株主総会の決議事項は、取締役会設置会社と取締役会非設置会社によって、図表247のように定められています。

取締役会設置会社は、旧商法の株式会社の株主総会と同様に、所有と経営が完全に分離されていることを前提に、株主総会では基本的事項のみを決議事項とし、それ以外の意思決定は取締役会の決議事項とされています(会社法295②)。

取締役会非設置会社では、旧有限会社の社員総会と同様に、取締役の業務執行を監視する取締役会が存在しないため、株主総会で職務執行についての重要な意思決定及び取締役の職務執行の監督を行うことを前提として、一切の事項を決議事項としています(会社法295①)。

【図表247 株主総会の原則的決議事項】

取締役会の有無	株主総会の決議事項
取締役会設置会社 (会社法295②)	・法定事項及び定款で定めた事項 ・招集通知で通知した議題
取締役会非設置会社 (会社法295①)	・法定事項及び株式会社の組織、運営、管理その他株式会社に関する一切の事項

★株主総会の例外的決議事項は

取締役会設置会社では、株主総会の決議事項が上記のように限定されていますが、これに加えて、①取締役・会計参与・監査役・監査役会及び会計監

査人が株主総会に提出、提供した資料等の調査をする者（会社法316①）及び株主により招集された株主総会において株式会社の業務及び財産の状況を調査する者（会社法316②）を選任する決議を行うこと、②定時株主総会において会計監査人の出席を求める決議を行う（会社法398②）ことができます（会社法309⑤）。

★その他の機関への権限委譲は
　株主総会の決議を必要とする事項について、株主総会以外の機関が決定することができるとする定款の定めは、その効力を有しません（会社法295③）。

★株主総会の決議事項と要件は
　株主総会の決議には、決議要件によって普通決議（会社法309①）、特別決議（会社法309②）及び特殊決議（会社法309③④）があります。
　それぞれの決議要件及び決議事項は、図表248、249のとおりです。

【図表248　株主総会の決議要件】

決議方法	決　議　要　件
❶　普通決議	定足数：議決権の過半数を有する株主の出席 決議方法：出席株主の議決権の過半数の賛成 　　　　　（定款で別段の定めがある場合を除きます）
❷　特別決議	定足数：議決権の過半数（定款で3分の1以上の割合を定めた場合はその割合）を有する株主の出席 決議方法：出席株主の議決権の3分の2（定款でこれを上回る割合を定めた場合はその割合）以上の賛成 （当該決議の要件に加えて、その他の要件を定款で定めることができます）
❸　特殊決議 　　その1	決議方法：議決権を行使できる株主の半数（定款でこれを上回る割合を定めた場合はその割合）以上の賛成、かつ、議決権の3分の2（定款でこれを上回る割合を定めた場合はその割合）以上の賛成
❹　特殊決議 　　その2	決議方法：総株主の半数（定款でこれを上回る割合を定めた場合はその割合）以上の賛成、かつ、総株主の議決権の4分の3（定款でこれを上回る割合を定めた場合はその割合）以上の賛成

【図表249　株主総会の決議事項】

決議方法	決　議　事　項
❶　普通決議	特別決議又は特殊決議が必要と定められている決議以外の決議 （計算書類の承認決議も普通決議）

決議方法	決議事項
❷ 特別決議	① 譲渡制限株式の譲渡不承認の場合の自己株式買取人又は指定買取人の指定 ② 特定株主から自己株式の有償取得（子会社からの取得を除きます） ③ 全部取得条項付種類株式の取得、相続人等に対する売渡請求 ④ 株式の併合 ⑤ 新株募集事項の決定、募集事項の決定の取締役（会）への委任の決定、株主に株式の割当てを受ける権利を与える場合の条件の決定、譲渡制限株式の募集新株の割当の決定 ⑥ 新株予約権の募集事項の決定、募集事項の決定の取締役（会）への委任の決定、株主に株式の割当を受ける権利を与える場合の条件の決定、譲渡制限株式の募集新株予約権の割当の決定 ⑦ 累積投票で選任された取締役の解任又は監査役の解任 ⑧ 取締役・会計参与・監査役・執行役・会計監査人の任務懈怠による損害賠償責任を一部免除する場合 ⑨ 資本金の額を減少する場合 ⑩ 現物配当を行う場合 ⑪ 定款の変更、事業の譲渡等、解散 ⑫ 組織変更、合併、会社分割、株式交換及び株式移転
❸ 特殊決議 その1	① 発行する全部の株式の内容を譲渡制限株式とする旨の定款の定めを設ける（会社法107①②）定款の変更 ② 消滅株式会社等における吸収合併契約等の承認 ③ 消滅株式会社等における新設合併契約等の承認
❹ 特殊決議 その2	公開会社以外の会社の剰余金の配当、残余財産の分配、株主総会の議決権に関する事項について、株主ごとに異なる取扱いを行う旨の定款変更（廃止を除きます）（会社法109②）

＊原則的事項のみを記載していますので、詳細は会社法第309条で確認してください。

★議決権の数は

　株主は、1株（1単元）に1個の議決権を有することと規定されています（会社法308①）。

　ただし、株式会社（子会社を含みます）がその総株主の議決権の4分の1以上を有することその他の事由を通じて株式会社がその経営を実質的に支配することが可能な関係にある者（施行規則67）を除きます。

　このような株主が保有する株式を相互保有株式といいます。

　また、自己株式は、議決権を有しません（会社法308②）。

　相互保有株式については、総株主の議決権の4分の1超を有している株式会社や、有限会社である株主が保有する株式とされていましたが（旧商法241③）、施行後は、株式会社のみならず会社や組合等を含めて、その総株主

の議決権の4分の1以上を有しているもの、その他の事由で経営を実質的に支配可能であるものすべてが含まれることにとされています。

　これは、相互保有株式の議決権行使を禁じる趣旨が、そもそも会社支配の公正性を維持するためであることから、実務上、最近の株主として増加してきた投資ファンドや投資事業組合等についても同様に規制の対象とされたと考えられます。

　また、これは子会社の定義が議決権基準から実質支配力基準となったこととも整合しています。

★議決権の不統一行使が可能

　複数の議決権を有する株主は、同一の議案について賛成と反対両方の議決権行使を行うことができます（会社法313①）。これを議決権の不統一行使といいます。

　取締役会設置会社では、議決権の不統一行使を行う株主は、株主総会の日の3日前までに、取締役会設置会社に対して議決権を統一しないで行使する旨及びその理由を通知しなければなりません（会社法313②）。

　株式会社は、議決権の不統一行使をしようとする株主が他人のため（信託引受、名義貸し等）に株式を有する者でないときは、不統一行使を拒むことができます（会社法313③）。

★株主総会決議の省略は

　株主総会の議題提案においては、株主の全員が書面又は電磁的記録により同意の意思表示をした場合に、当該提案を可決する旨の株主総会の決議があったとみなし、株主総会の決議を省略できます（会社法319①）。

　その株主総会の決議があったとみなされた日から10年間、株主が意思表示をした書面又は電磁的記録を本店に備置き、株主又は親会社社員の閲覧・謄写に供さなければなりません（会社法319②③④）。

★株主総会への報告の省略は

　取締役が株主の全員に対して株主総会に報告すべき事項を通知した場合に、当該事項を株主総会に報告することを要しないことにつき株主の全員が書面又は電磁的記録により同意の意思表示をしたときは、その事項は株主総会への報告があったものとみなされます（会社法320）。

Q109 株主総会に出席できないときの議決権行使は

A 株主が株主総会に出席できない場合は、①代理人による議決権代理行使、②委任状による議決権代理行使、③書面投票制度、④電子投票制度が利用できます。

書面又は電磁的方法による議決権の行使期限が、具体的に、①総会の日の直前の営業時間の終了時か、②定款で定めた日時と規定されています。

★株主が株主総会に出席できないときの議決権行使方法は

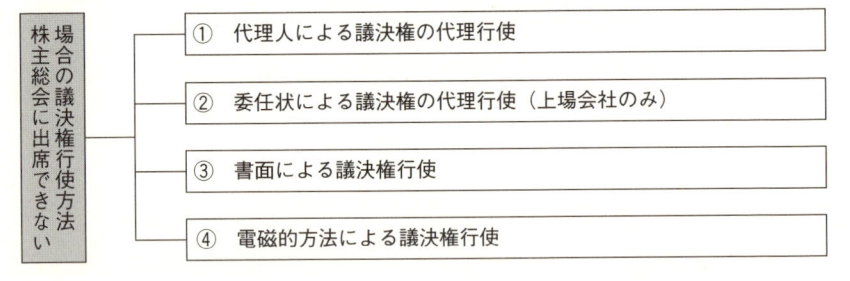

株主が株主総会に出席できないときの議決権行使の方法は、図表250のとおりです。

【図表250 株主総会に出席できないときの議決権行使方法】

```
                    ┌─ ① 代理人による議決権の代理行使
株主総会に出席できない  ├─ ② 委任状による議決権の代理行使（上場会社のみ）
場合の議決権行使方法   ├─ ③ 書面による議決権行使
                    └─ ④ 電磁的方法による議決権行使
```

★代理人による議決権の代理行使は

すべての株式会社の株主は、代理人を通じて議決権を行使することができます。

ただし、招集通知に参考書類の添付が義務づけられていない会社の株主は、議案の内容を知り得ず、代理人に白紙委任せざるを得ない可能性があります。

代理行使の方法については、株主や代理人は、代理権を証明する書面を株式会社に提出しなければならず（会社法310①）、代理権の授与は株主総会ごとに行わなければなりません（会社法310②）。

また、代理権を証明する書面に代えて、株式会社の承諾を得て、電磁的方法により提供することができます（会社法310③）。

株主が電磁的方法による通知を承諾した者である場合は、株式会社は正当な理由がなければ、電磁的方法による代理権の提供を拒めません（会社法

310④)。

　なお、株式会社は、株主総会に出席できる代理人の数を制限できます（会社法310⑤)。

　株式会社は、株主総会の日から3か月間、代理権を証明する書面又は電磁的記録をその本店に備え置き、株主の閲覧・謄写に供しなければなりません（会社法310⑥⑦)。

★委任状による議決権の代理行使は

　上場会社が証券取引法の規定に基づき、招集通知に際して委任状の用紙を交付することにより議決権の行使を第三者に代理させることを勧誘している場合、株主は委任状により議決権を行使することが可能です。

　上記の代理人による議決権の代理行使との違いは、委任状とともに参考書類の添付が義務づけられているため、株主は議案の内容を知ったうえで意思表示が可能である点です。

　しかし、株主が委任状を作成し委任の申込みを行っても、会社がその申込みを承諾し代理行使を行うか否かは自由であるため、株主の意思が会社にとって不都合な場合、株主の意思が株主総会に反映されない可能性があります。

★書面による議決権行使は

　株式会社が、書面投票制度を採用した場合、株主は書面による議決権行使ができます。

　書面による議決権の行使方法は、議決権行使書面に必要な事項を記載し、株主総会の日時の直前の営業時間の終了時（特定の時を期限と定めた場合はその特定の時）（施行規則69・63③ロ）までに株式会社に提出します（会社法311①)。

　書面により行使した議決権の数は、出席した株主の議決権の数に算入します（会社法311②)。

　株主総会の日から3か月間、提出された議決権行使書面をその本店に備置き、株主の閲覧・謄写に供さなければなりません（会社法311③④)。

　注　施行前は、書面による議決権の行使期限が総会の日の前日と規定されていました（旧商法239ノ2⑤）が、前日のいつまでか具体的な時間については解釈が分かれていました。

　　　施行後は、原則として総会の日の直前の営業時間の終了時、あるいは

定款で特定の日時を設定することができるとされています。

★書面投票制度が必要な場合とは・委任状との関係は

　議決権を行使できる株主の数が1,000人以上の場合は、書面による議決権行使ができることを定める必要があります。ただし、上述の委任状による代理行使を勧誘している場合は、書面投票制度は必要ありません（会社法298条②）。

　なお、書面投票制度と委任状による代理行使制度は選択可能ですが、株主によって使い分けることはできません。

　注　施行前は、議決権を有する株主数が1,000人以上の大会社についてのみ書面投票制度が義務づけられていました（旧商特法21ノ3）が、施行後は、株主数が1,000人以上の会社全てが書面投票制度を義務づけられることとされています（会社法298②）。

★電磁的方法による議決権行使は

　株式会社が、電子投票制度を採用した場合、株主は電磁的方法による議決権行使が可能です。

　電磁的方法による議決権の行使方法は、株式会社の承諾を得て、株主総会の日時の直前の営業時間の終了時（特定の日を期限と定めた場合はその特定の時）（施行規則70・63③ハ）までに議決権行使書面に記載すべき事項を、電磁的方法により株式会社に提供します（会社法312①）。

　一般的には、株式会社や株主名簿管理人が用意したインターネット上の議決権行使を行うためのホームページで議決権を行使します。

　株主は、ホームページ上で、株式会社が送付した議決権行使番号と議決権行使用のパスワードを入力し、議案ごとの賛否を記入することになります。

　株主が電磁的方法による株主総会招集の通知を承諾したものである場合には、株式会社は、正当な理由がなければ、電磁的方法による議決権行使を拒めません（会社法312②）。電磁的方法により行使した議決権の数は、出席した株主の議決権の数に算入します（会社法312③）。

　なお、株主総会の日から3か月間、提供された事項を記録した電磁的記録をその本店に備置き、株主の閲覧・謄写に供さなければなりません（会社法312④⑤）。

9 計算書類の監査実務Q&A

9では、計算書類の監査、監査報告書作成などの実務ポイントをまとめています。

Q110	監査ってどういう手続のこと・計算書類との関係は	278
Q111	内部監査ってどういう手続のこと・計算書類との関係は	280
Q112	会計監査ってどういう手続のこと・計算書類との関係は	282
Q113	監査の対象となる計算書類ってなに・その承認方法は	284
Q114	監査日程は	286
Q115	会計監査人の監査報告書の記載事項・作成例は	287
Q116	会計監査人の連結監査報告書の記載事項・作成例は	289
Q117	会計監査人非設置会社の監査役(会)の監査報告書の記載事項・作成例は	290
Q118	会計監査人設置会社の監査役(会)の監査報告書の記載事項・作成例は	292
Q119	監査役(会)の連結監査報告書の記載事項・作成例は	294

Q110 監査ってどういう手続のこと・計算書類との関係は

A 監査とは、独立した立場にある者によるチェックです。計算書類は、監査役あるいは会計監査人の監査を受けることが求められています。監査役は業務監査と会計監査を、会計監査人は会計監査を行います。

★監査というのは

監査とは、ある者が行った行為あるいはその結果をその者とは独立した立場にある者がチェックしてその結果を報告することです。

例えば、会社であれば株主が出資を行い、取締役は出資された金銭を運用してその結果を決算ごとに決算書を作成し、株主に対して報告を行います。

その決算書が正しく作成されているかどうか、取締役が不正行為あるいは不法行為を行っていなかったかどうかについて、取締役とは独立した立場にある監査役あるいは会計監査人がそれらについてのチェックを行い、監査報告書という形で監査を行った結果を報告し、決算書の信頼性について保証することになります。

★監査の種類は

監査は、図表251の種類があります。

【図表251　監査の種類】

項　目	説　明
❶ 法定監査と任意監査	法律に基づいて行われるかどうかという区分です。 法定監査の主なものには、会社法監査（監査役、会計監査人）、証取法監査、学校法人監査などがあります。 任意監査は、お互いの契約で任意に内容等を決めて行われるものです。
❷ 会計監査と業務監査	会計監査は、会計に関する事項を対象とする監査であり、財務諸表監査ともいわれます。 業務監査は、取締役の業務執行に関する監査であり、会計に関する部分以外の監査をいいます。
❸ 外部監査と内部監査	監査人がその会社とは独立の第三者である場合（例えば、会計監査人）は外部監査、その会社の内部の者である場合には（例えば監査役、内部監査室等）内部監査ということができます。

一般的に内部監査という場合には、内部監査室等による監査をいいます。

★監査役による監査は

　監査役は、会社法で定められている会社の機関の1つであり、取締役の職務執行の監査を行い、監査報告を作成します。

　原則として、監査役は業務監査と会計監査を行いますが、公開会社でない株式会社（ただし、監査役会設置会社及び会計監査人設置会社は除きます）は、監査役の監査の範囲を会計監査に限定する旨を定款で定めることができます（会社法389①）。逆に定款で定めておかないと、監査範囲が業務監査にまで及ぶことになります。

★会計監査人による監査は

　会計監査人とは、株式会社の計算書類及びその附属明細書、臨時計算書類、連結計算書類を監査する会社法上定められている機関です。

　会計監査人になれるのは、公認会計士又は監査法人に限られます。

　大会社（資本金5億円以上または負債200億円以上の株式会社）及び委員会設置会社は、必ず会計監査人を設置しなければなりません（会社法327⑤、328）。

　大会社でなくても、定款で定めれば会計監査人を設置することができます（会社法326②）。

　会計監査人が設置されている場合には、会計監査人を設置した旨及びその会計監査人の氏名・名称を登記する必要があります（会社法911③十九）。

★会社法に基づく計算書類等の監査は

　監査役設置会社では、計算書類及び事業報告並びにこれらにかかる附属明細書は監査役の監査を受けなければなりません（会社法436①）。

　また、会計監査人設置会社では、計算書類及びその附属明細書については、さらに会計監査人の監査を受けなければなりません（会社法436②）。監査役及び会計監査人の監査の対象をまとめると、図表252のようになります。

　また、臨時計算書類、連結計算書類についても、同様の監査の規定があります。

【図表252　監査役・会計監査人の監査の対象】

	監査役	監査役（会計監査に限定）	会計監査人
計算書類及びその附属明細書	○	○	○
事業報告及びその附属明細書	○	—	—

Q111 内部監査ってどういう手続のこと・計算書類との関係は

A 内部監査とは、会社内の監査部門によって行われる監査です。内部監査は、内部統制の構成要素として計算書類の正確性を担保します。
内部監査は、内部統制の重要な構成要素として、今後重要性が増してきます。

★内部監査の意義と計算書類との関係は

内部監査とは、他の部門から独立した社内の監査部門によって実施される会計監査及び業務監査です。
内部監査は、内部統制システムを構成する重要な要素の1つです。
内部統制の全体構造、各構成要素が適切に整備、運用されているかどうかをレビューして報告する経営のための監査です。
会社法においても、会社は内部統制システムを構築することが求められており、内部統制をより有効なものにするため、モニタリングシステムとして内部監査制度を導入する必要があります。
内部監査制度を含めた内部統制システムを構築し、運用することで、正確な計算書類を作成することが可能となります。

★内部監査の組織は

内部監査を行う組織は、内部監査室のように専任の者を置くことが望ましいのですが、小規模会社などでは無理なこともあります。その場合は、兼任でもかまいませんが、被監査部門からは独立している必要があります。
また、内部監査部門が内部監査を行うためには、社長直属とし、被監査部門が監査に積極的に協力するように徹底させるために内部監査規程を作成しておく必要があります。そして、社内のすべての部門が監査対象となるよう、計画する必要があります。

★リスクアプローチによる内部監査の実施を期待

内部監査は、単に会社の業務が規程どおりなされているかどうかをチェックするだけではなく、会社のリスクマネジメントの一環として、有効な提言がなされることが期待されています。

会社の組織体制、業務運営方針、規程、人員配置等が事業目的の達成を阻害する要因（リスク）を防止あるいは早期に発見することができるようになっているかどうかというリスクアプローチの観点から内部監査を実施することが期待されています。

　内部統制システムの整備・運用状況にかかる内部統制の有効性を評価して、改善の必要性があれば提言をすることになります。

★内部監査の実施は

　内部監査は、図表253に示す手順で実施されます。

【図表253　内部監査の手順】

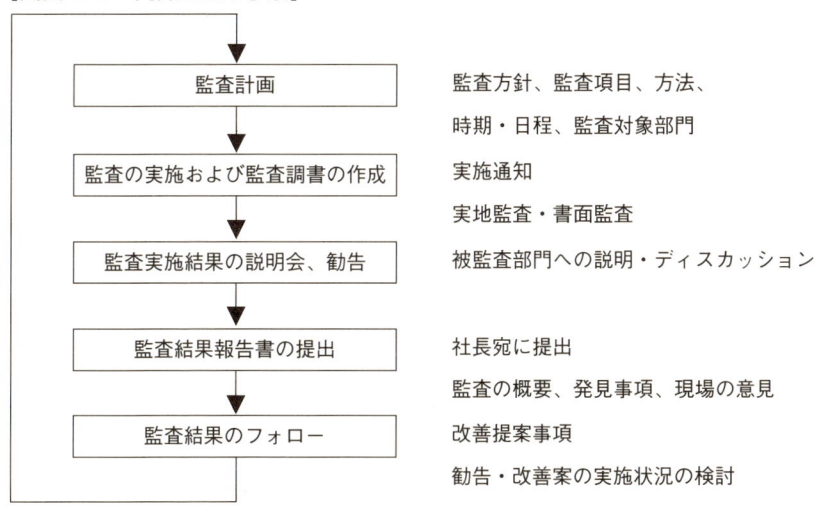

監査計画	監査方針、監査項目、方法、時期・日程、監査対象部門
監査の実施および監査調書の作成	実施通知／実地監査・書面監査
監査実施結果の説明会、勧告	被監査部門への説明・ディスカッション
監査結果報告書の提出	社長宛に提出／監査の概要、発見事項、現場の意見
監査結果のフォロー	改善提案事項／勧告・改善案の実施状況の検討

★内部監査実施時の注意点は

　内部監査実施時の注意点をあげると、図表254のような点になります。

【図表254　内部監査実施時の注意点】

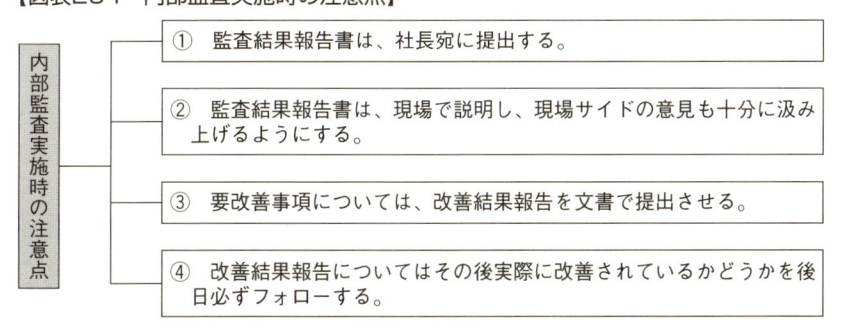

内部監査実施時の注意点
① 監査結果報告書は、社長宛に提出する。
② 監査結果報告書は、現場で説明し、現場サイドの意見も十分に汲み上げるようにする。
③ 要改善事項については、改善結果報告を文書で提出させる。
④ 改善結果報告についてはその後実際に改善されているかどうかを後日必ずフォローする。

Q112 会計監査ってどういう手続のこと・計算書類との関係は

A 会計監査とは、計算書類が適正に表示されているかどうかをチェックすることです。

監査を実施するにあたっては、独立性を保ち、専門家として正当な注意義務を払う必要があります。監査は監査計画の策定、監査の実施、監査報告という手順で行われます。

会計監査人と監査役は、連携して目的を達成する必要があります。

★会計監査というのは

会計監査とは、会計に関する事項を対象とする監査であり、財務諸表監査ともいわれます。

計算書類が公正な会計慣行、基準に従い、会社の財産及び損益の状況をすべての重要な点において適正に表示しているかどうかに関する意見を監査報告というかたちで述べることをいいます。

★会社法では誰が会計監査を実施するか

会計監査人が設置されていない会社では監査役が、会計監査人が設置されている会社では会計監査人と監査役が、それぞれ会計監査を実施します。

★監査を実施するにあたっての基本姿勢等は

監査役、会計監査人は、職務の遂行に必要な知識及び技術の習得に努める必要があり、常に公正不偏の態度及び独立の立場を保持して、正当な注意を払うとともに、懐疑心を保持してその職務を遂行しなければなりません。

★監査の進め方は

監査は、図表255のとおり、①監査計画の策定、②監査の実施、③監査報告という手順で行われます。

★監査人の権限は

監査人はいつでも会計帳簿及び関連資料の閲覧及び謄写をし、取締役及び会計参与並びに使用人に対して事業及び会計に関する報告を求めることがで

【図表255　監査の進め方】

監査の手順	説　　明
❶ 監査計画	監査を実施するにあたって、監査の方針、重点事項、監査の日程、往査事業所、実施する手続、業務の分担等を決定します。リスクアプローチの考え方に基づき、監査を実施します。 　計算書類上の重要な虚偽表示（不正及び誤謬）を見逃すことのないよう、勘定科目ごと、業務ごと等別にリスク評価を行い、その評価結果に基づき、リスクが高い項目には重点的に監査の人員、時間、手続を充てるように計画し、実施する手続、実施時期、実施範囲を決定します。
❷ 監査の実施	監査計画に基づき、監査が実施されます。内部統制の整備・運用状況を確認するための経営者、担当者へのヒアリング及びそのテストをまず実施します。 　その結果に基づき、各種帳簿の内容の調査、計算書類と帳簿との突合せ、資産の実在性・負債の網羅性を確認するために実査、立会い、確認等の手続を実施します。 　必要に応じて子会社についても、同様な手続を実施します。
❸ 監査報告	監査人は監査の結果を監査報告という形でまとめ、報告しなければなりません。 　監査報告の内容は、監査省令で定められています。(Q115～119参照)

きます（会社法381②、389④、396②）。

　また、必要に応じて子会社に対して会計に関する報告を求め、子会社の業務・財産の状況の調査をすることができます（会社法381③、389⑤、396③）。

★会計監査人と監査役の関係は

　監査の過程で監査役と会計監査人は、適宜情報の交換、打合せを行うようにします。

　会計監査人は、監査役に対する会計監査報告の通知に際して、図表256のような事項を通知する必要があります（計算規則159）。

【図表256　会計監査報告の通知と同時に通知する事項】

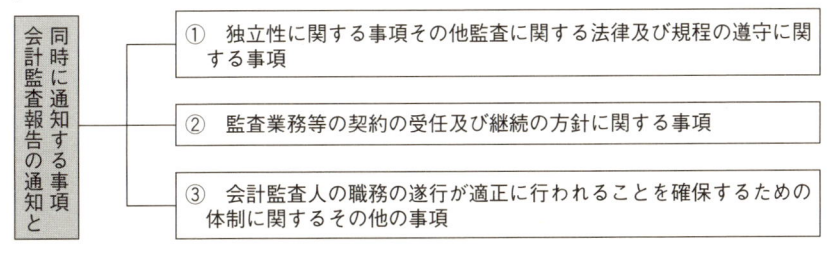

会計監査報告の通知と同時に通知する事項	① 独立性に関する事項その他監査に関する法律及び規程の遵守に関する事項
	② 監査業務等の契約の受任及び継続の方針に関する事項
	③ 会計監査人の職務の遂行が適正に行われることを確保するための体制に関するその他の事項

Q113 監査の対象となる計算書類ってなに・その承認方法は

A 計算関係書類、事業報告、附属明細書が監査の対象となります。
計算書類は、監査を受けた後、取締役会の承認を得て、株主総会で承認されます、会計監査人がいる場合には、株主総会の承認が不要なことがあります。

★監査対象となる計算書類は

監査役は、計算関係書類（各事業年度にかかる計算書類、その附属明細書、臨時計算書類、連結計算書類）及び事業報告、その附属明細書の監査をしなければなりません。

会計監査人は、計算関係書類の監査を行います。

★計算書類の承認方法は

取締役会設置会社では、上記の監査役あるいは会計監査人の監査を受けた計算書類、事業報告及びその附属明細書について取締役会の承認を受ける必要があります（会社法436③）。

取締役会の承認を受けた計算書類及び事業報告は、監査役及び会計監査人の監査報告とともに株主総会に提出され、計算書類については原則として株主総会の承認を受ける必要があります。

事業報告の内容は、株主総会で報告されます（会社法437、438）。

★会計監査人設置会社の特例

計算書類は、原則として株主総会で承認されることになりますが、会計監査人設置会社については、計算書類が法令や定款に従い、株式会社の財産及び損益の状況を正しく示しているものとして、図表257の要件を充たす場合には株主総会の承認を得る必要がないものとされています（会社法439、441④）。

ただし、計算書類の内容は、定時株主総会で報告する必要があります。

なお、会計監査人設置会社であっても、取締役会が設置されていない場合は、株主総会の承認が必要になります。

連結計算書類については、定時株主総会に提出し、その内容および監査の結果を報告すれば足ります（会社法444⑦）。

【図表257　計算規則で定められている要件（計算規則163）】

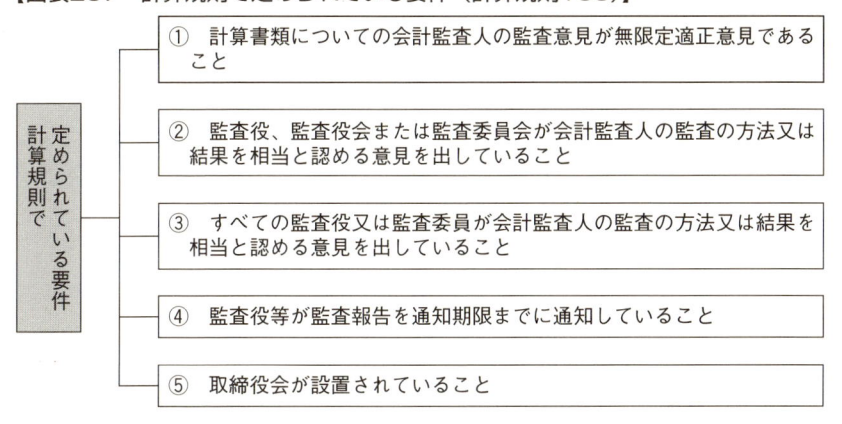

計算規則で定められている要件
- ① 計算書類についての会計監査人の監査意見が無限定適正意見であること
- ② 監査役、監査役会または監査委員会が会計監査人の監査の方法又は結果を相当と認める意見を出していること
- ③ すべての監査役又は監査委員が会計監査人の監査の方法又は結果を相当と認める意見を出していること
- ④ 監査役等が監査報告を通知期限までに通知していること
- ⑤ 取締役会が設置されていること

★計算書類の承認等のフロー図を示すと

　計算書類の承認等のフロー図を示すと、図表258のとおりです。

【図表258　計算書類等の承認等のフロー図】

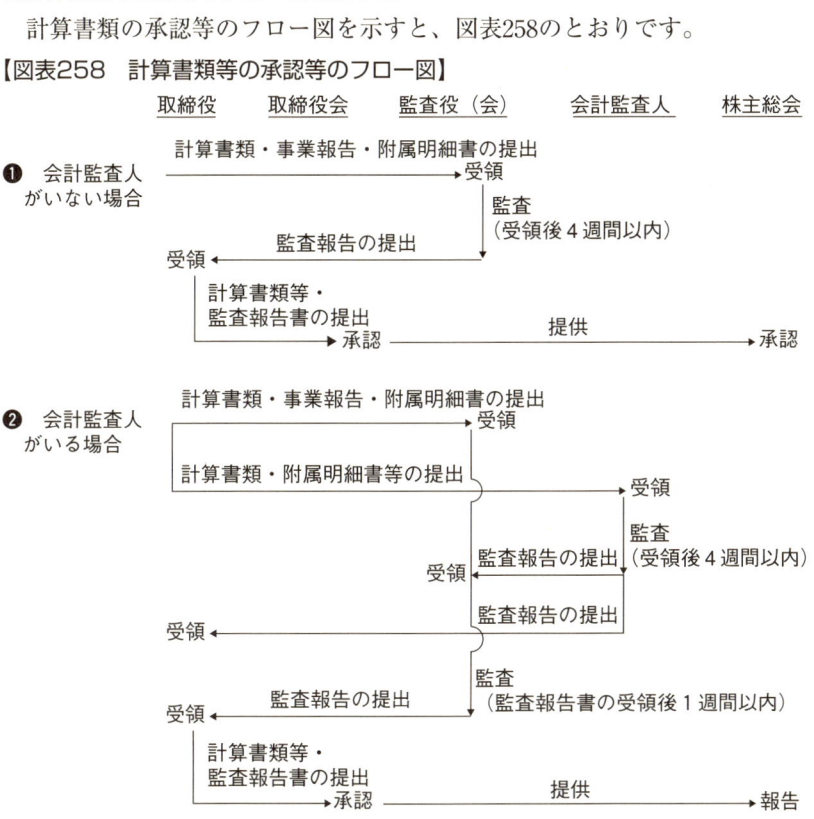

❶ 会計監査人がいない場合

取締役 → 監査役（会）：計算書類・事業報告・附属明細書の提出（受領）
監査役（会）：監査（受領後4週間以内）
監査役（会） → 取締役：監査報告の提出（受領）
取締役 → 取締役会：計算書類等・監査報告書の提出（承認）
取締役会 → 株主総会：提供（承認）

❷ 会計監査人がいる場合

取締役 → 監査役（会）：計算書類・事業報告・附属明細書の提出（受領）
取締役 → 会計監査人：計算書類・附属明細書等の提出（受領）
会計監査人 → 監査役（会）：監査（受領後4週間以内）／監査報告の提出（受領）
監査役（会） → 取締役：監査報告の提出（受領）
監査役（会）：監査（監査報告書の受領後1週間以内）
監査役（会） → 取締役：監査報告の提出（受領）
取締役 → 取締役会：計算書類等・監査報告書の提出（承認）
取締役会 → 株主総会：提供（報告）

Q114 監査日程は

A 監査は、監査省令で定められた日までに行う必要があります。

★監査報告の通知期限は

監査報告の通知期限及び提出先をまとめると、図表259のようになります（施行規則132①、計算規則152①、158①）。

【図表259　監査報告の通知期限・提出先】

監査対象となる計算書類等		会計監査人非設置会社	会計監査人設置会社	
		監査役(会)	会計監査人	監査役(会)
① 計算書類及び附属明細書	提出期限（右の日のいずれか遅い日）	① 計算書類受領日から4週間経過日 ② 附属明細書受領日から1週間経過日 ③ 特定取締役と特定監査役が合意した日	① 計算書類受領日から4週間経過日 ② 附属明細書受領日から1週間経過日 ③ 特定取締役、会計監査人、特定監査役間で合意した日	① 会計監査人の監査報告受領日から1週間経過日 ② 特定取締役、会計監査人、特定監査役間で合意した日
	提出先	特定取締役	特定監査役及び特定取締役	特定取締役
② 臨時計算書類	提出期限（右の日のいずれか遅い日）	① 臨時計算書類受領日から4週間経過日 ② 特定取締役と特定監査役が合意した日	① 臨時計算書類受領日から4週間経過日 ② 特定取締役、会計監査人、特定監査役間で合意した日	① 会計監査人の監査報告受領日から1週間経過日 ② 特定取締役、会計監査人、特定監査役間で合意した日
	提出先	特定取締役	特定監査役及び特定取締役	特定取締役
③ 連結計算書類	提出期限（右の日のいずれか遅い日）	―	① 連結計算書類受領日から4週間経過日 ② 特定取締役、会計監査人、特定監査役間で合意した日	① 会計監査人の監査報告受領日から1週間経過日 ② 特定取締役、会計監査人、特定監査役間で合意した日
	提出先	特定取締役	特定監査役及び特定取締役	特定取締役
④ 事業報告及び附属明細書	提出期限（右の日のいずれか遅い日）	① 事業報告受領日から4週間経過日 ② 附属明細書受領日から1週間経過日 ③ 特定取締役と監査役が合意した日	―	① 事業報告受領日から4週間経過日 ② 附属明細書受領日から1週間経過日 ③ 特定取締役と監査役が合意した日
	提出先	特定取締役	―	特定取締役

Q115 会計監査人の監査報告書の記載事項・作成例は

A 会計監査人の監査報告書の記載事項は、計算規則で定められています。

★会計監査人の監査報告書に記載すべき事項は

監査報告書に記載する内容は、図表260のとおりです（計算規則154①）。

【図表260　監査報告書の記載内容】

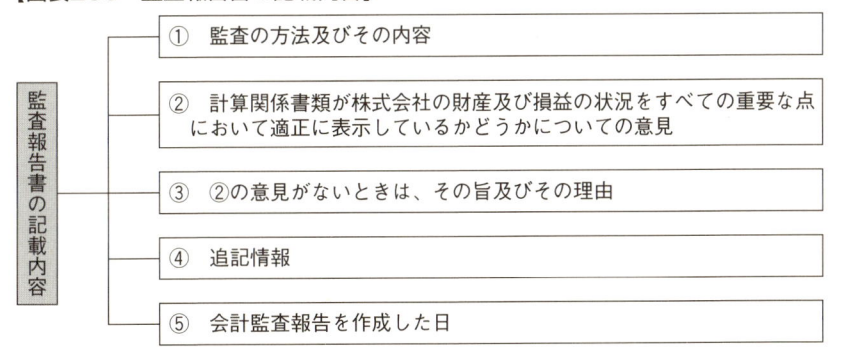

監査報告書の記載内容
- ① 監査の方法及びその内容
- ② 計算関係書類が株式会社の財産及び損益の状況をすべての重要な点において適正に表示しているかどうかについての意見
- ③ ②の意見がないときは、その旨及びその理由
- ④ 追記情報
- ⑤ 会計監査報告を作成した日

★監査意見の種類は

監査意見は、図表261の3種類があり、それぞれの意見に応じて記載します（計算規則154①）。

【図表261　監査意見の種類】

監査意見	説　　　　明
❶ 無限定適正意見	計算関係書類が一般に公正妥当と認められる企業会計の慣行に準拠して、当該計算関係書類に係る期間の財産及び損益の状況をすべての重要な点において適正に表示していると認められる旨
❷ 限定付適正意見	計算関係書類が除外事項を除き、一般に公正妥当と認められる企業会計の慣行に準拠して、当該計算関係書類に係る期間の財産及び損益の状況をすべての重要な点において適正に表示していると認められる旨並びに除外事項
❸ 不適正意見	計算関係書類が不適正である旨及びその理由

★追記情報の記載事項は

追記情報として記載すべき事項は、図表262の項目です（計算規則154②）。

【図表262　追記情報の記載事項】

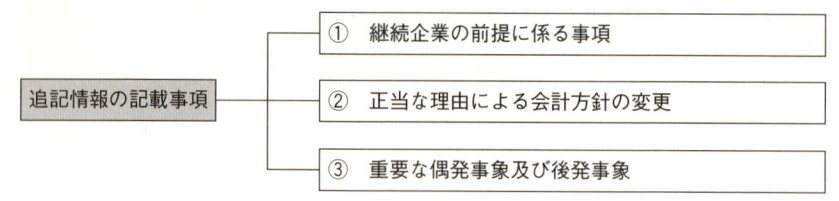

追記情報の記載事項
- ① 継続企業の前提に係る事項
- ② 正当な理由による会計方針の変更
- ③ 重要な偶発事象及び後発事象

★監査報告書（無限定適正意見の場合）の例を示すと

　無限定適正意見の監査報告書の例をあげると、図表263のとおりです。

【図表263　監査報告書の例】

独立監査人の監査報告書

平成○年○月○日

○○株式会社
　取締役会　御中

　　　　　　　　　　　○○監査法人
　　　　　　　　　　　　指定社員
　　　　　　　　　　　　業務執行社員　　公認会計士　　○○○○　印
　　　　　　　　　　　　指定社員
　　　　　　　　　　　　業務執行社員　　公認会計士　　○○○○　印

　当監査法人は、「会社法」第436条第2項第1号の規定に基づき、○○株式会社の平成○年○月○日から平成○年○月○日までの第○期事業年度の計算書類、すなわち、貸借対照表、損益計算書、株主資本等変動計算書及び個別注記表並びにその附属明細書について監査を行った。この計算書類及びその附属明細書の作成責任は経営者にあり、当監査法人の責任は独立の立場から計算書類及びその附属明細書に対する意見を表明することにある。

　当監査法人は、我が国において一般に公正妥当と認められる監査の基準に準拠して監査を行った。監査の基準は、当監査法人に計算書類及びその附属明細書に重要な虚偽の表示がないかどうかの合理的な保証を得ることを求めている。監査は、試査を基礎として行われ、経営者が採用した会計方針及びその適用方法並びに経営者によって行われた見積りの評価も含め全体としての計算書類及び附属明細書の表示を検討することを含んでいる。当監査法人は、監査の結果として意見表明のための合理的な基礎を得たと判断している。

　監査の結果、当監査法人は、上記の計算書類及びその附属明細書が我が国において一般に公正妥当と認められる企業会計の基準に準拠して、当該計算書類及びその附属明細書に係る期間の財産及び損益の状況をすべての重要な点において適正に表示しているものと認める。

　会社と当監査法人又は業務執行社員との間には、公認会計士法の規定により記載すべき利害関係はない。

以　上

Q116 会計監査人の連結監査報告書の記載事項・作成例は

A 連結計算書類の監査報告書の記載事項は、個別と基本的に同じです。

★会計監査人の監査報告書に記載すべき事項は

監査報告書に記載する内容は、個別の場合と基本的に変わりません（計算規則154。Q115参照）。

★監査報告書（無限定適正意見の場合）の例を示すと

無限定適正意見の監査報告書の例をあげると、図表264のとおりです。

【図表264　無限定適正意見の監査報告書の例】

独立監査人の監査報告書

平成○年○月○日

○○株式会社
　取締役会　御中

　　　　　　　　　○○監査法人
　　　　　　　　　　指 定 社 員　　公認会計士　○　○　○　　印
　　　　　　　　　　業務執行社員
　　　　　　　　　　指 定 社 員　　公認会計士　○　○　○　　印
　　　　　　　　　　業務執行社員

　当監査法人は、「会社法」第444条第4項の規定に基づき、○○株式会社の平成○年○月○日から平成○年○月○日までの連結会計年度の連結計算書類、すなわち、連結貸借対照表、連結損益計算書、連結株主資本等変動計算書及び連結注記表について監査を行った。この連結計算書類の作成責任は経営者にあり、当監査法人の責任は独立の立場から連結計算書類に対する意見を表明することにある。

　当監査法人は、我が国において一般に公正妥当と認められる監査の基準に準拠して監査を行った。監査の基準は、当監査法人に連結計算書類に重要な虚偽の表示がないかどうかの合理的な保証を得ることを求めている。監査は、試査を基礎として行われ、経営者が採用した会計方針及びその適用方法並びに経営者によって行われた見積りの評価も含め全体としての連結計算書類の表示を検討することを含んでいる。当監査法人は、監査の結果として意見表明のための合理的な基礎を得たと判断している。

　当監査法人は、上記の連結計算書類が、我が国において一般に公正妥当と認められる企業会計の基準に準拠して、○○株式会社及び連結子会社から成る企業集団の当該連結計算書類に係る期間の財産及び損益の状況をすべての重要な点において適正に表示しているものと認める。

　会社と当監査法人又は業務執行社員との間には、公認会計士法の規定により記載すべき利害関係はない。

　　　　　　　　　　　　　　　　　　　　　　　　　　　以　　上

Q117 会計監査人非設置会社の監査役(会)の監査報告書の記載事項・作成例は

A 監査役(会)の監査報告書に記載すべき事項は、計算規則で定められています。

原則として、計算書類、事業報告、附属明細書が監査の対象となります。

★**監査役(会)の監査報告書に記載すべき事項は**

監査役(会)の監査報告書に記載する内容は、図表265のとおりです。

【図表265　監査役(会)の監査報告書の記載事項】

監査報告	記載事項
❶ 計算関係書類に関する監査報告（計算規則150①）	① 監査の方法及びその内容 ② 計算関係書類が株式会社の財産及び損益の状況をすべての重要な点において適正に表示しているかどうかについての意見 ③ 監査のため必要な調査ができなかったときは、その旨及びその理由 ④ 追記情報（Q115参照） ⑤ 監査報告を作成した日
❷ 事業報告及びその附属明細書に関する監査報告（施行規則129①）	① 監査の方法及びその内容 ② 事業報告及びその附属明細書が法令又は定款に従い、株式会社の状況を正しく示しているかどうかについての意見 ③ 取締役の職務の遂行に関し、不正の行為又は法令もしくは定款に違反する重大な事実があったときはその事実 ④ 監査のため必要な調査ができなかったときは、その旨及びその理由 ⑤ 業務の適正を確保するための体制についての決定又は決議の内容がある場合において、当該事項が相当でないと認める時はその旨及びその理由 ⑥ 株式会社の支配に関する基本方針が事業報告に記載されている時は当該事項についての意見 ⑦ 監査報告を作成した日

★**監査報告書の具体例（監査役の適正意見の例）を示すと**

監査役の適正意見の監査報告書の例を示すと、図表266のとおりです。

★**監査範囲を定款で会計監査に限定する会社の監査報告書の例を示すと**

監査範囲を定款で会計監査に限定する会社の監査報告書の例を示すと、図表267のとおりです。

【図表266　監査役の適正意見の監査報告書の例】

監 査 報 告 書

　私たち監査役は、平成○年○月○日から平成○年○月○日までの第○○期事業年度の取締役の職務の執行を監査いたしました。その結果につき以下のとおり報告いたします。

1. 監査の方法の概要
　監査役は、取締役会その他重要な会議に出席するほか、取締役等からその職務の執行状況を聴取し、重要な決裁書類等を閲覧し、本社及び主要な事業所において業務及び財産の状況を調査し、必要に応じて子会社に対し営業の報告を求めました。これらに基づき当該事業年度に係る事業報告及びその附属明細書について検討いたしました。また、会計帳簿等の調査を行い、当該事業年度に係る計算書類及びその附属明細書につき検討いたしました。

2. 監査の結果
(1) 事業報告等の監査結果
　一　事業報告及びその附属明細書は、法令及び定款に従い、会社の状況を正しく示しているものと認めます。
　二　取締役の職務遂行に関する不正の行為又は法令もしくは定款に違反する重大な事実は認められません。
(2) 計算書類及びその附属明細書の監査結果
　計算書類及びその附属明細書は、会社の財産及び損益の状況をすべての重要な点において適正に表示しているものと認めます。

平成○年○月○日

○○○株式会社
常勤監査役　□□□□印
監査役　　　○○○○印
（自　　署）

【図表267　監査範囲を定款で会計監査に限定する会社の監査報告書の例】

監 査 報 告 書

　私は、平成○年○月○日から平成○年○月○日までの第○○期事業年度に関して取締役等から会計に関する職務の執行状況を聴取し、会計に関する重要な決裁書類等を閲覧しました。また、会計帳簿等を調査し、当該事業年度に係る計算書類及びその附属明細書について検討した結果、計算書類及びその附属明細書は、会社の財産及び損益の状況をすべての重要な点において適正に表示しているものと認めます。
　なお、当会社の監査役は、定款第○条に定めるところにより、監査の範囲が会計に関するものに限定されているため、事業報告を監査する権限を有しておりません。

平成○年○月○日

○○○株式会社
監査役　　○○○○印

Q117　会計監査人非設置会社の監査役(会)の監査報告書の記載事項・作成例は

Q118 会計監査人設置会社の監査役(会)の監査報告書の記載事項・作成例は

A 会計監査は主に会計監査人が実施します。会計監査人の監査の方法及び結果が相当かどうかを判断する必要があります。

★監査役(会)の監査報告書の記載事項は

監査役(会)の監査報告書に記載する内容は、図表268のとおりです。

【図表268　監査役(会)の監査報告書の記載事項】

監査報告	記載事項
❶ 計算関係書類に関する監査報告（計算規則155）	① 監査役(会)の監査の方法及びその内容 ② 会計監査人の監査の方法又は結果を相当でないと認めた時はその旨及びその理由 ③ 重要な後発事象（会計監査報告の内容となっているものを除く） ④ 会計監査人の職務の遂行が適正に実施されることを確保するための体制に関する事項 ⑤ 監査のために必要な調査ができなかったときはその旨及びその理由 ⑥ 監査報告を作成した日
❷ 事業報告及びその附属明細書に関する監査報告（施行規則129）	会計監査人がいない会社の監査報告書と記載すべき内容は同じです（Q117参照）。

★会計監査人の監査方法及び結果が相当かどうかの判断は

　会計監査人は、その職務を行うに際して、取締役の職務の執行に関し不正の行為または法令・定款に違反する重大な事実があることを発見したときは、遅滞なくこれを監査役に報告する必要があります（会社法397①）。

　また、監査役はその職務を行うために必要があるときは、会計監査人に対してその監査に関する報告を求めることができます（会社法397②）。

　これらにより、会計監査人設置会社における監査役は、会計監査人の監査の方法及び結果が相当かどうかの判断をします。

　監査役と会計監査人の間の相互連携・協力は、企業不祥事の未然防止のためにも必要です。監査計画、監査実施、監査報告の各段階において常に緊密な意見交換・情報交換を行う必要があります。

★監査報告書の具体例（監査役会の適正意見の例）を示すと

監査役会の適正意見のついた監査報告書の例を示すと、図表269のとおりです。

【図表269　監査役会の適正意見のついた監査報告書の例】

監　査　報　告　書

当監査役会は、平成〇年〇月〇日から平成〇年〇月〇日までの第〇〇期事業年度の取締役の職務の執行に関して各監査役から監査の方法及び結果の報告を受け、協議の上、本監査報告書を作成し、以下のとおり報告いたします。

1. 監査役の監査の方法の概要

各監査役は、監査役会が定めた監査の方針、職務の分担等に従い、取締役会その他重要な会議に出席するほか、取締役等からその職務の執行状況を聴取し、重要な決裁書類等を閲覧し、本社及び主要な事業所において業務及び財産の状況を調査し、必要に応じて子会社に対し営業の報告を求めました。以上の方法により、当該事業年度に係る事業報告及びその附属明細書について検討いたしました。また、内部統制システムについての取締役会決議の内容及びそれに基づく当該体制の構築及び運用状況について監視及び検証をいたしました。

さらに、会計監査人からその職務の遂行が適正に実施されることを確保するための体制が適切に整備されている旨の報告を受け、かつ、会計監査人が独立の立場を保持し、適正な監査を実施しているかを監視及び検証するとともに、会計監査人から報告及び説明を受けました。これらに基づき、当該事業年度に係る計算書類及びその附属明細書について検討いたしました。

2. 監査の結果
(1) 事業報告等の監査結果
　一　事業報告及びその附属明細書は、法令及び定款に従い、会社の状況を正しく示しているものと認めます。
　二　取締役の職務遂行に関する不正の行為又は法令もしくは定款に違反する重大な事実は認められません。
　三　内部統制システムに関する取締役会決議の内容は相当であると認めます。また、当該内部統制システムに関する取締役の職務遂行についても、特に指摘すべき事項は認められません。

(2) 計算書類及びその附属明細書の監査結果
　一　会計監査人〇〇〇〇の監査の方法及び結果は相当であると認めます。
　二　会計監査人の職務の遂行が適正に実施されることを確保するための体制については、特に指摘すべき事項は認められません。

平成〇年〇月〇日

　　　　　　　　　　　　　　　　　〇〇〇株式会社　監査役会
　　　　　　　　　　　　　　　　　　　常勤監査役　　〇〇〇〇印
　　　　　　　　　　　　　　　　　　　常勤監査役　　□□□□印
　　　　　　　　　　　　　　　　　　　監　査　役　　△△△△印

㊟　監査役〇〇〇〇及び監査役△△△△は、会社法第2条第16号に定める社外監査役です。

Q118　会計監査人設置会社の監査役（会）の監査報告書の記載事項・作成例は

Q119 監査役(会)の連結監査報告書の記載事項・作成例は

A 会計監査人がいる場合の監査報告書と基本的に同じです。事業報告及び附属明細書に関する記載はありません。

★監査役(会)の連結監査報告書の記載事項は

監査役(会)の連結監査報告書に記載する内容は、基本的に計算関係書類に係る監査報告書と同じです(図表268参照)。ただし、事業報告及び附属明細書に関する記載はありません。

★監査報告書の具体例(監査役会の適正意見の例)を示すと

監査役会の適正意見がついた監査報告書の例を示すと、図表270のとおりです。

【図表270 監査役会の適正意見がついた監査報告書の例】

連結計算書類に係る監査報告書

　当監査役会は、平成○年○月○日から平成○年○月○日までの第○○○期事業年度の連結計算書類(連結貸借対照表、連結損益計算書、連結株主資本等変動計算書及び連結注記表)に関して各監査役から監査の方法及び結果の報告を受け、協議の上、本監査報告書を作成し、以下のとおり報告いたします。

1. 監査役の監査の方法の概要
　各監査役は、監査役会が定めた監査の方針、職務の分担等に従い、連結計算書類について取締役等及び会計監査人から報告及び説明を受け、監査いたしました。
　また、会計監査人が独立の立場を保持し、適正な監査を実施しているかを監視及び検証するとともに、会計監査人から報告及び説明を受けました。
2. 監査の結果
　(1) 会計監査人○○○○の監査の方法及び結果は相当であると認めます。
　(2) 会計監査人の職務の遂行が適正に実施されることを確保するための体制については、特に指摘すべき事項は認められません。

平成○年○月○日

　　　　　　　　　　　　　　　　　　　○○○株式会社　監査役会
　　　　　　　　　　　　　　　　　　　常勤監査役　　○○○○㊞
　　　　　　　　　　　　　　　　　　　常勤監査役　　□□□□㊞
　　　　　　　　　　　　　　　　　　　監　査　役　　△△△△㊞

(注) 監査役□□□□及び監査役△△△△は、会社法第2条第16号に定める社外監査役です。

10 決算公告の実務Q&A

10では、すべての株式会社に義務づけられている決算公告の実務ポイントをまとめています。

Q120　決算公告ってどういうこと　296
Q121　決算公告の方法は　298
Q122　決算公告の記載方法は　299
Q123　官報・日刊新聞紙による決算公告の方法・掲載例は　301
Q124　電子決算公告の方法は　305

Q120 決算公告ってどういうこと

A 決算公告は、原則としてすべての株式会社に義務づけられています。

ただし、有価証券報告書を提出している会社は、決算公告が不要です。

電磁的方法による決算公告は、書面による方法に比べ、決算日から決算公告掲載までの期間の短縮化、コスト削減が図られるなどのメリットがあります。

★決算公告というのは

決算公告とは、株式会社が年度決算の内容について、株主総会の承認を得た後、その要旨を債権者や投資家に広く伝えるために行う法定公告の1つで、決算公告の方法には、①官報掲載、②日刊新聞紙掲載、③電子公告のいずれかによることになっています。

決算公告は、株主総会終了後、遅滞なく公開することが義務づけられています。

★電子公告というのは

電子公告とは、会社使用のコンピュータに備えられたファイルに記録された公告すべき情報の内容を、不特定多数の人がインターネットを介して閲覧でき、またその情報を記録できる方法により公告することをいいます（会社法2三十四、施行規則222・223）。

電磁的方法による決算公告については、官報や日刊新聞紙による公告方法に比べ、決算日から決算公告掲載までの期間の短縮化、掲載手続の簡素化、コストの削減等が図れるなどのメリットがあります。

★決算公告が必要な会社は

決算公告が必要な会社は、原則として、すべての株式会社です。

すなわち、会社の規模や選択した機関設計のあり方に関わらず、定時株主総会の終結後遅滞なく、貸借対照表（大会社の場合は、貸借対照表及び損益計算書）を公告しなければなりません（会社法440条①）。

ただし、連結情報については、公告することを義務づけられていません。

★大会社には貸借対照表と損益計算書の公告を義務づけ

また、貸借対照表に加えて損益計算書（又は損益計算書の要旨）を公告しなければならないのは、施行前は、大会社とみなし大会社でしたが、施行後は、みなし大会社が廃止されたため、大会社のみです（図表271参照）。

なお、施行前は、参考情報として、連結貸借対照表、連結損益計算書及び注記（連結子法人の数、持分法適用会社の数等）を開示している会社がありました。

【図表271　会社の種類と決算公告の内容】

会社の種類	決算公告内容
大会社以外	貸借対照表（又はその要旨）
大会社	貸借対照表及び損益計算書（又はその要旨）

★決算公告が適用除外される会社は

決算公告が適用除外される会社は、図表272のとおり2つの会社です。

証券取引法第24条第1項の規定により有価証券報告書を提出している会社については、EDINET等でその報告書が開示されているため、決算公告は不要となりました（会社法440④）。

また、旧有限会社が会社法のもとでの特例有限会社に留まる場合、決算公告は不要とされています。

【図表272　決算公告が適用除外される会社】

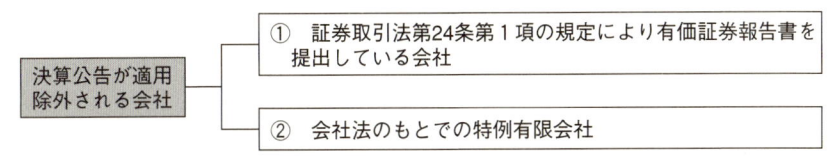

決算公告が適用除外される会社	① 証券取引法第24条第1項の規定により有価証券報告書を提出している会社
	② 会社法のもとでの特例有限会社

★決算公告を怠ったときの罰則は

決算公告を怠った場合や不正の公告をした場合は、行政罰として「100万円以下の過料に処す」と規定されています（会社法976②）。

注意を要するのは、この行政罰は会社ではなく、違反者個人（代表取締役等）に課せられることです。

Q121 決算公告の方法は

A 決算公告方法は、①官報に掲載する方法、②日刊新聞紙に掲載する方法、③電子公告があります。
　上記①～③のいずれかの決算公告の方法は、定款で定めることができます。

★決算公告の方法と定款への記載は
　会社は、公告方法として、①官報に掲載、②日刊新聞紙に掲載、③電子公告、のいずれかの方法を定款で定めることができます（会社法939①）。
　電子公告を採用した場合でも、やむを得ない事由によって電子公告による公告をすることができないときは、①官報に掲載、②日刊新聞紙に掲載のいずれかを定めることが可能です（会社法939③）。

★公告方法を定款で定めなかったときは
　決算公告の方法を定款に定めなかった場合は、官報に掲載する方法が公告方法とみなされます（会社法939④）。

★公告方法は登記が必要
　決算公告について定款の定めがある場合は、その定めを登記する必要があります（会社法911③二十八）。
　また、定款の定めがない場合は、決算公告を官報に記載する方法とする旨を登記します（会社法911③三十）。

【図表273　決算公告方法】

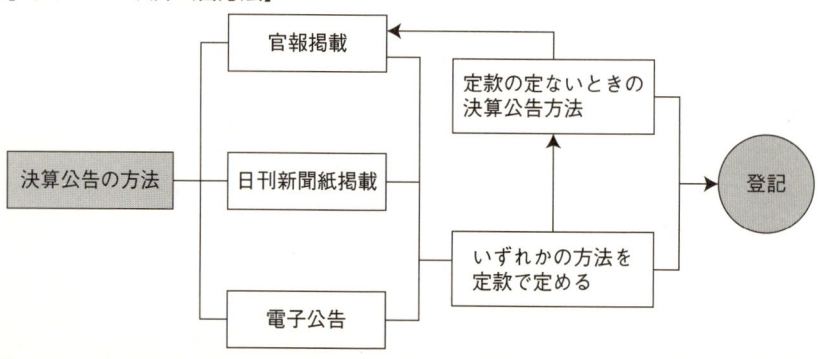

Q122 決算公告の記載方法は

A 決算公告を①官報、②日刊新聞紙に掲載する場合は、要旨で足ります。
大会社は、貸借対照表に加えて損益計算書を記載しなければなりません。
重要な注記事項は、決算公告で記載する必要があります。

★決算公告の方法・公告内容は

決算公告の方法と会社の区分でみた決算公告の計算書類は、図表274のとおりです（会社法440①②）。

【図表274　会社の区分別決算公告の計算書類】

公告方法	会社の区分	決算公告の計算書類
官報又は日刊紙	大会社以外	貸借対照表の要旨
	大会社	貸借対照表及び損益計算書の要旨
電子公告	大会社以外	貸借対照表
	大会社	貸借対照表及び損益計算書

★注記事項の記載が必要なときは

決算公告において、図表275の注記事項を記載する必要があります。

【図表275　決算公告に記載すべき注記事項】

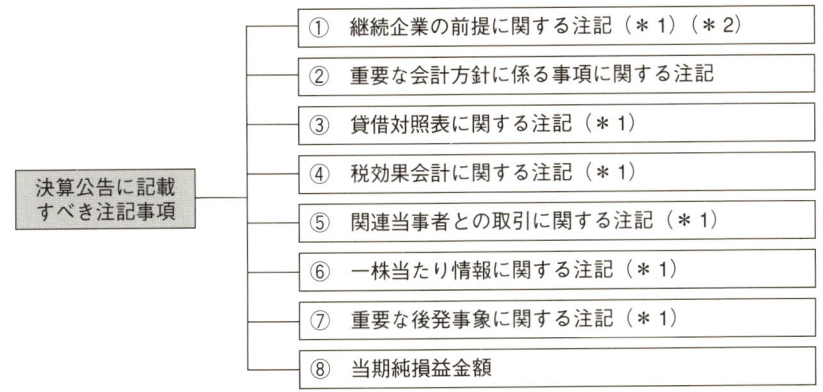

決算公告に記載すべき注記事項
- ① 継続企業の前提に関する注記（＊1）（＊2）
- ② 重要な会計方針に係る事項に関する注記
- ③ 貸借対照表に関する注記（＊1）
- ④ 税効果会計に関する注記（＊1）
- ⑤ 関連当事者との取引に関する注記（＊1）
- ⑥ 一株当たり情報に関する注記（＊1）
- ⑦ 重要な後発事象に関する注記（＊1）
- ⑧ 当期純損益金額

＊1　会計監査人設置会社以外の非公開会社は、個別注記表で注記が省略可能な事項です。
＊2　会計監査人設置会社以外の公開会社は、個別注記表で注記が省略可能な事項です。

図表275の①から⑦は個別注記表（連結計算書類作成会社については⑤は連結注記表）に表示した注記に限ります（計算規則164①）。

　会計監査人設置会社以外の会社で、注記表の注記の一部を省略している（計算規則129②）場合、省略した注記については公告でも記載が不要です。

　また、⑧については、損益計算書の公告を行う場合は不要です。

　図表276にありますように、会計監査人設置会社以外の非公開会社では、必ず注記すべき事項は重要な会計方針のみとなります。

　個別注記表で記載すべき事項となっているもののうち、決算公告で注記事項とされていないものは、図表276のとおりです（計算規則129）。

【図表276　決算公告で注記事項とされないもの】

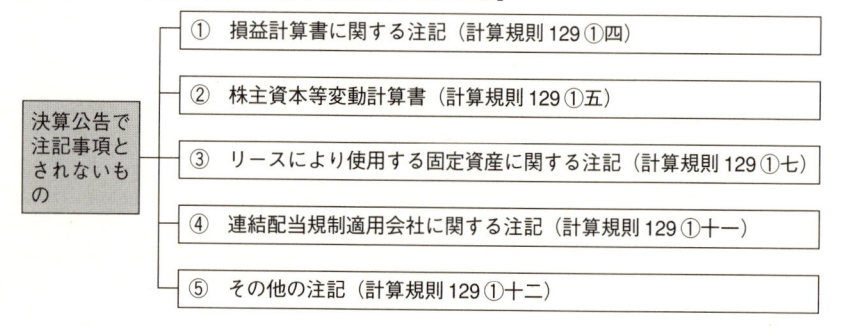

決算公告で注記事項とされないもの	
①	損益計算書に関する注記（計算規則129①四）
②	株主資本等変動計算書（計算規則129①五）
③	リースにより使用する固定資産に関する注記（計算規則129①七）
④	連結配当規制適用会社に関する注記（計算規則129①十一）
⑤	その他の注記（計算規則129①十二）

★不適正意見があるときの公告事項は

　会計監査人設置会社については、会計監査人の監査意見が不適正意見があったときなどは、図表277に掲げる事項について決算公告で明らかにしなければなりません（計算規則176）。

【図表277　会計監査人設置会社の決算公告記載事項】

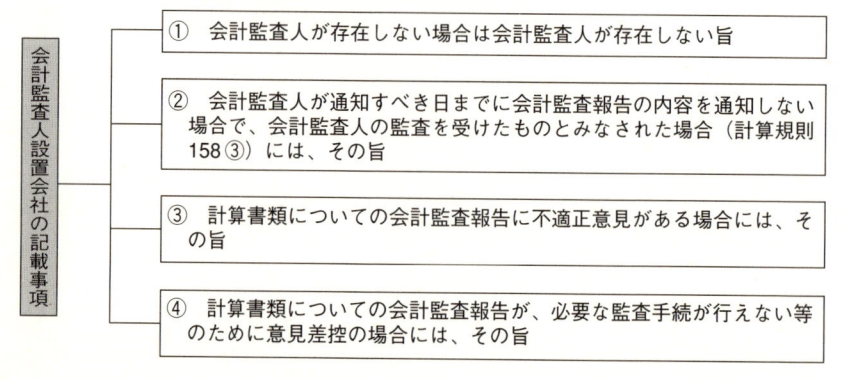

会計監査人設置会社の記載事項	
①	会計監査人が存在しない場合は会計監査人が存在しない旨
②	会計監査人が通知すべき日までに会計監査報告の内容を通知しない場合で、会計監査人の監査を受けたものとみなされた場合（計算規則158③）には、その旨
③	計算書類についての会計監査報告に不適正意見がある場合には、その旨
④	計算書類についての会計監査報告が、必要な監査手続が行えない等のために意見差控の場合には、その旨

Q123 官報・日刊新聞紙による決算公告の方法・掲載例は

A ①官報、②日刊新聞紙による決算公告は、要旨で足ります。
①官報、②日刊新聞紙で公告を行う会社が、電磁的方法により開示を行う場合は、官報・日刊新聞紙による公告は不要です。

★官報・日刊新聞紙による決算公告の内容は

官報又は日刊新聞紙で決算公告を行う株式会社は、貸借対照表（大会社の場合は貸借対照表及び損益計算書）の要旨を公告するのみで足ります（会社法440②）。

★電子公告によるときの官報・日刊新聞紙公告の省略は

官報・日刊新聞紙で公告を行う株式会社は、これらの決算公告に代えて、電子公告を行うことができます。

電子公告とは、定時株主総会終結後遅滞なく、貸借対照表（大会社にあっては、貸借対照表及び損益計算書）を、定時株主総会の終結の日後5年を経過する日までの間、継続して不特定多数の人がインターネットを利用して閲覧できる状態に置く措置をいいます（会社法440③）。

この場合、貸借対照表等が開示されているウェブサイトのアドレスを登記しなければなりません（会社法911③二十七）。

なお、電子公告を採用した場合には、貸借対照表の要旨ではなく、貸借対照表そのものを公告しなければならないことに注意が必要です。

★金額の表示方法は

貸借対照表・損益計算書の要旨の金額は、①百万円単位、②十億円単位をもって表示します（計算規則172①）。

ただし、財産・損益の状態を的確に判断できなくなる恐れがある場合には、適切な単位をもって表示しなければなりません（計算規則172②）。

★要旨の表示言語は

貸借対照表・損益計算書の要旨は、日本語で表示します。

ただし、その他の言語をもって表示することが不当でない場合は、その他

の言語で表示することもできます（計算規則173）。

★官報・日刊新聞紙の掲載例を示すと
　要旨を記載することを前提とした官報又は日刊新聞紙の掲載例は、図表278～280のとおりです。
　なお、参考情報として連結情報を開示している会社もあります。連結情報を開示している場合は、連結子法人等の数及び持分法適用関連会社の数を注意書きしているケースが多く見られます。

【図表278　決算公告の例】

```
                    第○○期決算公告
                                        平成○年○月○日
                                  東京都○○区○○丁目○番○号
                                            ○○○○株式会社
                                          取締役社長○○○○
```

❶表題の記載
　表題の記載方法は、大多数の会社が「第○○期決算公告」又は「平成○○年度決算公告」と記載しています。

❷貸借対照表の要旨の記載
　貸借対照表の要旨を記載する場合は、計算規則第166条から第170条の規定に基づき記載することとなります。施行前と比べ、大きな変更はありません。
　貸借対照表の要旨の記載例は、図表279のとおりです。

❸損益計算書の要旨の記載
　損益計算書の要旨を記載する場合は、計算規則第171条の規定に基づき記載します。
　なお、施行前と比べ、売上総利益金額（又は売上総損失金額）が追加されています。
　損益計算書の要旨の記載例は、図表280のとおりです。

★別記事業会社があるときは
　別記事業会社が公告すべき貸借対照表の要旨又は損益計算書の要旨は、財産及び損益の状態を明らかにするために必要かつ適切である場合には、適切な部又は項目に分けて表示できます（計算規則174）。

【図表279　貸借対照表の要旨例】

貸借対照表の要旨
（平成19年3月31日現在）
（単位：百万円）

資産の部　（＊1）（＊2）（＊3）		負債の部　（＊1）（＊2）（＊3）	
流動資産	5,850	流動負債（＊5）	3,840
現金及び預金	1,200	仕入債務	2,850
売上債権	3,700	短期借入金	200
棚卸資産	480	未払金	320
繰延税金資産	300	繰延税金負債	30
その他	230	その他	340
貸倒引当金（＊5）	△60	賞与引当金	100
固定資産（＊4）	4,430	固定負債（＊5）	1,610
有形固定資産	2,690	社債	300
建物	800	長期借入金	600
構築物	400	繰延税金負債	100
機械及び装置	650	その他	60
土地	300	退職給付引当金	550
その他	540	負　債　合　計	5,450
無形固定資産	430	純　資　産　の　部	
電話加入権	150		
借地権	280	株主資本	4,710
投資その他の資産	1,310	資本金	610
投資有価証券	160	資本剰余金	600
関係会社株式	500	資本準備金	400
繰延税金資産	400	その他資本剰余金（＊6）	200
その他	250	利益剰余金	3,560
貸倒引当金（＊5）	―	利益準備金	150
繰延資産	50	その他利益剰余金（＊6）	3,410
株式交付費	50	自己株式	△60
		評価・換算差額等	140
		その他有価証券評価差額金	80
		繰延ヘッジ損益	60
		新株予約権	30
		純　資　産　合　計	4,880
資　産　合　計	10,330	負債・純資産合計	10,330

付記事項：当期純損益金額（※7）

＊1　資産の部及び負債の部の各項目は、適当な科目に細分することが可能です。
＊2　公開会社の資産の部及び負債の部の各項目は、財産の状態を明らかにするため重要な適宜の科目に細分しなければなりません。
＊3　資産の部及び負債の部の各科目については、当該科目に係る資産及び負債を示す適当な名称を付さなければなりません。
＊4　公開会社は、固定資産を有形固定資産、無形固定資産及び投資その他の資産に区分しなければなりません。
＊5　引当金は、引当金ごとに他の負債と区分しなければなりません。
＊6　その他資本剰余金及びその他利益剰余金は、適当な名称を付した項目に細分することができます。

＊7 損益計算書の要旨を公告する場合は不要です。
(注) 例では、便宜的に貸倒引当金を表示していますが、本来は、記載を省略することになります。
(注) 本来、繰延税金資産と繰延税金負債で相殺可能なものは、相殺後の残高を繰延税金資産又は繰延税金負債に表示しますが、便宜的に両建てで表示しています。

【図表280　損益計算書の要旨例】

損益計算書の要旨
(自平成18年4月1日　至平成19年3月31日)
(＊8)(＊9)(＊10)　　　　(単位：百万円)

科目	金額
売上高	8,293
売上原価	6,556
売上総利益金額（又は売上総損失金額）	1,737
販売費及び一般管理費	1,292
営業利益金額（又は営業損失金額）	445
営業外収益（＊11）	27
営業外費用（＊11）	40
経常利益金額（又は経常損失金額）	432
特別利益（＊12）	136
特別損失（＊12）	134
税引前当期純利益金額（又は税引前当期純損失金額）	434
法人税、住民税及び事業税	168
法人税等調整額	6
当期純利益金額（又は当期純損失金額）	260

＊8　各項目は、適当な項目に細分することができます。
＊9　各項目は、株式会社の損益の状態を明らかにするため必要があるときは、重要な適宜の項目に細分しなければなりません。
＊10　各項目は、当該項目に係る利益又は損失を示す適当な名称を付さなければなりません。
＊11　営業外収益又は営業外費用の金額が重要でない場合、これらの項目を区分せず、その差額を営業外損益として区分することができます。
＊12　特別利益又は特別損失の金額が重要でない場合、これらの項目を区分せず、その差額を営業外損益として区分することができます。

Q124 電子決算公告の方法は

A 電子公告を行う場合は、電子公告を公告方法とする旨及び公告が開示されるウェブサイトのアドレスを登記しなければなりません。
　決算公告については、電子公告調査機関による調査は不要です。

★電子公告というのは

　電子公告とは、会社使用のコンピュータに備えられたファイルに記録された公告すべき情報の内容を、不特定多数の人がインターネットを介して閲覧でき、またその情報を記録できる方法により公告することをいいます（会社法2三十四、施行規則222・223）。
　具体的には、登記簿に記載されたアドレスのページがこのページに指定された場所にhtml形式あるいはPDF形式で決算情報を開示します。
　なお、この情報にアクセスできる人が制限されてはなりません。
　電子公告を行う一番のメリットは、他の方法に比べインターネットによる閲覧のほうが容易であり周知性に優れていることです。

★電子公告による方法等は登記が必要

　電子公告を公告方法とする場合は、公告方法の登記（会社法911③二十八）に加えて、公告すべき内容が開示されるウェブサイトのアドレス及びやむを得ない理由によって電子公告が不可能な場合の公告方法に、①官報、②日刊新聞紙への記載による公告方法を定めた場合は、その方法を登記しなければなりません（会社法911③二十九）。
　電子公告の登記事項は、図表281のとおりです。

【図表281　電子公告の登記事項】

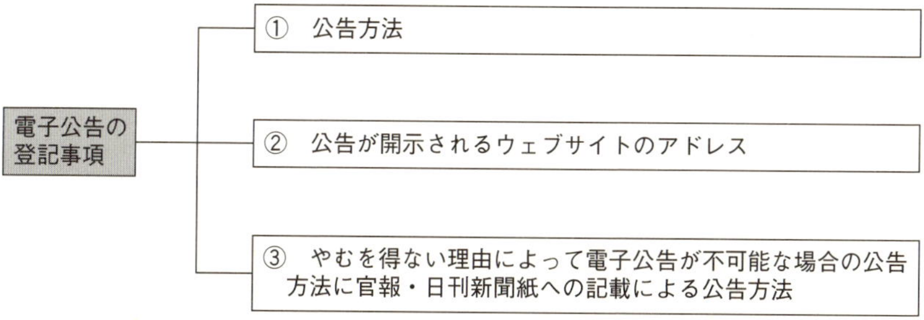

電子公告の登記事項
- ① 公告方法
- ② 公告が開示されるウェブサイトのアドレス
- ③ やむを得ない理由によって電子公告が不可能な場合の公告方法に官報・日刊新聞紙への記載による公告方法

★電子公告の公告期間は

電子公告により決算公告をする場合には、定時株主総会の終結の日後5年を経過する日までの間、継続して電子公告による公告をしなければなりません（会社法940①二）。

★電子公告を中断するときは

電子公告による公告期間中、公告の中断が生じた場合において、図表282のいずれの要件にも該当するときは、その公告の中断は当該公告の効力に影響を及ぼさないとされています（会社法940条③）。

【図表282　電子公告の中断が公告の効力に影響を及ぼさないための要件】

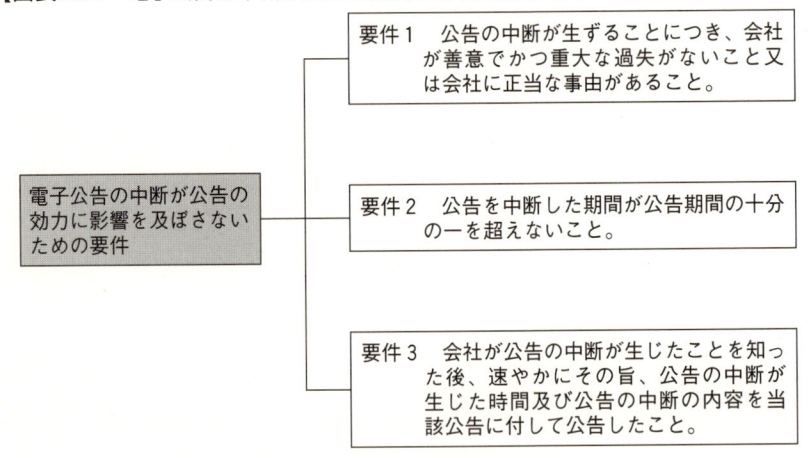

電子公告の中断が公告の効力に影響を及ぼさないための要件
- 要件1　公告の中断が生ずることにつき、会社が善意でかつ重大な過失がないこと又は会社に正当な事由があること。
- 要件2　公告を中断した期間が公告期間の十分の一を超えないこと。
- 要件3　会社が公告の中断が生じたことを知った後、速やかにその旨、公告の中断が生じた時間及び公告の中断の内容を当該公告に付して公告したこと。

★電子公告調査機関による調査は不要

電子公告により行う場合は、原則として電子公告調査機関による調査が必要ですが、決算公告については、例外的に調査が不要とされています（会社法941）。

★電子公告の掲載方法は

電子公告で決算公告を行う株式会社は、貸借対照表（大会社の場合は貸借対照表及び損益計算書）そのものを公告することが必要です（☞貸借対照表及び損益計算書については、P89・P104参照。☞注記の記載については、Q67参照）。

巻末資料 計算・計算書類関係の主要改正点一覧

　巻末資料では、平成18年5月1日施行の会社法のうち、計算・計算書類関係の主要改正点をまとめています。

項　目	改正点の概要	根拠条文	備　考
1．計算書類の種類・形式			
(1) 計算書類の種類	計算書類には、計算書類、臨時計算書類、連結計算書類がある。 　計算書類とは、貸借対照表、損益計算書、株主資本等変動計算書、個別注記表をいう。 　臨時計算書類とは、臨時決算日における貸借対照表、臨時決算日の属する事業年度の初日から臨時決算日までの期間に係る損益計算書をいう。 　連結計算書類とは、連結貸借対照表、連結損益計算書、連結株主資本等変動計算書、連結注記表をいう。	会社法435②、441①、444① 計算規則91、92、93	会社法施行日（平成18年5月1日）以後に到来する決算期から適用される（整備法68、99）。
(2) 計算書類の形式	貸借対照表：P89・96参照 損益計算書：P104・105参照 株主資本等変動計算書：P111・114参照 個別注記表：5注記表の作成実務参照 連結貸借対照表：P142・145参照 連結損益計算書：P152・155参照 連結株主資本等変動計算書：P161・164参照 連結注記表：5注記表の作成実務参照		
2．剰余金の分配可能額			
	剰余金の分配可能額は、最終事業年度の末日の剰余金を基準にして計算するのではなく、剰余金の配当が効力を生じる日の剰余金を基準にして計算する。	会社法461	平成18年5月1日以後に到来する決算期から適用される（整備法100、101）。
3．剰余金の額及び分配可能額の計算方法（前事業年度がある場合）			
(1) 剰余金の額の計算	剰余金の額の計算は、次による。 　最終事業年度の末日におけるその他資本剰余金とその他利益剰余金の合計額 ＋最終事業年度の末日後の自己株式処分差額 ＋最終事業年度の末日後の資本金減少額のうち、剰余金に振り替えた額 ＋最終事業年度の末日後の準備金減少額のうち、剰余金に振り替えた額 －最終事業年度の末日後に消却した自己株式の帳簿価額	会社法446 計算規則177、178	平成18年5月1日以後に到来する決算期から適用される（整備法68、99）。

項　目	改正点の概要	根拠条文	備　考
	－最終事業年度の末日後に剰余金の配当をした額 －最終事業年度の末日後に剰余金から資本金又は準備金に振り替えた額 －最終事業年度の末日後に剰余金の配当をした場合に、配当に伴って剰余金から準備金に振り替えられた額 －最終事業年度の末日後に行われる吸収型再編受入行為に際して処分する自己株式処分差額 ＋最終事業年度の末日後に行われる吸収型再編受入行為に伴って増加する剰余金		
(2) 分配可能額の計算	分配可能額の計算は、次による。 　剰余金の配当が効力を生じる日の剰余金の額 ＋(一)臨時計算書類について承認を受けた場合における臨時会計年度の当期純損益 ＋臨時計算書類について承認を受けた場合における臨時会計年度に増加したその他資本剰余金 ＋臨時計算書類について承認を受けた場合において、臨時会計年度中に処分した自己株式の対価の額 －自己株式の帳簿価額 －最終事業年度の末日後に自己株式を処分した場合における当該自己株式の対価の額 －最終事業年度の末日におけるのれん等調整額（資産の部に計上したのれんの額を2で除した額＋繰延税金資産の部に計上した額）が次の①から③までに該当する場合における当該①から③までに定める額 　① のれん等調整額≦資本等金額（最終事業年度の末日における資本金の額及び準備金の額の合計）の場合：0 　② のれん等調整額≦「資本等金額＋最終事業年度末日におけるその他資本剰余金の額」の場合：当該のれん等調整額－資本等金額 　③ のれん等調整額＞「資本等金額＋最終事業年度末日におけるその他資本剰余金の額」の場合： 　　a. 最終事業年度の末日におけるのれ	会社法461② 計算規則184、185、186	

項　目	改正点の概要	根拠条文	備　考
	んの額/2≦「資本等金額＋最終事業年度末日におけるその他資本剰余金の額」の場合：のれん等調整額－資本金等金額 　　b．最終事業年度の末日におけるのれんの額/2＞「資本等金額＋最終事業年度末日におけるその他資本剰余金の額」の場合：最終事業年度末日におけるその他資本剰余金の額＋同繰延資産に計上した額 －最終事業年度の末日における貸借対照表に計上したその他有価証券評価差額金（評価損の場合のみ） －最終事業年度の末日における貸借対照表に計上した土地再評価差額金（評価損の場合のみ） －連結配当規制適用会社である場合、 　（最終事業年度の貸借対照表の株主資本の額＋同その他有価証券評価差額金（評価損の場合のみ）＋同土地再評価差額金（評価損の場合のみ）－同のれん等調整額（資本金＋資本剰余金＋利益準備金が上限））－最終事業年度の末日後に子会社から当該株式会社の株式を取得した場合における当該株式の取得直前の当該子会社における帳簿価額のうち、当該株式会社の当該子会社に対する持分に相当する額－（最終事業年度における連結貸借対照表の株主資本の額＋同その他有価証券評価差額金（評価損のみ）＋同土地再評価差額金（評価損の場合のみ）－同のれん等調整額（資本金＋資本剰余金が上限）） －（最終事業年度の末日後に2以上の臨時計算書類を作成した場合における最終の臨時計算書類以外の臨時計算書類に係る当期純損益＋同増加したその他資本剰余金（吸収型再編受入行為及び特定募集に際して処分する自己株式に係るものを除く。）－同当期純損失） －（300万円－資本金の額及び準備金の額の合計－新株予約権の額－最終事業年度		

項　目	改正点の概要	根拠条文	備　考
	の末日の貸借対照表の評価・換算差額の各項目に計上した額（当該項目に計上した額が0未満である場合には0）の合計額） －最終事業年度の末日後、吸収型再編受入行為又は特定募集に際して処分する自己株式に係る対価の額（臨時計算書類について承認を受けた場合のみ） －最終事業年度の末日後に「不公正な払込金額で株式を引き受けた者等の責任」、「不公正な払込金額で新株予約権を引き受けた者等の責任」の規定による義務が履行されたことにより増加したその他資本剰余金 ＋最終事業年度の末日後に株式会社が当該株式会社の株式を取得した場合（当該株式の取得と引換えに当該株式会社の株主に対して当該株式会社の株式を交付する場合に限る。）における当該取得した株式の帳簿価額－当該取得に際して当該取得した株式の株主に交付する当該株式会社の株式以外の財産（自己社債及び自己新株予約権以外の社債等を除く）の帳簿価額－当該取得に際して当該取得した株式の株主に交付する当該株式会社の社債等（自己社債及び自己新株予約権を除く）に付すべき帳簿価額 ＋最終事業年度の末日後に株式会社が吸収型再編受入行為又は特定募集に際して処分する自己株式に係る対価の額		
(3) 配当できない場合	株式会社の純資産が300万円以下の場合には、配当することができない。	会社法458	
4. 剰余金分配の手続			
	剰余金の配当に関して株主総会の決議があれば複数回の剰余金の配当ができる。 　取締役設置会社は、一事業年度の途中において1回に限り取締役会の決議によって剰余金の配当（配当財産が金銭であるものに限る。以下、中間配当という）をすることができる旨を定款で定めることができる。	会社法453、454①、454⑤	平成18年5月1日以後に到来する決算期から適用される（整備法68、99）。

項　目		改正点の概要	根拠条文	備　考
5. 資本の部の係数変動				
(1) 計数変動とは		資本金から準備金・剰余金への振替、準備金から資本金・剰余金への振替、剰余金から資本金・準備金への振替等、純資産の部の各勘定間の振替のこと	会社法447①、448①、450①、451①	平成18年5月1日以後に到来する決算期から適用される。 ただし資本・資本準備金・利益準備金の減少については、施行日前に株主総会の招集手続が開始された場合には従前の例による。(整備法106)
(2) 計数変動の手続		一部の例外を除いて株主総会の普通決議によりいつでも資本の部の計数を変動させることが可能となった。		
(3) 例外		① 資本金の減少 　a. 株主総会の特別決議（定時株主総会にて欠損の額の範囲内で減少させる場合を除く） 　b. 株式の発行と同時に資本金の額を減少する場合で、当該資本金の額の減少の効力が生ずる日後の資本金の額が当該日前の資本金の額を下回らないときは取締役の決議（取締役会設置会社では取締役会決議） ② 準備金の減少 　a. 株式の発行と同時に準備金の額を減少する場合で、当該準備金の額の減少の効力が生ずる日後の準備金の額が当該日前の準備金の額を下回らないときは取締役の決議（取締役会設置会社では取締役会決議） 　b. 会計監査人設置会社は、減少する準備金の額が、監査済計算書類の取締役会承認日における欠損の額を超えないことを条件に、「準備金の減少額」及び「その効力が生じる日」を取締役会が定める旨を定款で定めることができる（ただし、取締役の任期の末日が選任後1年以内に終了する事業年度のうち最終のものに関する定時株主総会の終結の日後であるもの及び監査役設置会社で監査役会設置会社でないものを除く）。	会社法309②九 施行規則68 会社法447③ 会社法448③ 会社法459①二、449①二、448①一、448①三、436③ 計算規則179	
6. 役員報酬・賞与の決定手続と会計処理				
(1) 役員の報酬・賞与の決定		取締役の報酬、賞与その他の業務執行の対価として株式会社から受ける財産上の利益（報酬等）については、次の①～③の項	会社法361①	平成18年5月1日以後に招集の手続が開

312

項　目	改正点の概要	根拠条文	備　考
手続	目を定款で定めるか、又は株主総会の決議で定める必要がある。 ① 報酬等のうち額が確定しているものについては、その額 ② 報酬等のうち額が確定していないものについては、その具体的な算定方法 ③ 報酬等のうち金銭でないものについては、その具体的な内容 上記②又は③の事項を定め、又はこれを改定する議案を株主総会に提出した取締役は、当該株主総会において、当該事項を相当とする理由を説明しなければならない。	会社法361②	始された株主総会から適用される（整備法90）。
(2) 委員会等設置会社の報酬決定	委員会設置会社については、報酬委員会が報酬等を決定する。	会社法404③	
(3) 役員賞与の会計処理	役員賞与については、従来利益処分案に計上され、未処分利益から直接支払われていたが、施行後は、役員報酬と同様、損益計算書の販売費及び一般管理費に計上することとなった。		
7. のれん代の処理			
(1) のれんの計上	施行前は、のれんは有償で譲受け・吸収分割・合併により取得した場合に限り、貸借対照表の資産の部に計上することができるとされていた。 　施行後は、吸収合併、吸収分割、株式交換、新設合併、新設分割、株式移転、事業の譲受けの各場合には、会社計算規則に定められた額を資産又は負債として計上することができることになった。	旧商規則33、計算規則11〜29	平成18年5月1日以後に到来する決算期から適用される。
(2) のれんの償却	施行前は、その取得後5年以内に、毎決算期において均等額以上を償却することとされていた。 　施行後は、のれんの償却規定が削除されたため、企業結合に係る会計基準（平成15年10月31日企業会計審議会）により、20年以内のその効果の及ぶ期間にわたって、定額法その他の合理的な方法により規則的に償却することになった。	旧商規則33 会社法431	

項 目		改正点の概要	根拠条文	備 考
		ただし、金額的に重要性が乏しい場合には、当該のれんが生じた事業年度の費用又は利益として処理することができる。		
8．利益処分案・損失処理案の廃止に代わるもの				
		利益処分案・損失処理案が廃止され、新たに株主資本等変動計算書、連結株主資本等変動計算書が導入された。 　施行前の利益処分案、損失処理案は、純資産のうち、未処分利益、未処理損失のみの増減が記載されていたが、施行後は、新たに導入された株主資本等変動計算書、連結株主資本等変動計算書ついては、純資産の全科目に関して変動要素別の変動額が記載されることとなった。	会社法435②、444① 計算規則91、93、99、127	平成18年5月1日以後に到来する決算期から適用される（整備法68、99）。
9．会計参与制度のポイント				
(1)	会計参与の設置	株式会社は、定款の定めによって、会計参与を置くことができる。	会社法326②	平成18年5月1日以後に開催される株主総会から選任することができる（整備法90、施行規則附則11）。
(2)	選任又は解任	選任又は解任は、株主総会の普通決議で行われる。	会社法329①	
(3)	会計参与の資格	公認会計士・監査法人又は税理士・税理士法人でなければならない。 　株式会社やその子会社の取締役、監査役、執行役又は支配人その他の使用人は会計参与となることができない。	会社法341、333①、333③ー	
(4)	会計参与の任期	就任後2年以内（委員会設置会社については1年以内）に終了する事業年度のうち最終のものに関する定時株主総会の終結の時まで。 　ただし、定款や株主総会の決議によって、その任期を短縮することができる。	会社334、332①	
		非公開会社で委員会を置かない会社については、定款によって、就任後10年以内に終了する事業年度のうち最終のものに関する定時株主総会の終結の時まで延ばすことができる。	会社法332②	
(5)	会計参与の権限	会計参与は、いつでも会計帳簿やこれに関する資料の閲覧・謄写をしたり、取締役及び支配人その他の使用人に対して会計に関する報告を求めることができる。	会社法374②	

項　目	改正点の概要	根拠条文	備　考
	必要があるときは、子会社に対して会計に関する報告を求め、会社や子会社の業務及び財産の状況の調査をすることができる。	会社法374③	
(6) 会計参与の職務	会計参与は、取締役と共同して、計算書類及びその附属明細書、臨時計算書類並びに連結計算書書類を作成する。	会社法374①	
(7) 会計参与の義務	会計参与は、取締役（委員会設置会社にあっては、執行役、取締役）の職務の執行に関し、不正の行為・法令・定款に違反する重大な事実があることを発見したときは、遅滞なく、これを株主（監査役設置会社にあっては監査役、監査役会設置会社にあっては監査役会、委員会設置会社にあっては監査委員会）に報告しなければならない。	会社法375①	
	取締役会設置会社の会計参与は、計算書類及びその附属明細書、臨時計算書類並びに連結計算書類の承認をする取締役会に出席しなければならない。この場合において、会計参与は、必要があると認めるときは、意見を述べなければならない。	会社法376①	
	会計参与の事務所内に、各事業年度に係る計算書類及びその附属明細書並びに会計参与報告、臨時計算書類及び会計参与報告を備え置く場所を定め、それぞれ5年間備え置かなければならない。	会社法378① 施行規則103	
(8) 会計参与の報酬	定款に報酬額を定めていないときは、株主総会の決議によって定める。	会社379①	
(9) 会計参与の会社に対する損害賠償責任	その任務を怠ったときは、会社に対し、これによって生じた損害を賠償する責任（任務解怠責任）を負う。	会社法423①	
(10) 会社に対する損害賠償責任の免除	総株主の同意があれば免除することができる。	会社法424	
(11) 会社に対する損	職務を行うにつき善意でかつ重大な過失がないときは、取締役等と同様、損害賠償	会社法425①、426①、427①	

項　目	改正点の概要	根拠条文	備　考
害賠償責任の軽減	責任を軽減することができる。 　社外取締役と同様、責任限定契約を締結することができる。		
(12) 会計参与の第三者に対する損害賠償責任	その職務を行うにあたって悪意・重大な過失があったときは、これによって第三者に生じた損害を賠償する責任を負う。	会社法429①	
(13) 連帯責任	会社又は第三者に生じた損害を賠償する責任を負う場合に、他の役員等も損害賠償責任を負うときは、これらの者は、連帯債務者とする。	会社法430	
10. その他の改正			
(1) 子会社の範囲の見直し	施行前は、総株主の議決権の過半数を有するか否かのみをもって、子会社に該当するか否かを判断することとされていた。 　施行後は、子会社の範囲が見直され、議決権の所有割合だけでなく、財務及び事業の方針の決定を支配している場合（実質的に支配している場合）も子会社に該当することとなり、実質的に証券取引法と同義となった。	会社法2三、施行規則2①、3	平成18年5月1日以後に到来する決算期から適用される。
(2) 公開会社概念の導入	新たに導入された公開会社とは、株式譲渡制限を設けていない会社をいう。一般的にいわれるいわゆる証券取引所やJASDAQに上場している公開会社とは、概念が異なるため留意する必要がある。	会社法2五	
(3) 最低資本金制度の撤廃	施行前は、株式会社については1,000万円、有限会社については300万円の最低資本金が定められていたが、施行後は、この規制が撤廃され、資本金0円とすることも可能となった。		
(4) 連結配当規制適用会社	施行前は、連結計算書類の数値による配当制限の規定はなかった。 　施行後は、連結計算書類を作成している場合に限り、連結計算書類の数値を剰余金の分配可能額の計算に反映させることを定めることができることとなった（連結配当規制適用会社）。	計算規則2③七十二、186四	

項　目	改正点の概要	根拠条文	備　考
	連結配当規制適用会社については、一定の計算式で算出される連結計算書類上の純資産等が計算書類上の純資産等を下回る場合に、剰余金の分配可能額が減ることになる。		
(5) 債務超過会社の合併等	施行前は、債務超過会社の合併等は認められていなかったが、施行後は、株主総会での説明・承認を条件に認められることとなった。	会社法795②、796③	平成18年5月1日以後に契約書が作成されたものから適用される（整備法105）。
(6) 準備金の取崩制限額の撤廃	施行前は、準備金を取り崩す場合、資本金の4分の1を超えて取り崩すことができなかったが、施行後は、この規制が廃止され、準備金の取崩しは自由にできることになった。		
(7) 監査役の職務	施行前は、小会社の監査役業務は、会計監査のみで業務監査は職務外であったが、施行後は、中小会社も大会社も、監査役は業務監査と会計監査が職務となる。 ただし、公開会社でない株式会社（監査役会設置会社及び会計監査人設置会社を除く）は、監査の範囲を会計に関するものに限定する旨を定款で定めることができる。	会社法381①、389①、436①	平成18年5月1日現在、旧商法特例法の小会社に該当する場合には、左記の定款の定めがあるものとみなされる（整備法53、66①）。
(8) 注記の充実	会社法では新たに個別注記表および連結注記表を作成することになった。又、新たな注記事項として下記事項が追加された。なお、会計監査人設置会社や公開会社については注記事項の一部を開示しないことができる。 ① 継続企業の前提に関する注記 ② 株主資本等変動計算書（連結注記表にあっては、連結株主資本等変動計算書）に関する注記 ③ 関係会社に対する金銭債権又は金銭債務（貸借対照表に明示している場合を除く）←従来は子会社に対する金銭債権又は金銭債務のみ開示していた ④ 関係会社との営業取引による取引高の総額及び営業取引以外の取引による取引高の総額←従来は子会社との営業取引による取引高の総額及び営業取引以外の取引による取引高の総額のみ開	計算規則91、93 128、129① 134⑥、135 136、137 138、139 140、141 143	平成18年5月1日以後に到来する決算期から適用される（整備法68、99）。

巻末資料　計算・計算書類関係の主要改正点一覧

項　目	改正点の概要	根拠条文	備　考
	示していた ⑤　税効果会計に関する注記 ⑥　リースにより使用する固定資産に関する注記（従来から項目はあったが、開示内容が拡充した） ⑦　関連当事者との取引に関する注記 ⑧　1株当たり純資産額及び1株当たり当期純利益金額又は当期純損失金額（従来は1株当たり当期純利益金額又は当期純損失金額のみ） ⑨　連結配当規制適用会社に関する注記		
(9)　決算公告	証券取引法第24条第1項の規定により有価証券報告書を内閣総理大臣に提出しなければならない株式会社については計算書類の公告が不要となった。	会社法440④	平成18年5月1日以後の決算公告より適用される。
(10)　決算日程	旧商法では取締役会での計算書類の承認等の日程が規定されていたが、会社法では当該日程に関する規定が撤廃された。又、監査役（会）の監査報告、会計監査人の監査報告の通知期限について、特定取締役や特定監査役等との間で合意により日を定めることができる。さらに、会計監査人や特定監査役が監査報告の通知期限までに通知しない場合には、当該計算書類については、会計監査人や監査役（会）の監査を受けたものとみなされる。 （参考） 　特定取締役：通知を受ける者を定めた場合には当該定められた者。定めていない場合には計算関係書類の作成を行った取締役・執行役・会計参与を指す。 　特定監査役：通知する又は通知を受ける監査役（委員）を定めている場合には当該監査役（委員）、定めていない場合には監査役全員を指す。	計算規則152 ①一ハ 152③ 152④ 152⑤ 158①一ハ 158①二ロ 158③ 158④ 158⑤ 160①一ロ 160①二 160③	平成18年5月1日以後に到来する決算期から適用される（整備法99）。

執筆者略歴

（五十音順）

井上　正彦
昭和63年3月近畿大学理工学部卒業。平成2年10月陽光監査法人（現新日本監査法人）入所。平成6年8月公認会計士試験第3次試験合格。
現在、新日本監査法人社員。

角田　達哉
平成4年公認会計士試験第2次試験合格。同年センチュリー監査法人（現　新日本監査法人）入所。平成8年3月公認会計士試験第3次試験合格。
現在　新日本監査法人マネージャー。

木村　容子
平成8年3月大阪大学経済学部卒業。平成8年9月センチュリー監査法人（現新日本監査法人）入所。平成11年3月公認会計士試験第3次試験合格。
現在、新日本監査法人マネージャー。

笹部　健児
平成8年3月大阪大学経済学部卒業。平成8年5月センチュリー監査法人（現新日本監査法人）入所。平成11年3月公認会計士試験第3次試験合格。
現在、新日本監査法人マネージャー。

中尾　志都
平成6年3月大阪大学経済学部卒業。平成8年10月センチュリー監査法人（現新日本監査法人）入所。平成12年3月公認会計士試験第3次試験合格。
現在、新日本監査法人マネージャー。

野呂　貴生
平成5年3月大阪大学基礎工学部卒業。平成7年11月センチュリー監査法人（現新日本監査法人）入所。平成11年3月公認会計士試験第3次試験合格。
現在、新日本監査法人マネージャー。

福井　剛
平成2年3月神戸大学経営学部卒業。平成3年10月センチュリー監査法人（現新日本監査法人）入所。平成7年7月公認会計士試験第3次試験合格。
現在、新日本監査法人マネージャー。

松浦　大
平成元年京都大学工学部卒業。平成7年11月センチュリー監査法人（現新日本監査法人）入所。平成11年3月公認会計士試験第3次試験合格。
現在、新日本監査法人マネージャー。

村上　和久
平成3年3月関西学院大学理学部卒業。平成4年10月センチュリー監査法人（現新日本監査法人）入所。平成8年3月公認会計士3次試験合格。
現在、新日本監査法人シニアマネージャー。

山本　操司
昭和57年3月神戸大学経営学部卒業。昭和57年4月陽光監査法人（現新日本監査法人）入所。昭和60年3月公認会計士試験第3次試験合格。
現在、新日本監査法人代表社員。

会社法計算書類等の作成実務Q&A

2006年8月7日　発行　2007年8月17日　第4刷発行	
編著者	新日本監査法人　Ⓒshinnihonkansahoujin
発行人	森　　忠順
発行所	株式会社セルバ出版 〒113-0034 東京都文京区湯島1丁目12番6号高関ビル3A TEL 03 (5812) 1178　FAX 03 (5812) 1188 http://www.seluba.co.jp/
発売	株式会社創英社／三省堂書店 〒101-0051 東京都千代田区神田神保町1丁目1番地 TEL 03 (3291) 2295　FAX 03 (3292) 7687
印刷・製本所	中和印刷株式会社

● 乱丁・落丁の場合はお取り替えいたします。著作権法により無断転載、複製は禁止されています。
● 本書の内容に関する質問はFAXでお願いします。

Printed in JAPAN
ISBN978-4-901380-54-6